rororo sport
Herausgegeben von Bernd Gottwald

Kuno Hottenrott / Martin Zülch

Ausdauertrainer

TRIATHLON

Training mit System

**Mit Fotos von
Horst Lichte**

Rowohlt

4. Auflage Januar 2002

Originalausgabe
Veröffentlicht im
Rowohlt Taschenbuch Verlag GmbH,
Reinbek bei Hamburg, März 1998
Copyright © 1998 by
Rowohlt Taschenbuch Verlag GmbH,
Reinbek bei Hamburg
Umschlaggestaltung Peter Wippermann / Jürgen Kaffer
(Fotos: Bongarts)
Redaktion Thorsten Krause
Grafik Jörg Mahlstedt
Satz Minion und Syntax PostScript,
QuarkXPress 3.32
Gesamtherstellung Clausen & Bosse, Leck
Printed in Germany
ISBN 3 499 19466 X

INHALT

TRIATHLON

Im Jahr 1981 bestaunte man in Deutschland die ersten Triathlonbilder im Fernsehen. Einige «Verrückte» hatten auf Hawaii etwas Unglaubliches auf sich genommen: nonstop 3,8 km im Meer zu schwimmen, 180 km durch heiße Lavafelder radzufahren und abschließend einen Marathon in extremer Hitze zu laufen. Der Elan der Triathlon-Pioniere imponierte der Fachwelt, warf aber auch vielfältige Fragen auf. Sind solche Belastungsintensitäten für den Menschen überhaupt ohne gesundheitliches Risiko zu bewältigen? Welche Folgen werden diese Anstrengungen auf den Organismus haben? Welche Trainingsumfänge muß man auf sich nehmen, um wie der damalige Sieger Dave Scott diese enormen Distanzen in einer sagenhaften Zeit von nur 9:24 h zu bewältigen? Fast 20 Jahre später war Dave Scott im Alter von über 40 Jahren immer noch Weltspitze. Mit zunehmendem Lebensalter wurde er

noch leistungsfähiger, seine Bestzeit auf Hawaii konnte er um mehr als eine Stunde auf 8:08 h verbessern.

Bestimmten in den ersten Jahren die Amerikaner und Australier das Wettkampfgeschehen, so haben in den vergangenen Jahren die Europäer, und insbesondere die Deutschen, aufgeschlossen. Nachdem der Deutsche Thomas Hellriegel in den Jahren zuvor den «Ironman»-Sieg auf Hawaii zweimal nur knapp verfehlte, konnte er 1997 seinen Traum erfüllen (siehe Foto S. 7). Zusammen mit Jürgen Zäck und Lothar Leder distanzierte er den Rest der Welt. Die fantastische Leistungsexplosion der Europäer konnte der Belgier Luc van Lierde im Juli dieses Jahres durch die Weltbestzeit von 7:50:27 h beim Ironman in Roth eindrucksvoll untermauern. Bei den Frauen dominierte viele Jahre Paula Newby Fraser das «Ironwomen»-Spektakel. Die Deutsche Ines Estedt hat sich mit dem ersten deutschen Weltmeistertitel im Triathlon auf der Langdistanz einen Namen gemacht.

Auf der Kurzstrecke sind die Engländer und die Australier seit Jahren das Maß der Dinge. Die Kurzdistanz, auch olympische Distanz genannt, gehört ab Sydney 2000 zum olympischen Programm. Verfolgt man die Diskussionen in den Fachzeitschriften, so gewinnt man den Eindruck, daß für die Mehrzahl der aktiven Triathleten der Preis für Olympia zu hoch ist. Die Aufhebung des Windschattenverbotes auf der olympischen Distanz verändert den triathletischen Grundgedanken vom persönlichen Wettstreit ohne fremde Hilfe. Die Großfamilie der Triathleten scheint sich in unterschiedliche Interessensgemeinschaften zu spalten. Die Attraktivität auf der Langdistanz wird aufgrund des weiterhin bestehenden «Windschatten-Fahrverbotes» zunehmen.

Die anfänglichen Bedenken im Zusammenhang mit extremen Ausdauerleistungen haben sich nicht bestätigt. Im Gegenteil: heute starten allein im fränkischen Roth jährlich über 2500 Triathleten auf der «Ironman»-Distanz. Bei langfristig systematischer Vorbereitung führen diese Belastungen zu keiner gesundheitlichen Gefährdung. Triathlon ist eine der gesündesten Sportarten. Die wechselnden Beanspruchungsformen und das effektive Herz-Kreislauf-Training machen ein Training in den drei Ausdauersportarten gesundheitlich wertvoll. Das Angebot kürzerer Wettkampfdistanzen ermöglicht jedem, auch ohne immensen Trainingsaufwand den Triathlon als Sport für sich zu entdecken. Vor allem dem Nachwuchs wurde mit den Sprintstrecken der Einstieg in die boomende Sportart möglich. Fasziniert von dem Gefühl der Freiheit, sich nur durch eigene Körperkraft, Wind und Wetter ausgesetzt, im Wasser und zu Land fortzubewegen, starten mittlerweile jedes Jahr Tausende Triathleten auf der Kurz- und Jedermann-Distanz mit ganz unterschiedlichen Zielen: Einzelkämpfer im Kampf gegen den «inneren Schweinehund» oder gegen die Uhr, Leistungssportler für den sportlichen Sieg, Fitneß- und Gesundheitssportler für den Spaß an der Bewegung und Freaks mit Gefallen an der Technik edler Räder oder am modischen Outfit.

Ein Triathlon ist trotz allen Reglements jedesmal anders. Seien es Großveranstaltungen, wie die internationale «Ironman»-Serie, wo jeweils über 1000 Athleten an den Start gehen, oder kleine, immer noch ziemlich familiäre Veranstaltungen – der Ausgang des Wettkampfes ist schwer vorherzusagen. Zuviel kann im Kampf mit sich, den Gegnern und den äußeren Gegebenheiten unplanmäßig dazwischenkommen. Für die

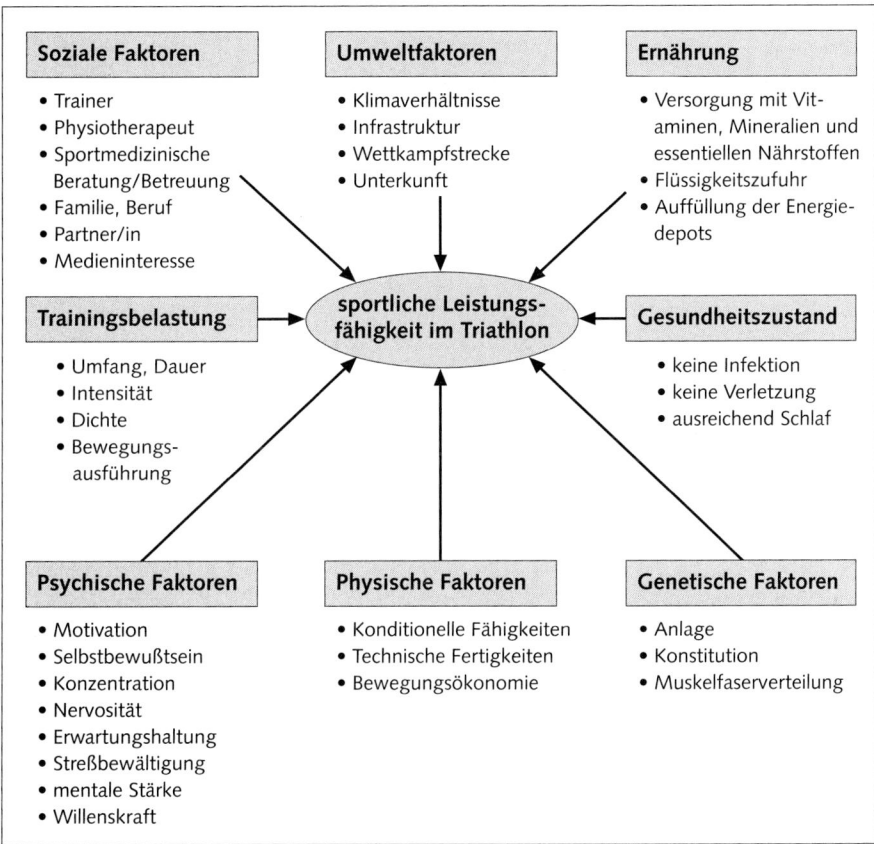

Einflußfaktoren auf die sportliche Leistungsfähigkeit im Triathlon

Masse der Triathleten steht nach wie vor nicht so sehr der Sieg über andere, sondern vielmehr das Erreichen der individuellen Ziele im Vordergrund.

Eine Wettkampfteilnahme setzt ein regelmäßiges Training voraus, um den Körper, aber auch die Psyche auf die relativ hohen Anforderungen vorzubereiten. Die sportliche Leistungsfähigkeit des Triathleten wird von vielen Faktoren bestimmt. Auf die genetischen Anlagen oder bestimmte Umweltbedingungen haben Sie keinen Einfluß. Sie selbst können Ihre Leistungsfähigkeit jedoch über Trainings- und Regenerationsmaßnahmen, die Ernährung und die psychische Einstellung beeinflussen. Auch das soziale Umfeld spielt eine wichtige Rolle in bezug auf die Leistungsfähigkeit. Ein leistungsorientierter Sportler braucht den Beistand seiner Familie bzw. seines Partners, um die hohen Trainings- und Wettkampfanforderungen bewältigen zu können. Partnerschaften und Beziehungen sind durch hohen Trainingsaufwand nicht selten Zerreißproben ausgesetzt. Triathlet zu sein bedeutet immer auch, ein cleveres Zeitmanagement zu betreiben, damit das private Umfeld und berufliche Verpflichtungen nicht auf der Strecke bleiben. Nur so läßt sich Ihr Training effektiv planen und durchführen.

Ihre Leistungsfähigkeit können Sie maßgeblich beeinflussen, wenn Training, Regeneration und Ernährung sinnvoll aufeinander abgestimmt sind. Mit diesem Buch wollen wir Wege aufzeigen, wie Sie die konditionellen Voraussetzungen und Ihre Leistungsfähigkeit steigern können. Technische Errungenschaften, wie drahtlose Herzfrequenz- und tragbare Lactat-Meßgeräte, ermöglichen einfach und praxisnah, die Methoden der wissenschaftlichen Leistungsdiagnostik und Trainingssteuerung zu nutzen. Dieses Buch gibt konkrete Anweisungen, wie Sie die technischen Hilfsmittel in Ihrem Training praktisch anwenden können. Es werden verschiedene Testverfahren zur Ermittlung Ihrer individuellen Leistungsfähigkeit und zur Bestimmung der Trainingsintensitäten detailliert erläutert und eine Vielzahl von Trainingsprogrammen sowie mehrwöchige Trainingspläne für Volks-, Kurz- und Langtriathleten unterschiedlicher Leistungsklassen vorgestellt. Mit dem «Ausdauertrainer» können Sie direkt, ohne größeres theoretisches Vorwissen, beginnen, professionell zu trainieren. Die wichtigsten Fragen zum Training, zur Gymnastik, zum Krafttraining und zur Regeneration werden beantwortet.

Um mit dem «Ausdauertrainer» sinnvoll arbeiten zu können, empfehlen wir Ihnen folgende Vorgehensweise:

1. Bestimmen Sie Ihre aktuelle Leistungsfähigkeit in allen drei Teildisziplinen mit den angebotenen Testverfahren.
2. Ordnen Sie sich in Abhängigkeit Ihrer Ziele und Ihres Zeitbudgets in eine der vorgebenen Leistungsklassen ein, und wählen Sie den entsprechenden Mehrwochentrainingsplan aus.
3. Beginnen Sie mit dem Training!
4. In regelmäßigen Abständen sollten Sie, wie in den Wochenplänen vorgesehen, Ihre Leistungsfähigkeit neu bestimmen und die Trainingsintensitäten in den jeweiligen Teildisziplinen an Ihre aktuelle Leistungsfähigkeit anpassen.

Auch wenn wir Ihnen mit den Trainingsplänen sehr konkrete Vorgaben machen, sollten Sie den «Ausdauertrainer» flexibel handhaben und an Ihre persönlichen Voraussetzungen und Gegebenheiten anpassen. Die einzelnen Pläne sollen exemplarisch aufzeigen, wie man das Training unter Beachtung der Trainingsprinzipien gestalten kann. Die Angabe konkreter Trainingseinheiten sollte Sie aber nicht davon abhalten, Änderungen und Umstellungen vorzunehmen. Nur wenn es Ihnen gelingt, die Trainingsprogramme auf Ihre persönlichen Gegebenheiten wie Befindlichkeit, Körpergefühl sowie aktuellen Leistungszustand abzustimmen, werden Sie letztendlich erfolgreich sein. Sie brauchen eine gewisse Sensibilität, um die Signale Ihres Organismus wahrzunehmen, Wissen und Erfahrung, um die Informationen richtig einzuordnen, und Selbstsicherheit und Courage, um das Trainingsprogramm darauf abzustimmen.

DIE RICHTIGE TRAININGSBELASTUNG

Aerobe und anaerobe Energiebereitstellung

Wie Sie aus eigener Erfahrung wissen, benötigt man für Training und Wettkampf viel Energie. Sie wird aus den Nährstoffen der Kohlenhydrate, Fette und Eiweiße gewonnen. Diese Nährstoffe müssen in biologisch verwertbare Energie umgewandelt werden, um sie zur Muskelleistung einsetzen zu können. Der molekulare Energieträger für nahezu sämtliche Stoffwechselprozesse ist Adenosintriphosphat (ATP). Dies ist die einzige Substanz, die biologische Energie direkt an die kontraktilen Elemente der Muskulatur führt und dort in mechanische Arbeit umsetzt. Das ATP wird unter Freisetzung von Energie in Adenosindiphosphat (ADP) und anorganisches Phosphat (P) gespalten.

$$ATP \longrightarrow ADP + P + Energie \text{ (für Muskelkontraktion)}$$

Der ATP-Vorrat in der Muskulatur reicht jedoch nur für wenige Muskelkontraktionen. Neues ATP kann über drei Wege bereitgestellt (resynthetisiert) werden:
- aerober Stoffwechselweg
- anaerob alactazider Stoffwechselweg
- anaerob lactazider Stoffwechselweg

Welchen Abbauweg Ihr Organismus zur Energiegewinnung benutzt, ist primär von der Belastungsintensität und der Belastungsdauer abhängig.

Bei der *aeroben Energiegewinnung* werden Glukose (Traubenzucker) und die freien Fettsäuren unter Sauerstoffverbrauch in den Kraftwerken der Muskelzellen (Mitochondrien) vollständig in einem relativ langsamen Stoffwechselprozeß zu Wasser und Kohlendioxid abgebaut. Aufgrund der hohen Energievorräte in unserem Körper, besonders der nahezu unerschöpflichen freien Fettsäuren, steht uns bei sehr niedriger Belastungsintensität der aerobe Stoffwechselweg über mehrere Stunden ohne Leistungsverlust zur Verfügung. Erhöhen Sie hingegen die Belastungsintensität über ein gewisses Maß, können Sie den sauerstoffabhängigen aeroben Weg der Energiegewinnung zunehmend weniger nutzen. Der schnellere anaerobe Weg gewinnt an Bedeutung.

Die *anaerob alactazide Energiegewinnung* kann unmittelbar Energie ohne Sauerstoffzufuhr bereitstellen. Dabei wird das in den Muskelzellen gespeicherte Kreatinphosphat genutzt, das jedoch nur für maximal 10 Sekunden zur Verfügung steht.

Bei der **anaerob lactaziden Energiegewinnung** wird die Energie aus Glukose ohne Mitwirkung von Sauerstoff gewonnen. Als Abbauprodukt entsteht Lactat, das Salz der Milchsäure. Das Lactat gelangt über den Blutweg zu Leber, Herz, Nieren und wenig beanspruchter Muskulatur und wird dort verstoffwechselt bzw. eliminiert. Wieviel Lactat Ihr Organismus pro Zeiteinheit eliminieren kann, hängt von Ihrem Trainingszustand ab. Trainierte können pro Minute etwa 0,5 mmol / l Lactat abbauen, Untrainierte hingegen nur etwa 0,3 mmol / l.

Während die freien Fettsäuren nur über den aeroben Weg verbrannt werden, kann die Muskelzelle Kohlenhydrate (Glukose) in Abhängigkeit von der Belastungsintensität auf aerobem und anaerob lactacidem Weg zur Energiegewinnung nutzen. Lactat entsteht immer dann, wenn Sie kurzfristig, wie bei hochintensiven Belastungen der Fall, sehr viel Energie benötigen. Ob nun aber der langsamere **Fettstoffwechsel** oder der schnellere **Kohlenhydratstoffwechsel** primär genutzt wird, ist – wie bereits gesagt – in erster Linie von der Belastungsintensität abhängig. Die Übergänge vom einen zum anderen Stoffwechselweg sind fließend (s. Graphik). So werden beispielsweise beim Fettstoffwechseltraining (s. Programm 17, S. 63) nicht ausschließlich freie Fettsäuren verbrannt, sondern zu einem geringen Anteil auch Glukose.

Alle Stoffwechselwege sind trainierbar! Wenn Sie gut ausdauertrainiert sind, können

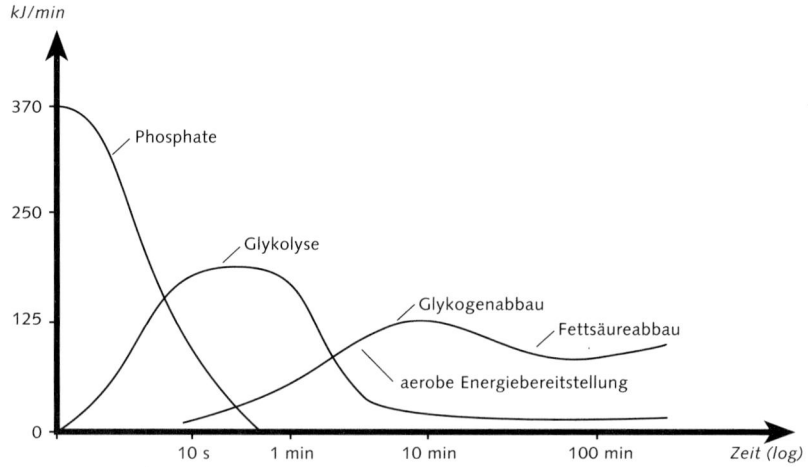

Möglichkeiten der Energiebereitstellung bei maximaler Beanspruchung in Abhängigkeit von der Zeit (modifiziert nach BADTKE et al. 1987).

Sie auch bei etwas höherer Intensität freie Fettsäuren verbrennen mit der Folge, daß Sie Ihre Kohlenhydratspeicher weniger schnell entleeren. Sie haben also für eine längere Dauer oder aber bei Zwischen- und Endspurts noch schnell verfügbare Energiereserven. Sind die Kohlenhydratspeicher völlig erschöpft, kommt es zur Unterzuckerung. Diesen Erschöpfungszustand können und müssen Sie vermeiden, indem Sie bei intensiven und sehr langen Belastungen in regelmäßigen Abständen kohlenhydrathaltige Flüssigkeit trinken. Grundsätzlich besteht eine Beziehung zwischen der Lactatkonzentration im Blut und der Belastungsintensität. Es gilt: je intensiver Sie sich muskulär beanspruchen, desto höhere Lactatwerte werden Sie messen. Vor diesem Hintergrund ordnet man bestimmte Lactatkonzentrationen bestimmten Trainingsbereichen zu (s. Tabelle, S. 14). Allgemein bezeichnet man eine Trainingsbelastung als aerob, wenn die Lactatkonzentration nicht über 2 mmol/l ansteigt, als aerob-anaerob, wenn Werte zwischen 2 und 4 mmol/l gemessen werden. Bei Lactatkonzentrationen von über 4 mmol/l spricht man von anaeroben, bei über 10 mmol/l von stark anaeroben Belastungen.

Um die Ausdauer effektiv zu entwickeln, müssen Sie Umfang, Intensität und Häufigkeit der Trainingsbelastung «richtig» aufeinander abstimmen. Nach subjektivem Körperempfinden gelingt dies nur selten. Oft wird eine Leistungsentwicklung behindert, weil die Belastungsintensität entweder zu hoch oder zu niedrig gewählt wurde. Immer noch glauben viele Ausdauersportler, je intensiver das Training, desto effektiver. Daß diese Vorstellung falsch ist, konnten viele wissenschaftliche Studien belegen. Die Ausdauer läßt sich nämlich am besten und wirkungsvollsten bei niedriger bis mittlerer Intensität und bei langer Belastungsdauer entwickeln. Mit der «richtigen» Trainingsbelastung zu trainieren bedeutet also, daß zur Entwicklung bestimmter Fähigkeiten (Grundlagen- oder Wettkampfausdauerfähigkeit) eine bestimmte Intensität, Dauer und Häufigkeit der Belastung erforderlich sind. Insofern werden für die Entwicklung der Ausdauerfähigkeiten mehrere Trainingsbereiche gebildet, die durch Angabe einer oberen und einer unteren Herzfrequenz – bzw. Lactatgrenze – und durch die Dauer der Einzelbelastung definiert sind (s. Tabelle S. 14). Die Basisausdauer erwerben Sie mit dem extensiven Grundlagenausdauertraining 1 (GA 1) und dem etwas intensiveren GA 1/2-Training. Um längere Strecken in höherer Geschwindigkeit laufen zu können, ist zudem das noch intensivere Grundlagenausdauertraining 2 (GA 2) erforderlich. Die Kraftausdauer (KA) wird mit extensiven KA-1- und intensiven KA-2-Trainingseinheiten und die wettkampfspezifische Ausdauer (WSA) mit den hochintensiven Einheiten trainiert. In der Tabelle wird ein Überblick über die Trainingsbereiche gegeben.

Wie Sie die Belastungsintensität für Ihr Training selbst bestimmen und kontrollieren können, wird nachfolgend mit der Lactat- und Herzfrequenzmessung erläutert.

Training	Ziel	Intensität	Methode
REKOM	Unterstützung der Regenerationsprozesse	sehr niedrig Lauf: < 70 % der Hf_{max} Rad: < 60 % der Hf_{max} Lactat: < 2 mmol/l	Dauermethode
GA 1	Stabilisierung und Entwicklung der Grundlagenausdauer	niedrig bis mittel Lauf: 65–80 % der Hf_{max} Rad: 60–75 % der Hf_{max} Lactat: < 2 mmol/l	Dauermethode
GA 1/2	Ökonomisierung und Entwicklung der Grundlagenausdauer	mittel Lauf :75–85 % der Hf_{max} Rad: 70–80 % der Hf_{max} Lactat: 2–3 mmol/l	(wechselhafte) Dauermethode Fahrtspiel
GA 2	Erhöhung und Entwicklung der Grundlagenausdauer	mittel bis hoch Lauf: 80–90 % der Hf_{max} Rad: 75–90 % der Hf_{max} Lactat: 3–6 mmol/l	Dauermethode Fahrtspiel extensive Intervalle
WSA	Ausprägung der wettkampfspezifischen Ausdauer	hoch bis sehr hoch Lauf: > 90 % der Hf_{max} Rad: > 90 % der Hf_{max} Lactat: > 6 mmol/l	Wettkampfmethode intensive Intervalle Wiederholungsmethode
KA 1	Entwicklung der aeroben Kraftausdauer	mittel Lauf: 75–85 % der Hf_{max} Rad: 75–85 % der Hf_{max} Lactat: < 3 mmol/l	Dauermethode extensive Intervalle
KA 2	Entwicklung der anaeroben Kraftausdauer	hoch bis sehr hoch Lauf: 85–95 % der Hf_{max} Rad: 85–95 % der Hf_{max} Lactat: > 4 mmol/l	Wettkampfmethode intensive Intervalle Wiederholungsmethode

Überblick über die Trainingsbereiche

Lactatmessung

Die Lactatmessung im Sport bietet umfassende Möglichkeiten der Leistungsbeurteilung und der Belastungsgestaltung im Training. War in der Vergangenheit die Lactatmessung dem Hochleistungssport und den sportmedizinischen Instituten vorbehalten, können nun auch Sie durch die neue, einfach zu bedienende trockenchemische Lactatmeßmethode davon profitieren. Dazu steht Ihnen ein handliches Meßgerät zur Verfügung, mit dem Sie die Lactatkonzentration im Blut in wenigen Sekunden selbst bestimmen können. Die Kontrolle Ihrer Trainingsintensität ist also jederzeit möglich. Wollen Sie beispielsweise den Fettstoffwechsel trainieren, dürfen Sie nicht zu intensiv trainieren. Schwimmen, fahren oder laufen Sie zu schnell, wird fast ausschließlich der Kohlenhydratstoffwechsel beansprucht, und der Trainingsreiz auf den Fettstoffwechsel

Lactatabnahme am Ohr

ist gering. Der gemessene Lactatwert sollte in diesem Fall nicht mehr als 2 mmol/l betragen. Sie erhalten also mit der Lactatmessung eine sofortige Rückmeldung, ob Sie auch tatsächlich im angestrebten Intensitätsbereich trainieren.

Lactatkontrollen geben Ihnen ein Biofeedback über die Stärke der aktuellen Beanspruchung. Haben Sie Lactatmessungen im Training mehrmals vorgenommen, werden Sie eine gewisse Sensibilität für die Belastungsintensität entwickeln, d. h., daß Sie für bestimmte Anstrengungen den Lactatwert als Ausdruck der inneren Beanspruchung voraussagen und somit systematisch und zielorientiert trainieren können. Ist ein Gefühl für die Belastungsintensität vorhanden, reicht es, wenn Sie von Zeit zu Zeit Lactatmessungen durchführen, quasi um die Richtigkeit Ihres Gefühlseindrucks zu kontrollieren.

Feldstufentest

Der Feldstufentest ist ein Verfahren zur Bestimmung der Ausdauerleistungsfähigkeit und der Intensitätsbereiche für das Training. Kenngröße der Ausdauerfähigkeit ist die Geschwindigkeit an der individuellen aeroben und anaeroben Schwelle. Die **individuelle aerobe Schwelle** kennzeichnet den Bereich des optimalen sauerstoffabhängigen Energiestoffwechsels. Die Lactatkonzentration liegt bei etwa 2 mmol/l, bei Hochtrainierten in der Regel unter 1,5 mmol/l. Die **individuelle anaerobe Schwelle** kennzeichnet jene Belastungsintensität, bei der Lactatbildung und -abbau gerade noch im Gleichgewicht stehen. Höhere Intensitäten führen zu einem rapiden Anstieg der Lactatkonzentration im Blut. Der Lactatwert an der anaeroben Schwelle liegt bei etwa 4 ± 1 mmol/l. Bei sehr gut ausdauertrainierten Sportlern kann der individuelle anaerobe Schwellenwert auch unter 3 mmol/l sein. Der Bereich zwischen der aeroben und anaeroben Schwelle wird als aerob-anaerober Übergangsbereich bezeichnet. Wie Sie Ihre individuelle aerobe und anaerobe Schwelle bestimmen, erklären wir anhand einer konkreten Testauswertung.

Testdurchführung

Um eine möglichst sichere Testaussage zu erhalten, muß die Länge der Teststrecke in Abhängigkeit von Ihrer derzeitigen Ausdauerleistung und Ihrem Trainingsziel (Kurz- oder Langdistanz) gewählt werden. Je besser Sie trainiert sind, und je länger Ihre Wett- kampfstrecke ist, desto länger sollte die Teststrecke sein. In den Programmen 14 (S. 55), 27 (S. 74) und 45 (S. 100) werden Angaben zu den Streckenlängen im Schwim- men, Radfahren und Laufen gegeben. Bei einer zu kurzen Teststrecke ist die Be- lastungszeit möglicherweise zu kurz, um das gebildete Lactat unmittelbar nach der Stufenbelastung in der Fingerbeere oder dem Ohrläppchen zu messen. Die Teststrecke kann aber auch zu lang sein, nämlich dann, wenn Sie auf der letzten Stufe bereits so stark ermüdet sind, daß Sie die Geschwindigkeit auf der letzten Stufe nicht mehr stei- gern können. Eine Beurteilung Ihrer anaeroben Leistungsfähigkeit ist dann nur sehr eingeschränkt möglich.

Testauswertung

Für jede Belastungsstufe wurde die genaue Schwimm-, Radfahr- bzw. Laufzeit mit den dazugehörigen Herzfrequenz- und Lactatwerten erhoben. Diese Werte müssen Sie nun in ein sogenanntes Lactat- bzw. Herzfrequenz-Geschwindigkeits-Diagramm übertra- gen. Nehmen Sie am besten Millimeterpapier und zeichnen – wie in der Abbildung auf S. 18 unten – zwei Ordinatenachsen, links Lactat, rechts Herzfrequenz, sowie eine Ab- szissenachse für die Geschwindigkeit. Übertragen Sie dann die Meßwertpaare einer je- den Belastungsstufe von Herzfrequenz / Geschwindigkeit und Lactat / Geschwindigkeit in das Diagramm. Verbinden Sie die einzelnen Punkte zu einer Lactat-Geschwindig- keits-Kurve (La-Kurve) und einer Herzfrequenz-Geschwindigkeits-Kurve (Hf-Kurve). Für die Bestimmung der individuellen aeroben und anaeroben Schwelle gibt es meh- rere Möglichkeiten. Wir werden Ihnen ein sehr praktikables Verfahren vorstellen, mit dem wir seit Jahren arbeiten und sehr gute Erfahrungen gemacht haben.

Im dargestellten Beispiel entspricht der niedrigste Punkt der Lactatkurve Ihrer individuellen aeroben Schwelle (Herzfrequenz 149 Schläge / min, Geschwindigkeit 13 km / h). Zur Bestimmung der individuellen anaeroben Schwelle addieren Sie 1,5 mmol / l Lactat zur aeroben Schwelle hinzu, Sie erhalten den Wert 2,4 mmol / l Lactat. Auch hier können Sie wieder die Herzfrequenz und Geschwindigkeit zuord- nen, in unserem Fall 157 Schläge / min bzw. 14,5 km / h.

Eine Leistungsverbesserung stellt sich in dem Diagramm im Vergleich zu Vortests in einer Rechtsverschiebung der Hf- und der La-Kurve dar, sofern die biologischen Werte nicht anderweitig beeinflußt werden (s. S. 19 und 27). Das bedeutet, daß Sie bei gleicher Testleistung niedrigere Lactat- und Herzfrequenzwerte haben.

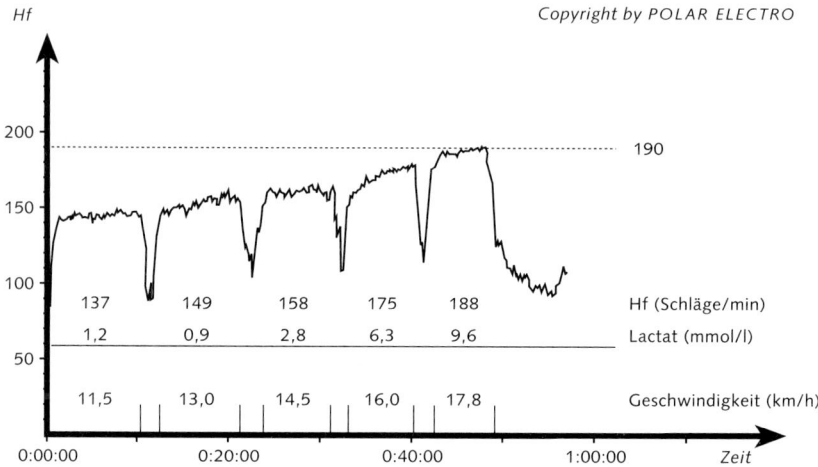

Verlaufskurve von Herzfrequenz, Lactatwerten und gelaufener Geschwindigkeit auf jeder Belastungsstufe während eines Lauf-Feldstufentests.

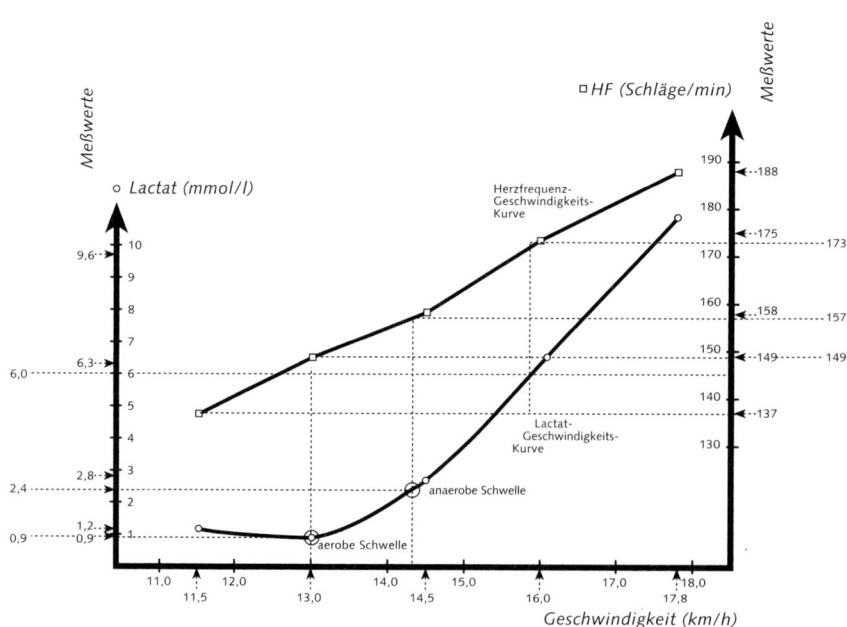

Diagramm zur Bestimmung der individuellen aeroben und anaeroben Schwelle.

Lactatwerte im Triathlonwettkampf (Angaben in mmol / l)			
	Schwimmen	**Radfahren**	**Laufen**
Sprinttriathlon	9 – 12	8 – 10	6 – 8
Kurztriathlon	7 – 10	6 – 8	5 – 7
Kurztriathlon (Windschatten)	7 – 10	5 – 10	6 – 9
Mitteltriathlon	6 – 8	3 – 4	2,5 – 4
Langtriathlon	4 – 5	2 – 3	1,5 – 2,5

Einflußfaktoren auf den Lactatwert

Wenn Sie die Trainingsintensität mit Hilfe von Lactatmessungen steuern und kontrollieren, sollten Sie sich mit den Einflußfaktoren auf den Lactatspiegel auseinandersetzen, um einerseits standardisierte Testbedingungen zu schaffen und andererseits die Meßwerte auch richtig einordnen und interpretieren zu können. Einfluß auf die Lactatbildung haben:

1. *Ernährung:* Haben Sie unmittelbar vor oder während der Belastung zuckerhaltige Getränke getrunken, so können die Lactatwerte im Vergleich zu reiner Wasserzufuhr höher ausfallen. Liegt die letzte Nahrungsaufnahme dagegen mehrere Stunden zurück, so sind etwas niedrigere Werte zu erwarten.
2. *Trainingsvorbelastung:* Durch Vorbelastungen würden Sie nicht nur Ihre Lactatwerte, sondern auch Ihre Herzfrequenzwerte beeinflussen. Sind Ihre Glykogenspeicher nicht hinreichend gefüllt, weil Sie am Vortag zu intensiv trainiert haben oder am Testtag schon trainiert haben, so wird auf den einzelnen Belastungsstufen meist weniger Lactat gebildet. Die Lactat-Geschwindigkeits-Kurve wäre nach rechts verschoben. In einem solchen Fall wäre eine verbesserte Leistungsfähigkeit im aerob-anaeroben Übergangsbereich nur vorgetäuscht.

3. *Bekleidung:* Bei sportlichen Aktivitäten sollten Sie immer auf eine den Temperatur- und Witterungsverhältnissen angepaßte Kleidung achten. Gewährleistet die Bekleidung keinen hinreichenden Wärmeaustausch, steigen die Herzfrequenz und die Lactatwerte an. Tragen Sie dagegen bei hohen Temperaturen Baumwolltrikots, die den Schweiß aufsaugen können, unterstützen Sie durch die entstehende Verdunstungskälte die Wärmeabgabe. Niedrigere Beanspruchung und niedrigere Herzfrequenz- und Lactatwerte sind die Folge.

4. *Testdesign:* Die Anzahl und Länge der Teilstrecken sowie die Erhöhung der Geschwindigkeit von Stufe zu Stufe haben einen Einfluß auf das Testergebnis. Standardisieren Sie von daher das Testverfahren nach den oben erläuterten Vorgaben.

5. *Tageszeit:* Wie Sie vielleicht aus eigenen Erfahrungen wissen, unterliegt die Leistungsfähigkeit einer Periodik im Tagesverlauf. Damit Ihre Testergebnisse vergleichbar sind, sollten Sie die Tests stets zur selben Tageszeit durchführen.

Werden diese Einflußfaktoren bei der Festlegung der Trainingsbereiche nicht berücksichtigt, können Sie zu falschen Aussagen kommen.

Herzfrequenzmessung

Die Herzfrequenz wird gewöhnlich in Schlägen pro Minute angegeben. Bei Herzfrequenz-Meßgeräten wird aus einer bestimmten Anzahl von Herzschlägen der Herzfrequenz-Minutenwert berechnet (z. B. aus gleitendem Mittelwert über 5 Herzschläge). Nach der herkömmlichen palpatorischen Methode, d. h. den Puls an der Halsschlagader oder am Handgelenk zu fühlen, müßten Sie das Training unterbrechen, den Puls suchen und über 6–15 Sekunden die Schläge zählen, um daraus den Minutenwert zu berechnen. Nicht nur, daß Sie die Belastung unterbrechen müßten, der ermittelte Wert wäre auch noch sehr ungenau, da gerade in den ersten 10–20 Ruhesekunden die Herzfrequenz rapide sinkt. Der Meßfehler zur realen Herzfrequenz kann bis zu 20 Schläge pro Minute betragen, und das per Hand ermittelte Ergebnis verliert jegliche Aussagekraft. Mit einem Herzfrequenz-Meßgerät dagegen läßt sich die Herzfrequenz auch während des Trainings permanent EKG-genau bestimmen. Damit Sie aus der Herzfrequenzmessung auch einen maximalen Nutzen schöpfen können, sind gewisse Kenntnisse erforderlich. Dazu zählen: Kenntnisse über die Ruhe-, Belastungs- und Erholungs-Herzfrequenz, Kenntnisse zur Herzfrequenz-Variabilität, Einflußfaktoren auf die Herzfrequenz, besondere Symptome der Herzfrequenz und die Bedeutung für das Training.

Mit der fortwährenden Herzfrequenzmessung kann die Belastungsintensität kontrolliert und exakt eingehal-
ten werden.

Ruhe-Herzfrequenz
Die Ruhe-Herzfrequenz bestimmen Sie morgens vor dem Aufstehen im Liegen über
eine Minute palpatorisch. Ausdauertraining führt zu einer Hf-Erniedrigung in Ruhe.
Ausdauertrainierte Sportler haben eine Ruhe-Hf von 50 Schlägen / min und darunter.
Bei hochtrainierten Triathleten wurden Werte unter 35 Schlägen / min gemessen.
Trotzdem besteht bei Ausdauertrainierten nur ein schwacher Zusammenhang zwischen der Ruhe-Herzfrequenz und der Ausdauerleistung. Die wichtigste Bedeutung
hat die Ruhe-Hf zur Kontrolle des Gesundheitszustandes. Erste Anzeichen für ge-
sundheitliche Störungen wie z. B. grippale Infekte äußern sich in einer Erhöhung der
Ruhe-Hf. Ist Ihre Ruhe-Hf um mehr als 10 Schläge / min erhöht, sollten Sie nicht oder
nur mit geringer Intensität im REKOM-Bereich trainieren.

Trainings-Herzfrequenz
Die Trainings-Herzfrequenz hat für die Beurteilung der Belastungsintensität eine
große praktische Bedeutung erlangt, da sie den Grad der körperlichen Beanspruchung
widerspiegelt. Ohne ein tragbares Pulsmeßgerät läßt sich die aktuelle Belastungs-
Herzfrequenz nicht exakt ermitteln.

Maximale Herzfrequenz und Wettkampf-Herzfrequenz
Die Herzfrequenz, die Sie maximal erreichen können (Hf_{max}), ist abhängig von Ihrem Lebensalter, Ihrem Geschlecht, Ihrer Leistungsbereitschaft, Ihrer muskulären Mobilisationsfähigkeit und Ihrer sportartspezifischen Leistungsfähigkeit. Kinder erreichen problemlos 200 Schläge/min. Auch Frauen neigen zu höheren Herzfrequenzen, so daß Sportlerinnen bei vergleichbarer Leistungsfähigkeit etwa um 10 Schläge/min höhere Hf-Werte haben als Sportler. Der aus der Formel «Maximale Herzfrequenz = 220 minus Lebensalter in Jahren» bestimmte Herzfrequenz-Wert bleibt für die Intensitätsfestlegung nur ein grobes Maß. Dieser Wert kann stark von der tatsächlichen Hf_{max} abweichen. Die Trainingsintensitäten können Sie genauer festlegen, wenn Sie die Hf_{max} durch einen Maximaltest (s. Programm 26, S. 73, und 43, S. 98) bestimmen und diesen in regelmäßigen Abständen (4–6 Wochen) zur Kontrolle wiederholen. Voraussetzung für den Test sind ein guter Gesundheitszustand und daß aus ärztlicher Sicht keine Einwände gegen einen Ausbelastungstest bestehen. Aus der individuellen Hf_{max} können Sie Ihre Trainings-Herzfrequenzen prozentual ableiten (s. Anhang, S. 207).

Bei der Bestimmung der Hf_{max} kann es durchaus vorkommen, daß unter dem Einfluß eines hohen, mehrwöchigen aeroben Ausdauertrainings oder nach starken Trainingsbelastungen am Vortag eine volle Aktivierung des Herz-Kreislauf-Systems nicht möglich ist und Sie die Hf_{max} nicht erreichen. Dies gilt auch für die Herzfrequenz im Wettkampf. Wenn Sie nicht hinreichend erholt sind, werden Sie im Wettkampf keine hohen Herzfrequenzen erreichen.

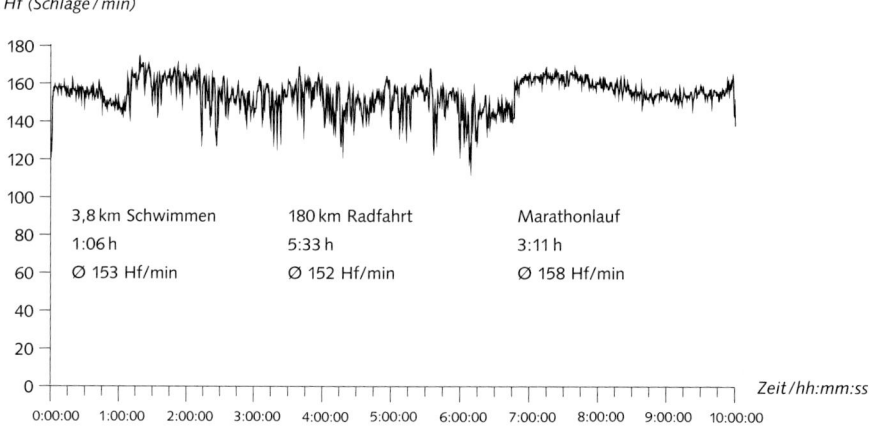

Herzfrequenz-Verlauf eines 35jährigen Triathleten während des IRONMAN SWITZERLAND. Bei einer Gesamtwettkampfzeit von 9:54 h beträgt die mittlere Herzfrequenz 154 Schläge/min.

Erholungs-Herzfrequenz

Aus dem Herzfrequenz-Rückgang nach Belastungsende (= Erholungs-Hf) können Sie Ihren Trainingszustand gut abschätzen. Bei besserer Leistungsfähigkeit erholt sich das Herz-Kreislauf-System schneller von der vorausgegangenen Belastung. Die Erholungs-Herzfrequenz ist ein feiner Gradmesser der Regenerationsfähigkeit. Haben Sie sich stark beansprucht oder gar überanstrengt, kommt es zu einem verzögerten Abfall der Herzfrequenz. Der Abfall der Herzfrequenz ist abhängig von der Intensität und Dauer der vorausgegangenen Belastung. Bei Ausdauertrainierten wurde nach dem Maximaltest (s. Programm 26, S. 73) in der 1. Erholungsminute ein Herzfrequenz-Rückgang von 40–50 Schlägen gemessen. Nach 3 Minuten wurden Werte unter 110 Schlägen / min erreicht. Nach einem Rennen kann das Erreichen des Ausgangs- bzw. Ruhewertes jedoch Stunden dauern. Je stärker und länger der Organismus beansprucht war, desto langsamer kehrt Ihre Herzfrequenz zum Ausgangswert zurück.

Herzfrequenz-Variabilität

Das Herz schlägt nicht im gleichen Zeittakt, sondern variiert von Schlag zu Schlag. Die Variation bzw. Variabilität beschreibt die Fluktuation der Herzschläge und ist eine natürliche Erscheinung der Herztätigkeit, die sich aus der fortwährenden Änderung der beschleunigenden (sympathischen) und dämpfenden (parasympathischen) nervalen Erregung sowie aus der Steuerung der Atmung, des Blutdrucks, der Wärmeregulierung u. a. ergibt und Rückschlüsse auf den Zustand der Entspannung zuläßt. Mit

Streudiagramme   *Copyright by POLAR ELECTRO*

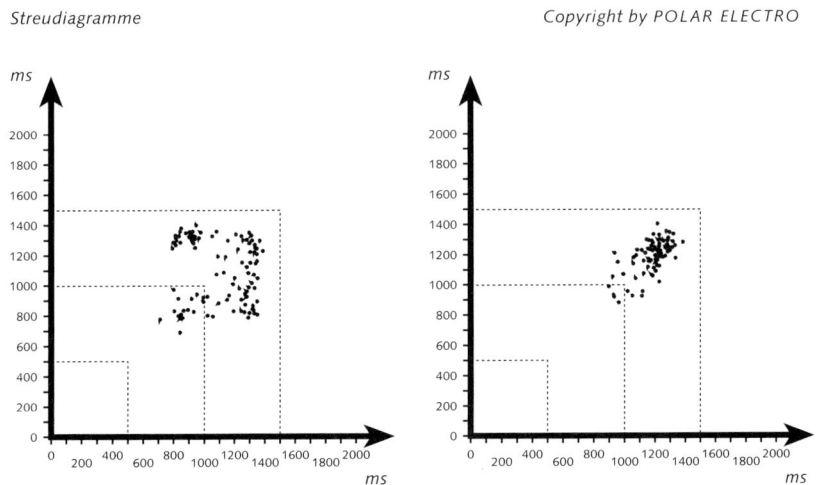

Streudiagramm des Herzschlags in Ruhe über 5 min bei hoher (rechts) und niedriger (links) Entspannungsrate. Die Werte wurden mit dem Polar Vantage NV erhoben und mit dem Polar-Herzfrequenz-Analyse-Programm ausgewertet.

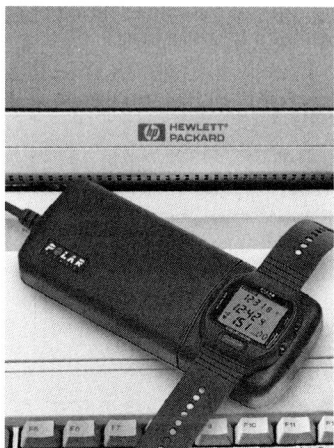

Das Herzfrequenz-Meßgerät «Polar Vantage NV» zeigt auf dem Display die Variation der Herzfrequenz numerisch in Millisekunden und graphisch in Balkenform an.

zunehmendem Lebensalter sinkt die Variabilität. Eine hohe Variabilität der Herzfrequenz weist auf eine aktive Rolle des parasympathischen Nervensystems und auf entspannte Körperfunktionen hin. Eine geringe Variabilität der Herzfrequenz deutet auf eine höhere Aktivität des sympathischen Nervensystems und spricht für eine starke physische und mentale Streßbeanspruchung. Mit dem Vantage-NV-Herzfrequenz-Meßgerät steht Ihnen ein Meßinstrument zur Verfügung, das neben den bekannten Funktionen die Entspannungsrate berechnet. Für die Variabilität können keine allgemeingültigen Grenzwerte angegeben werden. Sie müssen Ihre individuell typische Variation durch Beobachtung herausfinden, um Abweichungen interpretieren zu können. Für ein normales Entspannungsverhalten in Ruhe wird ein Bereich von 20–100 ms (Millisekunden) angesehen. Allgemein gilt, daß die Variabilität in Ruhe höher ist als unter Belastung. Eine hohe Variabilität in Ruhe kennzeichnet einen guten Entspannungszustand.

Herzfrequenz im Conconi-Test

Der Conconi-Test ist ein leistungsdiagnostisches Verfahren auf der Basis von Herzfrequenzmessungen und wird zur Festlegung der individuellen Belastungsintensitäten im Training und zur Bestimmung der maximalen Herzfrequenz herangezogen. Der Conconi-Test basiert darauf, daß im submaximalen Bereich die Herzfrequenz linear zur Belastung ansteigt. Wird die Belastung bis in den maximalen Bereich fortgesetzt, weichen bei einer bestimmten Intensität die Hf-Werte von der linearen Beziehung ab. Dieser Punkt wird als Abknickpunkt, Umschlagpunkt oder Deflektionspunkt bezeichnet und kennzeichnet den Beginn eines vermehrt anaeroben Stoffwechsels. Die Leistung an diesem Punkt ist nicht identisch mit der Leistung an der anaeroben Lactatschwelle.

Testdurchführung im Laufen:

Auf einer 200- bzw. 400-m-Rundbahn werden nach einer etwa 10minütigen Aufwärmphase mindestens 8mal 200 m mit ansteigender Geschwindigkeit gelaufen. Die Geschwindigkeit der ersten 200-m-Strecke wird in Abhängigkeit der Leistungsfähigkeit festgelegt. Sportler mit einer 10-km-Bestzeit zwischen 32 und 38 Minuten können mit einem Lauftempo von 12 km/h (= 60 s über 200 m) beginnen. Besser Trainierte wählen ein höheres, weniger gut Trainierte ein niedrigeres Anfangstempo. Unabhängig vom Starttempo wird die Laufgeschwindigkeit alle 200 m um 0,5 km/h gesteigert.

Die Herzfrequenz wird nach jeder Teilstrecke mit einem Hf-Meßgerät bestimmt. Der Test wird beendet, wenn der Sportler die vorgegebene Laufgeschwindigkeit nicht mehr einhalten kann.

Als praktikable Methode für die Steuerung des Lauftempos auf den 200-m-Teilstrecken bieten sich zwei Alternativen an:

1. Es wird auf der Rundbahn alle 10 oder 20 m eine Markierung (Hütchen) aufgestellt. Dann wird im Rhythmus der ansteigenden Laufgeschwindigkeit an jeder Markierung ein akustisches Signal gesendet.
2. Es wird eine Lauftabelle zur Kontrolle der Geschwindigkeit mitgenommen (Anhang, S. 215).

Testauswertung:

Die Auswertung kann mit der Polar-Software oder per Hand vorgenommen werden. Das Softwareprogramm liefert eine graphische Auswertung und berechnet in Abhängigkeit des Deflektionspunktes die Geschwindigkeiten und die Herzfrequenzen für das aerobe und anaerobe Training. Bei der manuellen Auswertung werden die Zwischenzeiten und Hf-Werte am Ende jeder 200-m-Stufe aus dem Speicher des Herzfrequenz-Meßgerätes abgelesen und in einen Protokollbogen (s. Tabelle, S. 26) übertragen. Dann erfolgt eine Umrechnung der 200-m-Zeit in km/h mit Hilfe der Formel: v (km/h) = (720/Zeit in Sekunden über 200 m). Im dritten Schritt werden die Wertepaare (Hf, Geschwindigkeit) in ein Koordinatenkreuz (Hf [min^{-1}] = y-Achse,

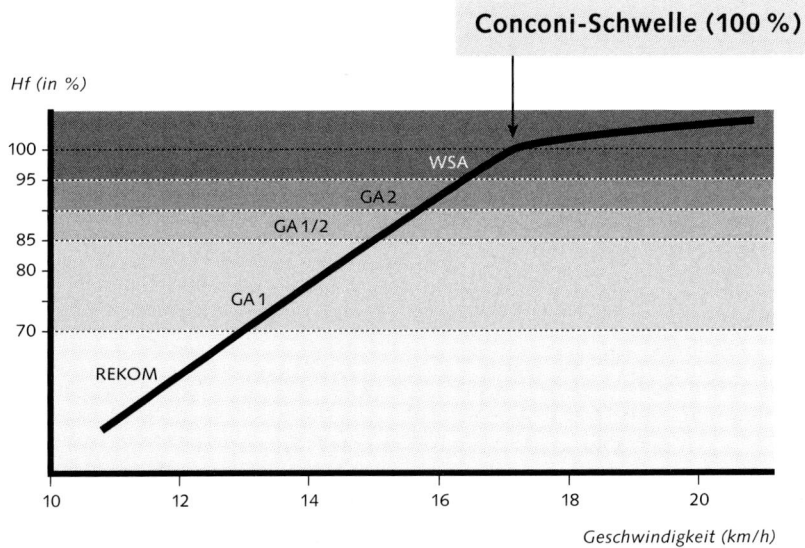

Trainingsbereiche anhand der «Conconi-Schwelle».

v [km/h] = x-Achse) eingezeichnet. Sind alle Punkte übertragen, so wird eine Ausgleichsgerade in den linearen Bereich gelegt. Der Deflektionspunkt ist dort, wo die Punkte im oberen Hf-Bereich die lineare Herzfrequenz-Kennlinie verlassen. Die Trainingsbereiche werden anschließend von der «Conconi-Schwelle» (= 100 %) prozentual abgeleitet. Im Bereich der Schwelle wird im wettkampfspezifischen Tempo (WSA) trainiert. Das GA-2-Training liegt in einem Bereich von 90–95 %, das GA-1/2-Training von 85–90 % und das GA-1-Training von 70–85 % der «Conconi-Schwelle» (s. Tabelle S. 25).

Protokollbogen
(Conconi-Test Laufen)

Name . . . . Datum: . . . . Temperatur: . . . .

Weg (m)	Zeit (s)	Hf (min⁻¹)	v (km/h)	Bemerkungen
200	60,3	146	11,9	
400	57,2	155	12,6	
600	55,1	161	13,1	
800	53,0	166	13,6	
1000	51,7	169	13,9	
1200	50,0	174	14,4	
1400	48,1	175	15,0	
1600	46,3	179	15,6	
1800	45,0	180	16,0	
2000	43,6	181	16,5	
2200	42,3	182	17,0	
2400	40,7	184	17,7	
2600	40,1	186	18,0	
2800	37,9	188	19,0	

Protokollbogen für die Auswertung des Conconi-Tests (Laufen). (Weg: zurückgelegte Strecke in Metern seit dem Start, Zeit: 200-m-Zeit in s, Hf: Herzfrequenz am Ende der 200-m-Strecke, Geschwindigkeit: km/h über 200 m, berechnet nach der Formel: V = (720/Zeit in s über 200 m.)

Testdurchführung im Radfahren:
Den Conconi-Test können Sie auch auf dem Rad durchführen. Sie benötigen eine Radbahn bzw. einen flachen Rundkurs, eine Fahrradrolle oder ein -ergometer und fahren auf jeder Belastungsstufe die gleiche Distanz von 300–500 m. Den Test beginnen Sie in Abhängigkeit Ihrer Leistungsfähigkeit in niedriger Geschwindigkeit. Nach jeder Belastungsstufe wird die Geschwindigkeit um 1 km/h erhöht. Nach etwa 12–16 Steigerungen sollten Sie Ihre maximal mögliche Geschwindigkeit erreicht haben. Die Übersetzung ist frei wählbar und bleibt während des gesamten Tests konstant. Beim Testen im Freien versuchen Sie den Windeinfluß durch einen geeigneten Kurs möglichst gering zu halten.

Einflußfaktoren auf die Herzfrequenz

Neben Art und Stärke der sportlichen Belastung wird Ihre Herzfrequenz von weiteren Faktoren beeinflußt, die Sie bei der Interpretation der Meßwerte berücksichtigen müssen. Nur wenn Sie die Einflußfaktoren kennen, sind Sie auch in der Lage, die ermittelten Herzfrequenzwerte richtig zu deuten.

Temperatur und Luftfeuchtigkeit
Den stärksten Einfluß auf die Herzfrequenz hat die Erhöhung der Körperkerntemperatur. Bei einem Training unter hohen Temperaturen (30 °C), hoher Luftfeuchtigkeit (70 %) und ungenügender Flüssigkeitsaufnahme kann Ihre Körperkerntemperatur um 2–3 °C ansteigen. Ihre Trainings-Herzfrequenz würde im Vergleich zu Normalbedingungen bei gleicher Intensität dann um 15–20 Schläge/min höher liegen.

Grundsätzlich wirken sich kurzfristige Klimaänderungen stark auf die Höhe der Herzfrequenz aus. Der Organismus ist nicht in der Lage, sich an die veränderten Bedingungen sofort anzupassen. In der Regel sind 5–7 Tage für die Akklimatisation erforderlich. Diese Tatsache müssen Sie im Training und besonders vor einem Wettkampf berücksichtigen, insbesondere wenn der Wettkampf in anderen Klima- und Zeitzonen stattfindet.

Höhenlage
Das Höhentraining ist vor allem für Hochleistungssportler eine wichtige Maßnahme im Leistungsaufbau. Die Herzfrequenz steigt mit zunehmender Höhenlage an. Bereits geringe Belastungsanforderungen führen zu deutlich höheren Herzfrequenzen und zu einem schlechteren Erholungsverhalten. Die Zeitdauer für das Erreichen eines stabilen Herzfrequenzniveaus und einer verbesserten Regulation ist unterschiedlich lang und kann in der Höhe eine Woche betragen. Wie schnell sich die Herzfrequenz einreguliert, ist abhängig von der Höhenlage, Ihrer individuellen Leistungsfähigkeit, den gewählten Trainingsbelastungen, der Häufigkeit von Höhenaufenthalten u. a.

Textilien

Die richtige, witterungsabhängige Sportbekleidung beeinflußt die Belastungs-Herzfrequenz. Gewährleisten Textilien keinen hinreichenden Wärmeaustausch, steigt die Hf an. Auch die Art der Sporttextilien (Baumwolle, Microfaser, Nylon) beeinflußt unterschiedlich stark das Hf-Verhalten.

Nahrungsaufnahme

Mit der Nahrungsaufnahme steigen Herzfrequenz und Lactatkonzentration an. Nach einer kohlenhydratreichen Mahlzeit stellten wir im Mittel 10–20 Schläge/min höhere Herzfrequenzwerte bzw. 1–2 mmol/l höhere Lactatkonzentration fest. Andererseits sind Herzfrequenz und Lactatkonzentration nach länger andauerndem Hungerzustand erniedrigt.

Herzfrequenz-Verhalten in Training und Alltag

Wenn Sie Ihre Herzfrequenz regelmäßig vor, während und nach dem Training kontrollieren, werden Sie für bestimmte Veränderungen sensibel. Für die Beurteilung Ihres aktuellen Gesundheits- und Leistungszustands ist es wichtig, diese Erscheinungen frühzeitig zu erkennen. Welche besonderen Erscheinungen beobachtbar sind, welche Ursachen dahinterstehen können und welche Konsequenzen sich für das Training ergeben, wird in der nebenstehenden Übersicht dargestellt.

Erscheinung / Beobachtung	mögliche Ursache	Trainingsmaßnahme
• Ruhe-Hf ist stark erhöht	• Überbeanspruchung • Übertraining • Infekt	• Reduzierung des Trainings • Trainingspause
• Die Hf erreicht beim Tempo-Training nicht den gewohnten Wert	• Übertraining • Glykogenverarmung	• kein Tempo-Training • mehr GA-1-Training
• Die Hf_{max} wird im Test nicht erreicht	• Glykogenverarmung • geringe muskuläre Mobilisation • fehlende Motivation	• Reduzierung des Umfangs • Motoriktraining (z. B. Sprints)
• Die Hf bleibt beim Intervalltraining in den Pausen un- gewohnt hoch	• Tempo ist zu hoch	• Reduzierung der Intensität • Verlängerung der Pausen • Abbrechen des Trainings
• Die Hf ist nach dem Training über Stunden erhöht	• Erschöpfung • Flüssigkeitsmangel	• Flüssigkeitszufuhr • Regenerations-Maßnahmen (vgl. S. 204)
• Die Hf steigt bei gleichem Tempo ungewohnt stark an	• Flüssigkeitsdefizit • Infekt	• Abbrechen des Trainings • Flüssigkeitszufuhr
• Die Erholungs- herzfrequenz sinkt in den ersten zwei Minuten ungewöhnlich schnell	• Übertraining	• Reduzierung des Trainings an den folgenden Tagen • Motoriktraining (Kurzsprints)
• Die Hf-Variation ist in Ruhe vergleichs- weise niedrig	• Überbeanspruchung • hohe Streß- belastungen	• REKOM-Training • Entspannungsmaßnahmen

Reaktionen der Herzfrequenz, mögliche Ursachen und Konsequenzen für das Training.

DIE TRAININGSPROGRAMME

Wir haben 55 Hauptprogramme mit weiteren Unterprogrammen ausgearbeitet, um das Triathlon-Training abwechslungsreich, vielseitig und effizient zu gestalten. Ziel ist es, Ihre Leistungsfähigkeit umfassend zu entwickeln, Ihr Potential optimal auszuschöpfen und Sie über das ganze Jahr fit und gesund zu halten. Dargestellt werden einerseits Schwimm- (Programm 1–14), Rad- (15–27) und Laufprogramme (28–45) und andererseits Kopplungs- und Crosstrainingsprogramme (46–55). Zum Crosstraining – nicht zu verwechseln mit dem Training für den Crosslauf oder das Querfeldeinfahren – zählen Sportarten wie Skilanglauf, Inline-Skating, Schlittschuhlaufen oder Aqua-Jogging. Wenn in einer Trainingseinheit zwei oder drei Triathlondisziplinen zusammengefügt (gekoppelt) werden, sprechen wir von einem Kopplungstraining.

Eine Trainingseinheit läßt sich in drei Abschnitte unterteilen:

Aufwärmen (warm-up):
Ziel des Aufwärmens ist es, den Organismus langsam auf den Hauptteil vorzubereiten. Vermeiden Sie einen «Kaltstart»! Allgemeine und sportartspezifische Belastungen sowie gymnastische Übungen mit geringer Belastungsintensität sollen Ihr Herz-Kreislauf-System, die Muskulatur und den Bewegungsapparat auf die folgende Belastung einstimmen. Leichtes Schwitzen zeigt an, daß Sie hinreichend erwärmt sind. Eine zu hohe Anfangsintensität wirkt sich ungünstig auf die aerobe Energiebereitstellung aus. Je intensiver der Hauptteil, desto bedeutungsvoller ist die Erwärmung, um keine Verletzungen zu provozieren.

Hauptteil:
Im Hauptteil der Trainingseinheit wird eine konditionelle Fähigkeit schwerpunktmäßig entwickelt. In den ersten Programmen jeder Teildisziplin liegt der Schwerpunkt auf der Entwicklung der Grundlagenausdauerfähigkeit. Das Training wird im GA 1-, GA 1/2- und GA 2-Bereich absolviert. Danach folgen Programme zum Erwerb der spezifischen Kraftausdauerfähigkeiten KA 1 und KA 2 und hochintensive WSA-Programme, die der Ausprägung der wettkampfspezifischen Leistungsfähigkeit und der Kontrolle der Leistungsentwicklung vorbehalten sind. Jeder Trainings- bzw. Intensitätsbereich ist durch ein eigenes Symbol gekennzeichnet, so daß Sie den jeweiligen Schwerpunkt der Trainingseinheit sofort erkennen können:

Symbol

Symbol		
◻	REKOM:	lockeres Regenerations- bzw. Kompensationstraining
▢ ⎰	GA 1:	extensives Grundlagenausdauertraining 1
⎱	GA 1/2:	extensives Grundlagenausdauertraining 1/2
◇	GA 2:	intensives Grundlagenausdauertraining 2
○	WSA:	hochintensives Wettkampftraining
⬡ ⎰	KA 1:	extensives Kraftausdauertraining 1
⎱	KA 2:	intensives Kraftausdauertraining 2
▽	Mischtraining:	Trainingseinheit, in der mehrere Intensitätsbereiche angesprochen werden
⬭	Crosstraining	
☆	Leistungstests	

Abwärmen (cool-down):

Mit lockerem Ausschwimmen, -fahren oder -laufen und leichten gymnastischen Übungen wird die Regeneration eingeleitet, Stoffwechselendprodukte werden abgebaut. Das Abwärmen wird um so wichtiger, je intensiver die Belastung im Hauptteil war.

Schwimmen

Im Triathlonwettkampf ist das Schwimmen die kürzeste Disziplin. Der Anteil zur Gesamtwettkampfzeit beträgt im Kurztriathlon etwa 20 %, auf der «Ironman»-Distanz etwa 10 %. Auch wenn der prozentuale Anteil nicht so bedeutungsvoll erscheint, ist

eine gute Schwimmleistung für das Gesamtergebnis sehr wichtig. Eine vordere Position nach dem Schwimmen ist nicht nur motivierend, sondern bietet auch bessere Möglichkeiten für die weitere Renngestaltung. Ferner ist zu bedenken, daß der Organismus durch die höhere Wärmeleitfähigkeit des Wassers (25fach zur Luft) und die meist niedrigen Wassertemperaturen viel Wärmeenergie zur Erhaltung der Körperkerntemperatur abgeben muß. Die Gefahr der Unterkühlung ist bei langsamen Schwimmern eher gegeben. Muskelzittern in der Wechselzone oder auf den ersten Radkilometern kann die Folge einer starken Auskühlung sein. Ein kräftiger Tritt in die Pedale wird, wenn überhaupt, erst nach einigen Kilometern möglich. Bei «Windschattenrennen» gewinnt die Schwimmleistung zusätzlich an Bedeutung. Nur wer nach dem Schwimmen Anschluß an einen schnellen Radpulk findet, wird seine Chance auf einen guten Gesamtplatz wahren.

Neben der Bedeutung für ein gutes Wettkampfergebnis hat das Schwimmen als Fortbewegung in einem anderen Medium positive Wirkungen auf den Organismus. Das spezifische Gewicht des Körpers ist im Wasser geringer als an Land, so daß das Schwimmen das passive Bewegungssystem (Knochen, Gelenke, Bänder, Sehnen) schont und nach einem anstrengenden Rad- oder Lauftraining kompensatorisch wirkt.

Kraulschwimmen

Kraulschwimmen: Technik und Koordination

Die Kraultechnik ist die schnellste Schwimmtechnik und für Triathleten der klar favorisierte Schwimmstil. Eine ökonomische Technik und gute Beweglichkeit sind Voraussetzungen für ein effektives Ausdauertraining. Beherrschen Sie die Technik noch nicht, sollten Sie sich einem Schwimmverein anschließen oder einen erfahrenen Schwimmer um Hilfe bitten.

Die Bildreihe zeigt die Kraultechnik, an der Sie sich orientieren können. In der **Überwasserphase** wird der Arm relativ entspannt mit hohem Ellenbogen nach vorn bewegt. Die **Unterwasserphase** beginnt mit dem Eintauchen der Hand möglichst weit vor dem Schultergelenk. In der **Zugphase** «greift» die Hand das Wasser und «zieht» den Körper mit hohem Ellenbogen nach vorn. Die **Druckphase** beginnt, wenn die Hand sich auf Schulterhöhe befindet, und endet, wenn die Hand bei gestrecktem Arm das Wasser verläßt. Ausgeatmet wird ins Wasser durch Mund und Nase, eingeatmet am Ende der Druckphase, wobei der Kopf zur Seite gedreht wird (Kinn in Richtung Schulter). Langstreckenschwimmer führen einen 2er-Beinschlag aus, d. h., beim rechten Armzug erfolgt ein linker Beinschlag und umgekehrt. Höhere **Beinschlagfrequenzen** sind unökonomisch, weil sie mehr Energie verbrauchen, also zu schnellerer Ermüdung führen, was sich im Wettkampf nachteilig auf die folgenden Disziplinen auswirkt.

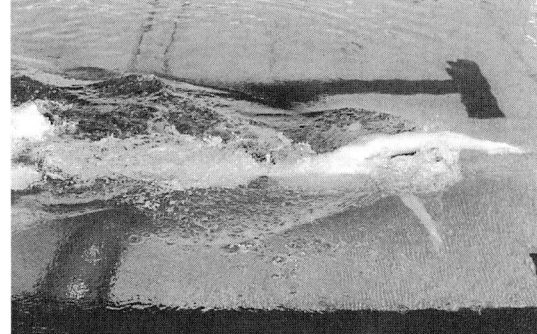

Im Wasser sind die Möglichkeiten der Eigenkontrolle und Selbstbeobachtung stark eingeschränkt. Deshalb ist es wichtig, den eigenen Schwimmstil in regelmäßigen Abständen von einem erfahrenen Trainer beurteilen zu lassen. Leicht schleichen sich Fehler ein, die sich unbemerkt verfestigen und Ihre Leistungsfähigkeit und -entwicklung im Schwimmen nachteilig beeinflussen. Die am häufigsten auftretenden Technikprobleme beim Schwimmen mit möglichen Ursachen und Korrekturhilfen haben wir in der folgenden Tabelle zusammengetragen.

Problem / Fehler	Ursache / Fehlerfolge	Korrekturhilfen
Beinbewegung		
• Radfahrbewegung	– das Wasser wird mit der Fußsohle nach hinten gedrückt	– aus der Hüfte schlagen, – mit dem Fußrist in das Wasser schlagen
• die Füße sind nicht gestreckt und nicht nach innen gedreht	– die Füße schneiden durch das Wasser – die Beine sinken ab, mit der Folge einer schlechten Wasserlage	– die Füße nach innen drehen und strecken, mit dem Rist in das / auf das Wasser schlagen, eine hohe Frequenz schlagen (spritzen)
Armzug		
• der Ellenbogen zieht vor dem Unterarm	– tiefer Ellenbogen – schlechter Vortrieb	– auf hohen Ellenbogen achten und gegen die Schulter mit Hand und Unterarm ziehen – Schwimmen mit Paddles – «Faustschwimmen»
• schlingerndes Schwimmen	– Zug weicht seitlich zu weit aus – Abknicken in der Hüfte – Zug zieht zu weit über die Körpermittelachse – fehlende Rumpfspannung	– den Arm in Verlängerung der Körperlängsseite gestreckt eintauchen – der Hand mit den Augen zur Körpermittellinie folgen – die Rumpfmuskulatur anspannen – die Hüfte in der Druckphase zur Hand bzw. nach unten drücken

Problem / Fehler	Ursache / Fehlerfolge	Korrekturübungen
• die Hand taucht mit gebeugtem Arm vor dem Kopf ein	– keine optimale Vortriebssituation, mögliche Zuglänge wird nicht ausgenutzt	– Abschlagschwimmen – einarmiges Schwimmen – Gleitschwimmen (pointierte Druckphase, Arm kurz gestreckt vorn liegen lassen)
• die Hand verläßt vor Beendigung des Zuges in Hüfthöhe das Wasser	– schlechte Druckphase – keine optimale Vortriebssituation	– bevor die Hand das Wasser verläßt, mit dem weggestreckten Daumen den Oberschenkel berühren
• kein entspannter Arm in der Überwasserphase	– schnellere Ermüdung – keine Entspannungsphase	– Unterarm in der Überwasserphase entspannt hängen lassen – die Hand in die Achselhöhle führen – Arm über dem Wasser ausschütteln
Atmung • der Kopf wird zum Einatmen nach vorn oben gehoben	– schlechte Wasserlage – Absinken der Beine – Wasserschlucken	– zum Einatmen einmal um die Körperlängsachse drehen – zum Einatmen auf die Seite drehen – am Ende der Druckphase durch seitliche Kopfdrehung zur Schulter einatmen
• Wasserschlucken (Wasser in Nase)	– Schwimmbewegung wird unterbrochen – unter Wasser wird nicht ausgeatmet (Preßatmung) – falscher Atemzeitpunkt (zu früh oder zu spät)	– einen Arm am Oberschenkel anlegen und einarmig schwimmen, zur Seite des angelegten Arms atmen und bewußt auf das Ausatmen ins Wasser konzentrieren – Abschlagschwimmen

Technikprobleme beim Schwimmen, mögliche Ursachen und Korrekturhilfen

Eine gute Kraultechnik äußert sich durch:

- eine hohe Wasserlage,
- eine ruhige Kopfhaltung bei leichter Drehung des Schultergürtels um die Körperlängsachse,
- eine entspannte Muskulatur in der Erholungsphase,
- ein spätes Einsetzen muskulärer Ermüdung,
- einen hohen Wirkungsgrad der Vortriebskräfte und
- eine hohe Variabilität der Schwimmgeschwindigkeit.

Zum regelmäßigen Training Ihrer technischen und koordinativen Fähigkeiten sollten Sie regelmäßig beim Einschwimmen einige der auf Seite 37 vorgestellten Übungen durchführen. Die Streckenlänge für eine Übung sollte mindestens 25 m betragen.

Technik- und Koordinationsübungen für das Kraulschwimmen

- **Kraul-Lockerung:**
  nach der Beendigung der Druckphase wird die Hand zur Achselhöhle geführt (hoher Ellenbogen).

- **Kraul-Dehnung:**
  anstelle des «Nach-vorne-Führens» des Armes mit hohem Ellenbogen dehnen Sie ihn gestreckt zur gegenüberliegenden Körperseite.

- **Abschlagschwimmen Kraul oder Delphin:**
  der Kraularmzug wird erst dann fortgesetzt, wenn eine Hand die andere vorne abschlägt.

- **Einarmiges Kraul- oder Delphinschwimmen:**
  ein Arm bleibt gestreckt vorne liegen, am Ende der Druckphase wird zur Seite des ziehenden Armes eingeatmet.

- **einarmiges Kraulschwimmen:**
  ein Arm bleibt gestreckt am Oberschenkel liegen, am Beginn der Zugphase (Hand taucht ins Wasser ein) wird zur Seite des hinten liegenden Armes eingeatmet.

- **Faustschwimmen:**
  mit zur Faust geschlossener Hand in der Kraul-Gesamtbewegung schwimmen.

- **Beinschlag:**
  – einseitig pointierter 2er-Beinschlag: taucht der rechte Arm vorn ein, schlägt der linke Fuß kräftig aufs Wasser, das andere Bein führt einen normalen Beinschlag aus,
  – Einbeinschlag bei gestreckt vorne liegenden Armen (ohne Brett): wird z. B. mit dem linken Bein der Beinschlag ausgeführt, so wird zur Atmung jeweils mit dem rechten Arm gezogen und umgekehrt.

- **Koordinations- / Kombinationsübungen:**
  – Kraul-Beine und Brust-Arme,
  – Delphin-Arme und Brust-Beine,
  – Brust-Arme und Kraul-Beine,
  – Delphin-Arme und Kraul-Beine,
  – Kraul-Arme und Delphin-Beine.

- **Atemübungen:**
  – 3er, 4er, 5er, 7er Kraularmzug,
  – 1er Kraularmzug: bei jedem Armzug atmen (lange Gleitenphase),
  – vier Brusttauchzüge mit anschließendem Kraulsprint über 10 bis 15 Meter.

- **Kraul-Wasserballtechnik:**
  mit nach vorne aus dem Wasser gehobenen Kopf schwimmen (diese Übung ist für die Orientierung im offenen Gewässer wichtig).

Kondition: Schwimmprogramme und Trainingsbereiche

Die konditionellen Fähigkeiten im Schwimmen müssen in Abhängigkeit der im Wettkampf zu bewältigenden Schwimmstrecken (0,5 bis 3,8 km) entwickelt werden. Während im Langtriathlon die aerobe Ausdauer mit über 90 % zur Leistungsfähigkeit beiträgt, ist der Anteil im Sprinttriathlon deutlich geringer und dürfte bei guten Schwimmern unter 50 % liegen. Neben der Ausdauer sind die konditionellen Fähigkeiten Kraft und Schnelligkeit sehr bedeutsam beispielsweise für eine hohe Anfangsgeschwindigkeit in der Startphase, um aus dem Pulk herausschwimmen, um eine gute Position erkämpfen oder um möglichst früh unbehindert schwimmen zu können. Wie die Trainingsstruktur für Sie konkret aussehen sollte, d. h., wie hoch der jeweilige Anteil des Trainings für die Schnelligkeit, Schnelligkeitsausdauer, Kraft- und Kraftausdauer sein sollte, ist u. a. abhängig von Ihren schwimmerischen Vorerfahrungen, Ihrem Technikstand und Ihrem Talent. In den folgenden Schwimmprogrammen werden alle Fähigkeiten unter Anwendung vielfältiger Trainingsmethoden entwickelt.

Einschwimmen (warm up):
Zu Beginn jeder Schwimmtrainingseinheit müssen Sie Ihre Muskulatur mit gymnastischen Übungen auf die Belastungen im Wasser vorbereiten. Die Länge des Einschwimmprogramms von 200 – 1000 m richtet sich nach Ihrer Leistungsfähigkeit und dem Trainingsinhalt. Wir stellen Ihnen beispielhaft fünf Programme für das Einschwimmen vor, in die Sie die Übungen des Technik- und Koordinationstrainings (s. S. 39) integrieren sollen.

Hauptteil:
In den Hauptschwimmprogrammen (Programm 1 – 14, S. 40 ff.) haben wir die prozentuale Verteilung der Trainingsbereiche graphisch in einer Säule dargestellt. So erkennen Sie sofort, wo der Schwerpunkt der Trainingseinheit liegt. Die Schwimmgeschwindigkeit in den einzelnen Trainingsbereichen für die jeweiligen Teilstrecken richtet sich nach Ihrer aktuellen 400-m-Bestzeit. Die konkreten Sollzeiten für die unterschiedlichen Strecken können Sie der Tabelle im Anhang (S. 208) entnehmen und zur besseren Orientierung in die letzte Spalte (Bereich / Sollzeit) der Programme eintragen. Mit Lactatmessungen im Training können Sie die aerobe und anaerobe Stoffwechselbeanspruchung in einzelnen Schwimmprogrammen von Zeit zu Zeit kontrollieren. Beachten Sie die möglichen Einflußfaktoren auf die Lactatwerte (s. S. 19).

Ausschwimmen (cool down):
Das Ausschwimmen über mindestens 100 m leitet die Erholungs- und Regenerationsphase ein. Schwimmen Sie in verschiedenen Lagen und integrieren Sie einige Übungen des Technik- und Koordinationstrainings. Nach dem Wassertraining sollten Sie die beanspruchten Muskelgruppen, insbesondere die des Schultergürtels, nochmals dehnen.

Einschwimmprogramme für das Schwimmtraining

200-m-Programm	50 m	Kraul
	100 m	Technik- und Koordinationsübungen
	50 m	2 x Kraul-Sprints über 8–10 s (halbe Bahn), Pause 30–60 s

400-m-Programm	50 m	Kraul
	150 m	Technik- und Koordinationsübungen
	50 m	Kraul-Beine
	50 m	Rücken-Beine
	100 m	4 x Kraul-Sprints über 8–10 s (halbe Bahn), Pause 30–60 s

600-m-Programm	100 m	alle Lagen
	300 m	Technik- und Koordinationsübungen
	50 m	Kraul-Beine
	50 m	Rücken-Beine
	150 m	6 x Kraul-Sprints über 8–10 s (halbe Bahn), Pause 30–60 s

800-m-Programm	200 m	alle Lagen
	300 m	Technik- und Koordinationsübungen
	50 m	Kraul-Beine
	50 m	Rücken-Beine
	200 m	8 x Kraul-Sprints über 8–10 s (halbe Bahn), Pause 30–60 s

1000-m-Programm	200 m	alle Lagen
	400 m	Technik- und Koordinationsübungen
	100 m	Kraul-Beine
	100 m	Rücken-Beine
	200 m	8 x Kraul-Sprints über 8–10 s (halbe Bahn), Pause 30–60 s

1 REKOM-Schwimmen

Das REKOM-Schwimmen nach harten Trainingseinheiten fördert die REgeneration und schafft KOMpensation (Ausgleich) beispielsweise nach einer anstrengenden Rad- oder Laufeinheit. Der Umfang richtet sich nach Ihrer momentanen Leistungsfähigkeit und Ihrem Ermüdungszustand und sollte nicht mehr als 2500 m betragen. Mögliche Inhalte sind Technik- und Koordinationsübungen sowie lockeres Schwimmen in verschiedenen Lagen. Programm 1c ist für die letzten Tage vor einem Wettkampf vorgesehen.

1 Programm   **REKOM – Schwimmen**

		Umfang (m)	Trainingsinhalt
REKOM 100 %	**1a** 1000– 1800 m	200–400 50–100 50–100 50–100 50–100 100–200 500–800	Kraul / Rücken / Brust im Wechsel Kraul-Lockerung Kraul-Dehnung Kraul-Beine und Brust-Arme Brust-Arme und Kraul-Beine Delphin im Wechsel mit einem Arm Kraul
	1b 1200– 2200 m	200–400 50–100 100–200 150–300 50–100 50–100 600–1000	Delphin / Rücken / Brust / Kraul im Wechsel Abschlagschwimmen einarmiges Kraulschwimmen Kraul-Faustschwimmen Kraul-Lockerung Kraul-Dehnung Kraul
	1c 1200– 2300 m	200–400 100–200 100–200 50–100 50–100 200–300 500–1000	Delphin / Rücken / Brust / Kraul im Wechsel Abschlagschwimmen 4–8 x Kraul-Sprint über 8 s (halbe Bahn), 45 s P. Kraul-Lockerung Kraul-Dehnung 4–6 x Kraul-Sprint über 50 m, 60 s Pause Kraul

2 Extensives Dauerschwimmen (GA 1)

Mit diesem Programm entwickeln Sie die Grundlagenausdauerfähigkeit nach der Dauermethode. Die Intensität ist gering. Die Schwimmgeschwindigkeit liegt bei 80–83 % der 400-m-Bestzeit, wobei die Lactatkonzentration 3 mmol/l nicht übersteigen darf. Schwimmen Sie sehr lange Strecken in der vorgegebenen Intensität, trainieren Sie effektiv den Fettstoffwechsel (Hinweise dazu in Programm 17, S. 63). Die Lactatkonzentration sollte am Ende dieser langen Dauerbelastung 2 mmol/l nicht überschreiten. Außerdem bereiten Sie durch die lange Belastungsdauer Ihre Psyche auf die monotone Beanspruchung der 3,8 km-Schwimmstrecke über die Ironmandistanz vor, bei der Sie ebenfalls über einen recht langen Zeitraum auf sich allein gestellt sind. Erlaubt die Wassertemperatur ein **Schwimmen in offenen Gewässern**, sollten Sie die Möglichkeit nutzen, um sich an die anderen Gegebenheiten zu gewöhnen. Schwimmen im Meer, See oder Fluß unterscheidet sich grundlegend vom Training im Schwimmbad. Die Sicht ist schlechter, Sie haben keine Orientierungslinien auf dem Boden, wechselnde Wassertemperaturen und Strömungsverhältnisse können auftreten. Die Orientierung und das geradlinige Schwimmen zu Markierungspunkten (z. B. Bojen im Wettkampf) kann Schwierigkeiten bereiten. Um Abweichungen von der idealen Schwimmlinie möglichst gering zu halten, sollten Sie über spezielle Fertigkeiten verfügen. Dazu zählt das Beherrschen der Atemtechnik zu beiden Seiten, um sich an rechten und linken Markierungen gleichermaßen orientieren zu können. Atmet man beispielsweise im Training nur zur rechten Seite, wird man bei linken Markierungen (Linkskurs) eher von der Ideallinie abdriften. Die Atmung zu beiden Seiten

und den Wechsel vom 2er-
zum 3er-Armzug müssen
Sie im Training üben. Mit
dem 3er-Armzug können
Sie im Pulk sicherer schwimmen und das nähere Umfeld
zu beiden Seiten kontrollieren. Einseitiges Atmen (2er
oder 4er-Armzug) führt zu
einem asymetrischen Arm-
zug und behindert das Gera-
deausschwimmen. Befinden
sich die Orientierungspunkte
(Boje, Baum etc.) vor Ihnen,
müssen Sie Atmung und
Blick danach ausrichten,
ohne dabei Ihren Schwimmr-
hythmus zu unterbrechen.
Dazu heben Sie den Kopf
nach dem Einatmen so weit
nach vorne oben aus dem
Wasser, daß Sie Ihren Mar-
kierungspunkt orten können.
In der Regel reicht es, sich alle
6–10 Armzüge zu orientie-
ren.

Bei vielen Wettkämpfen
ist es erlaubt, mit Neopren-
anzug zu schwimmen. Neoprenanzüge schützen vor Kälte und bringen den Körper in
eine höhere Wasserlage. Schwimmer mit ungünstiger Wasserlage profitieren davon besonders. Erheblich schnellere Schwimmzeiten werden erreicht. Ein Neoprenanzug
muß eng sitzen, ohne zu beengen. Hinreichende Armfreiheit und uneingeschränktes
Atmen müssen möglich sein. Ist der Anzug dagegen zu groß, verliert er seine Funktionen als Kälteschutz und Auftriebshilfe. Beachten Sie, daß sich beim Schwimmen mit
Neoprenanzug das Wassergefühl, der Armzug und der Beinschlag verändern.

2 Programm

Extensives Dauerschwimmen (GA 1)

		Umfang (m)	Trainingsinhalt	Bereich/Sollzeit*
	2a ~1500 m	400 1000 100	Einschwimmen* **Kraul-Dauerschwimmen** Ausschwimmen	GA 1
	2b ~2500 m	400 2000 100	Einschwimmen* **Kraul-Dauerschwimmen** Ausschwimmen	GA 1
	2c ~3800 m	600 3000 300	Einschwimmen* **Kraul-Dauerschwimmen** Ausschwimmen	GA 1
	2d ~5000 m	800 4000 200	Einschwimmen* **Kraul-Dauerschwimmen** Ausschwimmen	GA 1

GA 1
100 %

Ein- und Ausschwimmen

* siehe Seite 39   * siehe Seite 208

3 Extensive 100- und 200-m-Intervalle (GA 1)

Dieses Programm eignet sich besonders, um die Ausdauergrundlagen für lange Strecken zu erwerben. Die kurze Pause von 10–20 Sekunden reicht aus, einer Technikverschlechterung aufgrund zu starker Ermüdung entgegenzuwirken. Die Schwimmgeschwindigkeit ist höher als beim Dauerschwimmen und beträgt in Abhängigkeit der Streckenlänge 84–86 % der 400-m-Bestzeit. Die Lactatkonzentration kann sich je nach Leistungsfähigkeit bis auf maximal 3,5 mmol/l erhöhen. Zwar werden Sie im Wettkampf Kraul schwimmen, doch sollten Sie im Training auch in anderen Lagen trainieren. So erhöhen Sie die allgemeine Belastbarkeit, beanspruchen die Rumpf- und Schultermuskulatur vielfältig, und das Training wird insgesamt abwechslungsreicher.

3	Programm		Extensive 100/200-m-Intervalle (GA 1)		
			Umfang (m)	Trainingsinhalt	Bereich/Sollzeit*
WSA 8 %		3a ~1500 m	200 800–1200 100 100 100	Einschwimmen* 8–12 x 100 m Kraul, 10–20 s Pause Kraul-Beine 4 x 25 m Kraul-Sprint (progressiv) 30–45 s Pause Ausschwimmen	GA 1 REKOM WSA
		3b ~3000 m	400 400 200 1200–2000 100 200 100	Einschwimmen* 4 x 100 m Lagen, 30 s Pause Rücken 6–10 x 200 m Kraul, 10–20 s Pause Kraul-Beine 8 x 25 m Kraul-Sprint (progressiv) 30–45 s Pause Ausschwimmen	GA 1 REKOM GA 1 REKOM WSA
GA 1 80 %		3c ~4500 m	600 600 200 2000–3000 200–300 250 200	Einschwimmen* 6 x 100 m Lagen, 30 s Pause Rücken 2–3 x (10 x 100 m Kraul, 10–20 s P.) 100 m Rücken nach jeder Serie 10 x 25 m Kraul-Sprint (progressiv) 30–45 s Pause Ausschwimmen	GA 1 REKOM GA 1 REKOM WSA
REKOM 12 % Ein- und Ausschwimmen		3d ~5500 m	1000 1000 200 2000–3000 300–450 300 200	Einschwimmen* 10 x 100 m Lagen, 30 s Pause Rücken 2–3 x (5 x 200 m Kraul), 10–20 s P. 150 m Rücken nach jeder Serie 12 x 25 m Kraul-Sprint (progressiv) 30–45 s Pause Ausschwimmen	GA 1 REKOM GA 1 REKOM WSA
			* siehe Seite 39		* siehe Seite 208

4 Extensive 400-m-Intervalle (GA 1)

Mit den extensiven 400-m-Intervallen entwickeln Sie ebenfalls die Grundlagenausdauerfähigkeit. Die 400-m-Abschnitte sollten Sie mit etwa 84 % der 400-m-Bestzeit schwimmen. Die Lactatkonzentration liegt zwischen 2, 5 und 3,5 mmol/l. Das Lagenschwimmen vor der 400 m Kraulstrecke soll ebenfalls in niedriger Intensität geschwommen werden.

4 Programm — **Extensive 400-m-Intervalle (GA 1)**

		Umfang (m)	Trainingsinhalt	Bereich/Sollzeit*
WSA 5 %	**4a** ~1500 m	200 800–1200 100 100 100	Einschwimmen* **2–3 x 400 m Kraul, 60 s Pause** Kraul-Beine 4 x 25 m Kraul-Sprint (progressiv) 30–45 s Pause Ausschwimmen	GA 1 REKOM WSA
GA 1 85 %	**4b** ~3500 m	600 2000–2500 200 200 100 200	Einschwimmen* **4–5 x (100 m Lagen und 400 m Kraul) 60 s Pause** Kraul-Beine 8 x 25 m Kraul-Sprint (progressiv) 30–45 s Pause Rücken-Beine Ausschwimmen	GA 1 REKOM WSA REKOM
REKOM 10 %	**4c** ~5000 m	600 3000–4000 300 200 200 200	Einschwimmen* **6–8 x (100 m Lagen und 400 m Kraul) 60 s Pause** Kraul-Beine 12 x 25 m Kraul-Sprint (progressiv) 30–45 s Pause Rücken-Beine Ausschwimmen	GA 1 REKOM WSA REKOM
Ein- und Ausschwimmen				

* siehe Seite 39   * siehe Seite 208

5 Langstreckenintervalle (GA 1)

Eine sehr gut ausgeprägte Grundlagenausdauerfähigkeit und psychische Belastbarkeit benötigen Sie für die 3,8 km-Schwimmstrecke auf der «Ironman»-Distanz. Die extensiven Langstreckenintervalle sind zur Entwicklung dieser Fähigkeiten besonders geeignet. Die Schwimmgeschwindigkeit beträgt in Abhängigkeit der Streckenlänge 82–84 % der 400-m-Bestzeit. Die Lactatkonzentration liegt zwischen 2 und 3 mmol/l.

Mit den *Kraul-Sprints* am Ende der GA 1-Programme 3, 4 und 5 sollen die schnell kontrahierenden Muskelfasern reaktiviert und die Bewegungs- bzw. Geschwindigkeitsmonotonie durchbrochen werden, die sich einstellt, wenn man lange Strecken in der gleichen Geschwindigkeit schwimmt.

5 Programm			**Extensive Langintervalle (GA 1)**		
		Umfang (m)	Trainingsinhalt		Bereich/Sollzeit*
WSA 6 %	**5a** ~2000 m	400 800–1600 100–200 100 200	Einschwimmen* **1–2 x 800 m Kraul** **100 m Rücken-Beine als aktive Pause** 4 x 25 m Kraul-Sprint (progressiv) 30–45 s Pause Ausschwimmen		GA 1 REKOM WSA
GA 1 80 %	**5b** ~2700– 4600 m	400 1600–3200 300–600 200 200	Einschwimmen* **2–4 x 800 m Kraul** **150 m Rücken-Beine als aktive Pause** 8 x 25 m Kraul-Sprint (progressiv) 30–45 s Pause Ausschwimmen		GA 1 REKOM WSA
	5c ~4500– 6000 m	800 3000–4500 400–600 250 200	Einschwimmen* **2–3 x 1500 m Kraul** **200 m Rücken-Beine als aktive Pause** 10 x 25 m Kraul-Sprint (progressiv) 30–45 s Pause Ausschwimmen		GA 1 REKOM WSA
REKOM 14 %					
Ein- und Ausschwimmen					
		* siehe Seite 39			* siehe Seite 208

6 Tempowechsel- und Stundenschwimmen (GA 2)

Das Schwimmen im GA 2-Bereich entwickelt die Grundlagenausdauer weiter. Programme 6a bis 6c beinhalten nach der Tempowechselmethode mehrmals Strecken zwischen 600 und 1500 m in wechselnder Geschwindigkeit. Die Schwimmgeschwindigkeit für die schnelleren GA 2-Abschnitte beträgt 93–95 % der 400-m-Bestzeit. Es kann zu Lactatkonzentrationen von 4–7 mmol/l kommen. Rücken- und Brustschwimmen im REKOM-Bereich zwischen den Serien beschleunigen den Lactatabbau und bereiten die folgende Serienbelastung vor. 6d kann als Test für die Grundlagenausdauer bzw. die «Ironman»-Distanz gelten. Ziel ist es, die maximale Strecke in einer Stunde zurückzulegen. Herzfrequenz und Lactatkonzentration werden bestimmt.

6 Programm			Tempowechsel- und Stundenschwimmen (GA 2)		
		Umfang (m)	Trainingsinhalt		Bereich/Sollzeit*
GA 2 55 %	6a ~2000 m	200 1200–1800 200–400 100–200 100	Einschwimmen* 2–3 x 600 m Kraul im Wechsel 200 m schnell und 100 m langsam, dazwischen 200 m Rücken und 100 m Brust Ausschwimmen		GA 2 GA 1 REKOM REKOM
	6b ~4500 m	800 2400–3200 600–900 200	Einschwimmen* 3–4 x 800 m Kraul im Wechsel 200 m schnell und 100 m langsam, dazwischen 300 m Rücken Ausschwimmen		GA 2 GA 1 REKOM
GA 1 25 % REKOM 20 %	6c 3000– 5000 m	800 1500–3000 200–400 200–400 100–200 200	Einschwimmen* 1–2 x 1500 m Kraul im Wechsel 200 m schnell und 100 m langsam, danach jeweils 200 m Rücken, 200 m Lagen und 100 m Rücken Ausschwimmen		GA 2 GA 1 REKOM GA 2 REKOM
Ein- und Ausschwimmen	6d ~4000 m	400 3000–4000 200	Einschwimmen* Stundenschwimmen als Test im Schwimmbad oder im offenen Wasser mit Neoprenanzug Ausschwimmen		GA 2
		* siehe Seite 39			* siehe Seite 208

7 Intensive 100- und 200-m-Intervalle (GA 2)

Die Schwimmgeschwindigkeit auf den 100- und 200-m-Strecken beträgt 93–95 % der 400-m-Bestzeit. Während der Intervallbelastungen können Werte von 4–7 mmol/l erreicht werden. Die Programme 7c und 7d werden in mehreren Serien geschwommen, um ein zu hohes Ansteigen der Lactatwerte zu verhindern bzw. um gebildetes Lactat zu reduzieren. Nutzen Sie die Pausen zur aktiven Erholung, um möglichst viel Lactat abzubauen. Mit der neuen Serie sollten Sie erst beginnen, wenn Sie sich hinreichend erholt fühlen. Verlängern Sie gegebenenfalls die Serienpause.

7 Programm			**Intensive 100 / 200-m-Intervalle (GA 2)**		
		Umfang (m)	Trainingsinhalt		Bereich/Sollzeit*
GA 2 65 %	7a ~1500 m	200 250 100 500–1000 100 200	Einschwimmen* Atempyramide, alle 50 m 3er-, 5er-, 7er-, 5er-, 3er-Armzug Kraul-Beine **5–10 x 100 m Kraul, 30 s Pause** Rücken-Beine Ausschwimmen		GA 1 REKOM GA 2 REKOM
	7b ~2500 m	600 350 100 800–1200 200 200	Einschwimmen* Atempyramide, alle 50 m 3er-, 5er-, 7er-, 9er-, 7er-, 5er-, 3er-Armzug Kraul-Beine **4–6 x 200 m Kraul, 45 s Pause** Rücken-Beine Ausschwimmen		GA 1 REKOM GA 2 REKOM
GA 1 20 %	7c ~3000 m	600 500 200 1200–1800 200 200	Einschwimmen* Atempyramide, alle 100 m 3er-, 5er-, 7er-, 5er-, 3er-Armzug Kraul-Beine **3 x (4–6 x 100 m Kraul, 30 s Pause)** **100 m Rücken-Beine (Serienpause)** Ausschwimmen		GA 1 REKOM GA 2 REKOM
REKOM 25 % / Ein- und Ausschwimmen	7d ~5000 m	800 700 400 2400–3000 200 200	Einschwimmen* Atempyramide, alle 100 m 3er-, 5er-, 7er-, 9er-, 7er-, 5er-, 3er-Armzug Kraul-Beine **3 x (4–5 x 200 m Kraul, 45 s Pause)** **100 m Rücken-Beine (Serienpause)** Ausschwimmen		GA 1 REKOM GA 2 REKOM
		* siehe Seite 39			* siehe Seite 208

8 Pyramidentraining (GA 1 – WSA)

Das Pyramidentraining ist eine Mischtrainingsform, in der alle Trainingsbereiche angesprochen werden. Während in Programm 8a die Intensität von Stufe zu Stufe bis zum WSA-Tempo steigt und dann wieder abfällt, kommt in den Programmen 8b und 8c eine pyramidenförmige Streckengestaltung hinzu. In den Pausen soll die Herzfrequenz unter 120 Schläge / min sinken, ansonsten müssen Sie die Pausenzeit von 60 Sekunden verlängern.

8 Programm — Pyramidentraining (GA 1 – WSA)

		Umfang (m)	Trainingsinhalt	Bereich/Sollzeit*
WSA 15 %	**8a**	400	Einschwimmen*	
		250	Atempyramide, alle 50 m	GA 1
			3er-, 5er-, 7er-, 5er-, 3er-Armzug	
	~1500 m	100	Kraul-Beine	REKOM
		500	**100 m Kraul**	GA 1
GA 2 20 %			**100 m Kraul**	GA 2
			100 m Kraul	WSA
			100 m Kraul	GA 2
			100 m Kraul jeweils 30 – 45 s Pause	GA 1
		200	Ausschwimmen	
	8b	400	Einschwimmen*	
		250	Atempyramide, alle 50 m	GA 1
			3er-, 5er-, 7er-, 5er-, 3er-Armzug	
GA 1 55 %	~2500 – 3800 m	200	Kraul-Beine	REKOM
		1300 – 2600	**400 m Kraul** ⎫	GA 1
			200 m Kraul ⎪	GA 2
			100 m Kraul ⎬ 1 – 2 mal	WSA
			200 m Kraul ⎪	GA 2
			400 m Kraul ⎭ je 45 – 60 s Pause	GA 1
		200	8 x 25 m Kraul-Sprint, 30 – 45 s Pause	WSA
		200	Ausschwimmen	
REKOM 10 %	**8c**	800	Einschwimmen*	
		350	Atempyramide, alle 50 m	GA 1
			3er-, 5er-, 7er-, 5er-, 3er-Armzug	
	~4500 m	300	Kraul-Beine	REKOM
		2500	**800 m Kraul**	GA 1
			400 m Kraul	GA 2
			100 m Kraul	WSA
			400 m Kraul	GA 2
			800 m Kraul jeweils 45 – 60 s Pause	GA 1
		300	12 x 25 m Kraul-Sprint, 30 – 45 s Pause	WSA
		200	Ausschwimmen	
			* siehe Seite 39	* siehe Seite 208

Ein- und Ausschwimmen

9 *Extensives Kraftausdauertraining (KA 1)*

Zur Entwicklung der extensiven Kraftausdauerfähigkeit werden lange Strecken mit Paddles (Handbrettern) geschwommen, um den Widerstand der Hand zu erhöhen. Um sich besser auf den Armzug konzentrieren zu können, sollten Sie zusätzlich einen Pullbuoy einsetzen. Der Pullbuoy ist ein Auftriebskörper, der zwischen die Oberschenkel geklemmt wird und auch ohne Beinschlag eine hohe Wasserlage gewährleistet. Die Schwimmgeschwindigkeit ist aufgrund der Schwimmhilfen etwas höher als im GA 1 -Bereich. Die Energiebereitstellung ist vorwiegend aerob bei Schwimmgeschwindigkeiten zwischen 84–86 % der 400-m-Bestzeit. Die Lactatkonzentration steigt auf etwa 3–4 mmol/l an.

9 Programm   **Extensives Kraftausdauertraining (KA 1)**

WSA 5 %
KA 1 75 %
REKOM 20 %
Ein- und Ausschwimmen

		Umfang (m)	Trainingsinhalt	Bereich/Sollzeit*
9a ~2000 m		200	Einschwimmen*	
		100	4 x 25 m Kraul-Sprint mit Paddles	WSA
		150	Kraul-Beine	REKOM
		900–1500	**3–5 x 300 m Kraul-Arme mit**	KA 1
			Paddles & Pullbuoy, 45 s Pause	
		150	Rücken-Beine	REKOM
		100	Ausschwimmen	
9b ~3000 m		400	Einschwimmen*	
		150	6 x 25 m Kraul-Sprint mit Paddles	WSA
		200	Kraul-Beine	REKOM
		100	Brust	REKOM
		1800–2400	**6–8 x 300 m Kraul-Arme mit**	KA 1
			Paddles & Pullbuoy, 45 s Pause	
		200	Rücken-Beine	REKOM
		100	Ausschwimmen	
9c ~4000 m		600	Einschwimmen*	
		200	8 x 25 m Kraul-Sprint mit Paddles	WSA
		200	Kraul-Beine	REKOM
		200	Brust	REKOM
		2000–3000	**2–3 x 1000 m Kraul-Arme mit**	KA 1
			Paddles & Pullbuoy, 60 s Pause	
		200	Rücken-Beine	REKOM
		100	Ausschwimmen	
9d bis 4500 m		400	Einschwimmen*	
		1500–4000	**30–60 min Kraul-Arme**	KA 1
			mit Paddles & Pullbuoy oder	
			mit Paddles & Neoprenanzug	
			im offenen Gewässer	
		100	Ausschwimmen	

* siehe Seite 39   * siehe Seite 208

10 Intensives Kraftausdauertraining (KA 2)

Beim intensiven Kraftausdauertraining werden kürzere Strecken mit Paddles geschwommen. Die Schwimmgeschwindigkeit liegt auf den jeweiligen Teilstrecken zwischen 106 und 110 % der 400-m-Bestzeit. Die Lactatkonzentration kann auf 7 – 10 mmol/l ansteigen. Einen höheren Lactatanstieg soll die Serienpause verhindern. Das Schwimmen mit Paddles ist eine Form des speziellen Krafttrainings, die überwiegend in den Vorbereitungsperioden zur Anwendung kommt und für die Entwicklung der Kraftausdauerfähigkeit hervorragend geeignet ist. Haben Sie hingegen noch kein stabiles Kraul-Bewegungsmuster erworben, kann sich der übermäßige Einsatz von Paddles negativ auf Ihre Technik auswirken.

10 Programm

Intensives Kraftausdauertraining (KA 2)

		Umfang (m)	Trainingsinhalt	Bereich/Sollzeit*
WSA 10 %	10a	400	Einschwimmen*	
		150	6 x 25 m Kraul-Sprint (Paddles)	WSA
			45 s Pause	
	~1500 m	200	Rücken	REKOM
		400–500	**8 – 10 x 50 m Kraul mit Paddles,**	KA 2
			30 – 45 s Pause	
		400	Kraul	GA 1
KA 2 45 %		100	Ausschwimmen	
	10b	600	Einschwimmen*	
		200	8 x 25 m Kraul-Sprint (Paddles)	WSA
			45 s Pause	
	~3000 m	200	Rücken	REKOM
		750–1200	**3 x (5 – 8 x 50 m Kraul mit Paddles,**	KA 2
			30 – 45 s Pause), nach jeder Serie	
		300	**100 m Rücken**	REKOM
GA 1 25 %		600	Kraul	GA 1
		200	Ausschwimmen	
	10c	600	Einschwimmen*	
		250	10 x 25 m Kraul-Sprint (Paddles)	WSA
			45 s Pause	
	~4000 m	200	Rücken	REKOM
REKOM 20 %		200	Delphin im Wechsel mit einem Arm	REKOM
		1200–1800	**3 x (4 – 6 x 100 m Kraul mit Paddles,**	KA 2
			45 s Pause), nach jeder Serie	
		300	**100 m Rücken**	REKOM
		800	Kraul	GA 1
Ein- und Ausschwimmen		200	Ausschwimmen	

* siehe Seite 39   * siehe Seite 208

11 Intensive Kurzsprints (WSA)

Die intensiven Kurzsprints werden nach der Wiederholungsmethode durchgeführt und dienen der Ausprägung von Schnelligkeit und Schnelligkeitsausdauer. Die Schwimmgeschwindigkeiten liegen in Abhängigkeit der Teilstreckenlänge zwischen 105 und 115 % der 400-m-Bestzeit. Die Lactatkonzentration kann am Ende einer Serienbelastung in Abhängigkeit der individuellen Mobilisationsfähigkeit auf Werte von über 10 mmol/l ansteigen. Eine regelmäßige Ausübung von Kurzsprints trägt dazu bei, eine gewisse Lactattoleranz zu entwickeln. Die Pausen nach WSA-Belastungen sind deutlich länger als im GA-Training. Vor der nächsten Wiederholung sollten Sie weitgehend erholt sein.

11 Programm

Kurzsprints (WSA)

WSA 50 %
KA 1 25 %
REKOM 25 %
Ein- und Ausschwimmen

	Umfang (m)	Trainingsinhalt	Bereich/Sollzeit*
11a ~1700 m	400 400–600 100 300 200 200	Einschwimmen* **8–12 x 50 m Kraul, 60–90 s Pause** Rücken Kraul-Arme (Paddles & Pullbuoy) Kraul-Beine Ausschwimmen	WSA REKOM KA 1 REKOM
11b ~3000 m	600 900–1200 300 500 200 200	Einschwimmen* **3 x (6–8 x 50 m Kraul, 60–90 s P.)** **100 m Rücken nach jeder Serie** Kraul-Arme (Paddles & Pullbuoy) Kraul-Beine Ausschwimmen	WSA REKOM KA 1 REKOM
11c ~2500 m	600 600–1000 200 400 200 200	Einschwimmen* **6–10 x 100 m Kraul, 60–90 s Pause** Rücken Kraul-Arme (Paddles & Pullbuoy) Kraul-Beine Ausschwimmen	WSA REKOM KA 1 REKOM
11d ~3500 m	800 1200–1800 300 200 800 200 200	Einschwimmen* **3 x (4–6 x 100 m Kraul, 60–90 s P.)** **100 m Rücken nach jeder Serie** Rücken-Beine Kraul-Arme (Paddles & Pullbuoy) Kraul-Beine Ausschwimmen	WSA REKOM REKOM KA 1 REKOM

* siehe Seite 39   * siehe Seite 208

12 Intensive Langsprints (WSA)

Mit den intensiven Langsprints wird die wettkampfspezifische Geschwindigkeit trainiert. Die 200-m-Wiederholungen werden in der Schwimmgeschwindigkeit des 400-m-Tests geschwommen, die 400-m-Strecken mit 96 % der 400-m-Bestzeit. In Abhängigkeit der Wiederholungszahl steigen die Lactatwerte auf über 7 mmol/l an. Die relativ langen Pausen von 1 – 2 Minuten sind notwendig, damit Sie weitgehend erholt die nächste Wiederholung in gleicher Geschwindigkeit schwimmen können.

12 Programm — **Langsprints (WSA)**

WSA 60 %
GA 1 25 %
REKOM 15 %
Ein- und Ausschwimmen

		Umfang (m)	Trainingsinhalt	Bereich/Sollzeit*
12a	~2000 m	400	Einschwimmen*	
		600 – 1000	**3 – 5 x 200 m Kraul, 1 – 2 min Pause**	WSA
		100	Rücken	REKOM
		100	Kraul-Beine	REKOM
		400	Kraul-Arme 5er-Zug (Pullbuoy)	GA 1
		200	Ausschwimmen	
12b	~3500 m	800	Einschwimmen*	
		800 – 1000	**4 – 5 x 200 m Kraul, 1 – 2 min Pause**	WSA
		200	Kraul-Beine	REKOM
		400	Lagen	GA 1
		200	Brust	GA 1
		600 – 800	**3 – 4 x 200 m Kraul, 1 – 2 min Pause**	WSA
		200	Rücken	REKOM
		200	Ausschwimmen	
12c	~4500 m	800	Einschwimmen*	
		800 – 1200	**2 – 3 x 400 m Kraul, 1 – 2 min Pause**	WSA
		200	Rücken-Beine	REKOM
		400	Lagen	GA 1
		200	Brust	REKOM
		800 – 1200	**2 – 3 x 400 m Kraul, 1 – 2 min Pause**	WSA
		200	Rücken-Beine	REKOM
		400	Lagen	GA 1
		100	Rücken	GA 1
		200	Ausschwimmen	

* siehe Seite 39   * siehe Seite 208

13 400- und 1500-m-Test (WSA/Wettkampf)

Mit dem 400- und 1500-m-Maximaltest oder Wettkampf wird die aktuelle Bestzeit ermittelt. Neben der Schwimmzeit sollten Sie die Herz-Kreislauf- und Stoffwechselbeanspruchung über Puls- und Lactatmessungen bestimmen. Die Tests sollten Sie zu Beginn jeder Trainingsperiode, nach einer längeren Trainingsunterbrechung, mindestens jedoch alle 4–6 Wochen durchführen. Anhand der ermittelten 400-m-Zeit werden die Trainingsgeschwindigkeiten für alle Schwimmstrecken berechnet (s. Schwimmtabelle im Anhang, S. 204).

13 Programm   **400- und 1500-m-Test (WSA)**

	Umfang (m)	Trainingsinhalt	Bereich/Sollzeit*
13a	400	Einschwimmen*	
		5 min Pause	
	400	**400 m Kraul-Test**	WSA
1500 m	100	Rücken-Beine	REKOM
	200	2 x 100 m Lagen, 45 s Pause	GA 1
	200	2 x 100 m Lagen, 60 s Pause	GA 2
	100	Rücken-Beine	REKOM
	100	Ausschwimmen	
13b	600	Einschwimmen*	
		5 min Pause	
	400	**400 m Kraul-Test**	WSA
3000 m	200	Rücken-Beine	REKOM
	400	4 x 100 m Lagen, 60 s Pause	GA 2
	200	Rücken-Beine	REKOM
	500	Kraul	GA 1
	300	12 x Kraulsprint über 8 s (halbe Bahn)	WSA
		30 s Pause	
	200	Ausschwimmen	
13c	600	Einschwimmen*	
		5 min Pause	
	1500	**1500 m Kraul-Test**	WSA
2500 m	200	Rücken-Beine	REKOM
	200	Ausschwimmen	
13d	600	Einschwimmen*	
		5 min Pause	
	1500	**1500 m Kraul-Test**	WSA
4500 m	200	Rücken-Beine	REKOM
	800	2 x (4 x 100 m Lagen, 60 s Pause)	GA 2
	200	Rücken-Beine nach jeder Serie	REKOM
	1000	Kraul	GA 1
	200	Ausschwimmen	

WSA 40 %
GA 2 20 %
GA 1 30 %
REKOM 10 %
Ein- und Ausschwimmen

* siehe Seite 39   * siehe Seite 208

14 Schwimm-Feldstufentest (WSA)

Der Schwimm-Feldstufentest ist ein sehr aussagekräftiges leistungsdiagnostisches Verfahren zur Bestimmung Ihrer individuellen aeroben und anaeroben Leistungsfähigkeit. Geschwommen werden 4–6 x 400 m in jeweils höherer Geschwindigkeit. Die ersten 400 m werden mit 80 % der derzeitigen 400-m-Bestzeit, die folgenden jeweils 4–6 % schneller geschwommen. Nach 5 Minuten Pause vor der letzten 400-m-Strecke schwimmen Sie mit maximaler Intensität. Die Pause zwischen den Belastungsstufen beträgt 60 Sekunden und ist zur Blutabnahme für die Lactatbestimmung notwendig. Zur Testauswertung (s. S. 17) benötigen Sie Lactat- und Herzfrequenzwerte sowie die Schwimmzeit einer jeden Belastungsstufe.

14 Programm

Schwimm-Feldstufentest

		Umfang (m)	Trainingsinhalt	Bereich/Sollzeit*
WSA 15 %	3500 m	400	Einschwimmen*	
			5 min Pause	
		2000	**Lactat-Stufentest:**	
			400 m Kraul, 60 s Pause	GA 1
			400 m Kraul, 60 s Pause	GA 1
			400 m Kraul, 60 s Pause	GA 2
			400 m Kraul, 60 s Pause	GA 2
GA 2 40 %				
			5 min Pause	
			400 m Kraul	WSA
		500	Rücken und Brust im Wechsel	REKOM
		400	Lagen, alle 25 m Wechsel	GA 2
		200	Ausschwimmen	
GA 1 30 %				
REKOM 15 %				
Ein- und Ausschwimmen				
			* siehe Seite 39	* siehe Seite 208

Radfahren

Die Teildisziplin Radfahren nimmt etwa die Hälfte der gesamten Wettkampfzeit in Anspruch. Gute Radfahrleistungen schlagen sich daher überproportional im Wettkampfergebnis nieder. Anders als beim Schwimmen und Laufen muß der Sportler beim Radfahren auf einem technisch anspruchsvollen Sportgerät seine Leistung erbringen. Dies bedeutet, daß das Triathlonrad der Leistungsstruktur und dem Körperbau des Sportlers angepaßt werden muß, so daß ein Optimum zwischen Größe des Luftwiderstandes und der Kraftentfaltung einerseits sowie einer entspannten, komfortablen Haltung andererseits besteht. Ist Windschattenfahren im Wettkampf untersagt, ist das Radfah-

ren ein Einzelzeitfahren über 20 km im Jedermann-Triathlon, 40 km im olympischen (Kurz-)Triathlon und 180 km auf der «Ironman»-Distanz. Je nach Streckenlänge ergeben sich charakteristische physiologische Beanspruchungen, die durch ein entsprechendes Training vorzubereiten sind. Während auf kurzen Distanzen die Energie zu etwa 80 % auf aerobem Wege bereitgestellt wird, erhöht sich der Anteil auf annähernd 100 %, wenn Sie über die Langdistanz an den Start gehen. Im Spitzenbereich erreichen die Männer mittlere Wettkampfgeschwindigkeiten von über 40 km/h beim «Ironman» und sogar über 45 km/h auf der Kurzdistanz. Die Fahrgeschwindigkeit im Wettkampf wird nicht nur von den konditionellen Fähigkeiten, sondern auch vom Material und der Fahrtechnik beeinflußt.

Technik und Koordination

Eine optimale Fahrtechnik und Sitzposition sind Voraussetzung für gute Dauerleistungen. Je höher die Fahrgeschwindigkeit, desto bedeutsamer werden aerodynamische Maßnahmen zur Verringerung des Luftwiderstandes, da der Luftwiderstand nicht linear, sondern quadratisch zur Geschwindigkeit ansteigt. Mit aerodynamisch günstigem Material und einer aerodynamischen Sitzposition kann der Luftwiderstand erheblich reduziert werden. Änderungen in der Sitzposition, wie zum Beispiel eine «liegende» Position auf dem Aerolenker, dürfen den Wirkungsgrad der Beinkraft sowie die Atmung nicht beeinträchtigen und keine Beschwerden am Haltungsapparat hervorrufen. Insbesondere über die Langdistanz können muskuläre Verspannungen im Bereich des Nackens und der Lendenwirbelsäule durch eine ungeeignete Sitzposition auftreten. Dies kann die Rad- und anschließende Laufleistung nachhaltig negativ beeinflussen. Die von vielen Triathleten favorisierte «American Position», bei der die Sattelspitze deutlich vor dem Tretlager liegt, setzt ein individuell auf den Körperbau abgestimmtes Rad mit spezieller Rahmengeometrie, Aerolenker, Sattelstütze etc. voraus. Lassen Sie sich hierzu im Fachgeschäft beraten. Bei «Windschattenrennen» haben aerodynamische Aspekte eine geringere Bedeutung. In den Vordergrund treten fahrtechnische Fertigkeiten und taktische Fähigkeiten. Nur wer sicher im Pulk und auf kurvenreichen anspruchsvollen Strecken fahren kann und sein Rad auch in schwierigen Situationen souverän steuern kann, wird taktische Maßnahmen erfolgreich umsetzen können. Insbesondere auf medienattraktiven Rundkursen, die mehrmals zu durchfahren sind, wird die Fahrtechnik des Triathleten eine Schlüsselrolle einnehmen.

Unabhängig davon, ob Windschattenfahren verboten oder erlaubt ist, sollten Sie über die folgenden grundlegenden Fertigkeiten verfügen:

- ein ökonomisches Pedalieren (runder Tritt),
- eine Anpassung der Tretfrequenz und Übersetzung an das Streckenprofil durch rechtzeitiges Schalten,
- eine auf den Kurvenradius abgestimmte Körperschwerpunktverlagerung und Pedalstellung,
- eine aerodynamisch günstige Position auf dem Aerolenker bei hohen Geschwindigkeiten und in Kurven,
- ein Überspringen kleiner Hindernisse, die quer zur Fahrbahn liegen.

Das Üben der Fahrtechniken sollten Sie regelmäßig in das Aufwärmprogramm integrieren. Nur wer vollkommen in der Fahrtechnik und in der Beherrschung seines Rades ist, wird seine konditionellen Fähigkeiten auch in guten Wettkampfergebnissen zum Ausdruck bringen.

Pedalieren

Der Tretzyklus läßt sich in vier Phasen unterteilen. Die **Druckphase** ist die Phase mit der besten Kraftübertragung, bei der die Streckschlinge am stärksten beansprucht wird. Die **Gleitphase** ist der Übergang von der Druck- zur Zugphase. Sie ist charakterisiert durch ein Ziehen des Fußes nach hinten oben bei gleichzeitiger Fußstreckung. Die **Zugphase** ist die Entspannungsphase für die Beinstrecker. Bei einer mittleren Fußstreckung zieht das Bein nach hinten oben und unterstützt so die Druckphase des anderen Beines. Die **Schubphase** ist der Übergang von der Zug- zur Druckphase. Sie ist gekennzeichnet durch ein Nachvornschieben des Fußes. Die Vortriebsleistung ist dann am größten, wenn Sie über die gesamte Kurbelumdrehung und nicht nur in der Druckphase Kraft einsetzen. Treten sie nur von oben nach unten (Hackstil), so kann im oberen und unteren Umkehrpunkt die Vortriebskraft gegen Null gehen. Wichtig ist also das koordinierte Zusammenspiel von Druck-, Gleit-, Zug- und Schubphase. Je schneller und flüssiger Sie die Übergänge gestalten, desto wirksamer ist der Krafteinsatz.

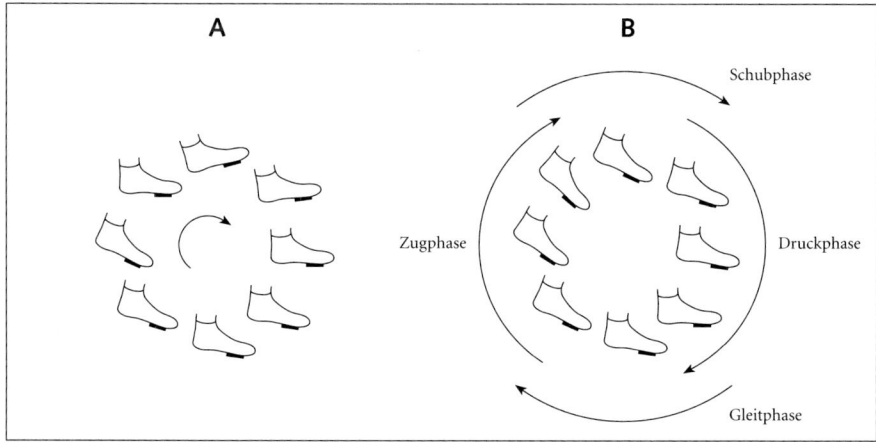

Tretzyklus. Bild A zeigt eine unökonomische Fußgelenksarbeit, während Bild B eine optimale Winkelstellung des oberen Sprunggelenkes in allen Phasen darstellt (modifiziert nach Burke 1989, 95, und Lindner 1993, 220).

Mit einbeinigem Pedalieren können Sie die Technik des «runden Tritts» erlernen und festigen. Gleichzeitig trainieren Sie Kraft und Koordination der am Tretzyklus beteiligten Muskeln.

- Konzentrieren Sie sich auf einzelne Phasen des Tretzyklus, z. B. auf die Zugphase. Versuchen Sie dabei die unterschiedlichen Druckempfindungen am Fuß und die jeweils arbeitende Muskulatur wahrzunehmen.
- Pedalieren Sie ein- oder beidbeinig mit hoher Tretfrequenz (>120 U/min) und leichter Übersetzung. Ihr Tritt ist «rund», wenn die Kette ruhig läuft.
- Pedalieren Sie ein- oder beidbeinig mit niedriger Tretfrequenz (<60 U/min) und hoher Übersetzung.

Bremsen und Schalten

Die Räder dürfen beim Bremsen nicht blockieren, sonst besteht Sturzgefahr. Beachten Sie, daß die Bremswirkung am Vorderrad stärker ist als am Hinterrad. Beim Schaltvorgang wählen Sie geländeangepaßt und rechtzeitig die richtige Übersetzung, nur dann vermeiden Sie stärkere Schwankungen im Geschwindigkeitsverlauf bei relativ konstanten Tretfrequenzen. Damit die Kette leichter umspringt, reduzieren Sie während des Schaltvorganges etwas den Druck auf den Pedalen.

Freihändiges Fahren

Freihändiges Fahren verbessert das Balance- und Gleichgewichtsgefühl sowie die Sicherheit im Umgang mit dem Rad. Auf langen Radfahrten können Sie sich beispielsweise zur Entspannung aufrichten und mit leichten Streckübungen Muskelverspannungen im Bereich des Rückens lösen.

Überspringen von Hindernissen

Durch gleichmäßigen Zug an Lenker und Pedal sollten Sie in der Lage sein, mit Vorder- und Hinterrad gleichzeitig abzuspringen. Mit dieser Technik können Sie Hindernisse wie Steine oder Schlaglöcher leicht überwinden.

Kurvenfahren

Im Wettkampf sollten Sie Kurven auf der Ideallinie in höchst möglicher Geschwindigkeit durchfahren können. Kurvenradius und Fliehkräfte sind zu berücksichtigen, um nicht aus der Kurve getragen zu werden. Bei einem kleinen Kurvenradius muß das kurveninnere Pedal oben stehen. Die richtige Übersetzung haben Sie gewählt, wenn Sie mit relativ hoher Tretfrequenz aus der Kurve heraus beschleunigen können. Zum Üben sollten Sie eine kurvenreiche Strecke (Serpentinen) mehrmals auf Zeit in aerodynamisch günstiger Körperposition befahren.

Kondition: Radprogramme und Trainingsbereiche

Die Radleistung wird im Triathlon natürlich nicht nur von Fahrtechnik und aerodynamischer Position bestimmt, sondern insbesondere durch die konditionellen Fähigkeiten Ausdauer, Kraft, Schnelligkeit und Beweglichkeit. Ausdauer und Kraft sind dabei eng miteinander verknüpft. Der Ausdauer liegt immer Kraft zugrunde. Jede Fortbewegung ist also nur mit einem gewissen Krafteinsatz möglich. Andererseits trägt eine hohe Kraft im Tretzyklus nur zur Leistung bei, wenn sie ausdauernd über die gesamte Fahrzeit aufrechterhalten werden kann. Demzufolge ist neben den konditionellen Teilfähigkeiten Ausdauer und Kraft insbesondere die Kombination aus beiden, die Kraftausdauer, für eine hohe Leistungsfähigkeit auf dem Rad erforderlich. Die Basisausdauer können Sie mit Dauerbelastungen in niedriger Intensität von bis zu mehreren Stunden und relativ hohen Tretfrequenzen (85–110 U/min) entwickeln, die Kraftausdauer hingegen mit kürzeren Trainingseinheiten und deutlich niedrigeren Tretfrequenzen (40–70 U/min) oder mit speziellen Übungen an Krafttrainingsgeräten. Je kürzer die Wettkampfstrecke, desto wichtiger werden zusätzlich eine gut ausge-

prägte Schnelligkeitsausdauer (Stehvermögen) und Schnelligkeit. Wieviel Trainingseinheiten Sie anteilig für die Entwicklung der Ausdauer, Kraftausdauer, Schnelligkeit
und des Stehvermögens benötigen, ist nicht nur von Ihren angestrebten Zielen,
sondern auch von den speziellen Anforderungen abhängig. So brauchen Sie beispielsweise für einen Kurztriathlon andere Fähigkeiten, als wenn Sie über die «Ironman»-
Distanz an den Start gehen. Für die Entwicklung der jeweiligen Fähigkeiten sind spezielle Trainingsmaßnahmen erforderlich, die durch Trainingsbereiche voneinander
abgegrenzt sind (s. S. 14).

In der graphischen Darstellung der Radtrainingsprogramme wie auch der Lauftrainingsprogramme wird die Intensität einerseits prozentual von der im Test ermittelten maximalen Herzfrequenz und andererseits in Abhängigkeit der Lactatkonzentration angegeben. Benutzen Sie im Training für die Kontrolle der Herzfrequenz ein
Herzfrequenz-Meßgerät. Eine Kontrolle der Lactatkonzentration ist während der Belastung nicht fortwährend möglich, sollte aber von Zeit zu Zeit durchgeführt werden,
um die Belastungsintensität zu kontrollieren. Die hochintensiven Intervallprogramme
werden dagegen über die Geschwindigkeit gesteuert. Bestimmen Sie die Intensitäten
über den Feldstufentest, müssen Sie die ermittelten individuellen Lactat- und Herzfrequenzwerte anstelle der in den Programmen angegebenen prozentualen Hf_{max}-
Werte einsetzen. Beachten Sie dazu die in Klammern angegebenen Trainingsbereiche.
Auch in diesem Fall sollten Sie die Trainingsintensität regelmäßig durch Lactat- und
Herzfrequenzmessungen kontrollieren.

15 REKOM-Radfahrt (Regenerations- bzw. Kompensationstraining)
Die REKOM-Radfahrt ist besonders geeignet zur aktiven Wiederherstellung nach hohen Trainings- oder Wettkampfbelastungen. Lockere Radfahrten bringen beispielsweise eine Kompensation (Ausgleich) in Trainingswochen mit dem Schwerpunkt Laufen oder Schwimmen. Um die Erholungsvorgänge zu beschleunigen und günstige Voraussetzungen für nachfolgende Trainingsbelastungen zu schaffen, sollten Sie nicht länger als 1–2 Stunden auf dem Rad sitzen. Achten Sie darauf, daß die Belastungsintensität niedrig ist, die Herzfrequenz also nicht über 60 % der Hf_{max} ansteigt und es zu keiner Lactatkumulation (Anhäufung) kommt. Die Lactatkonzentration steigt nicht über den Ruhewert an.

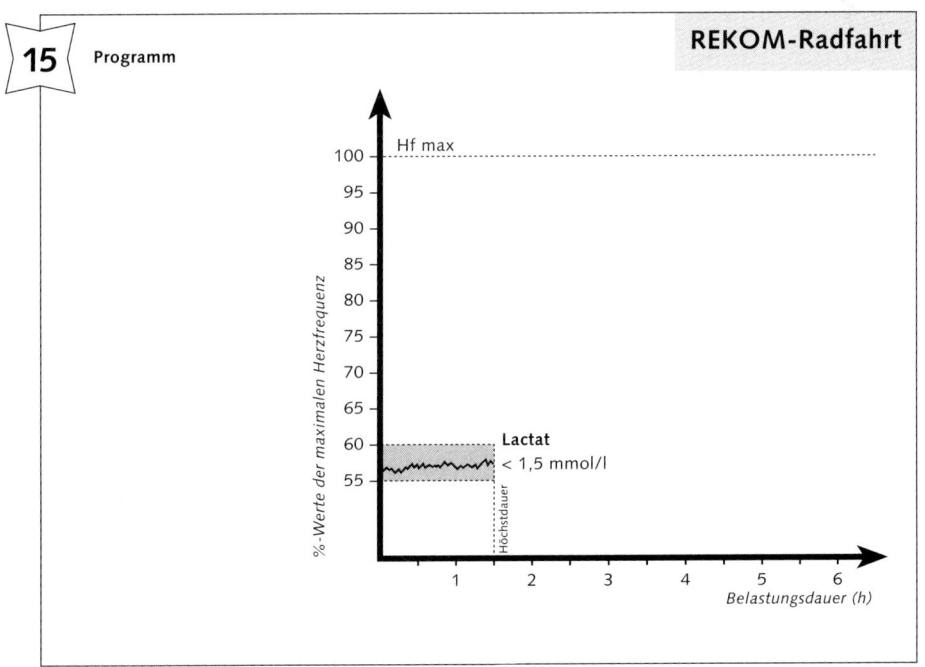

15 Programm

REKOM-Radfahrt

%-Werte der maximalen Herzfrequenz

100 — Hf max

95 —
90 —
85 —
80 —
75 —
70 —
65 —
60 — **Lactat** < 1,5 mmol/l
55 —

Höchstdauer

1   2   3   4   5   6
Belastungsdauer (h)

16 Extensive Radfahrt (GA 1)
Mit extensiven Radfahrten entwickeln Sie die Grundlagenausdauer und legen die Basis für das hochintensive Training. Wählen Sie flache bis leicht profilierte Strecken, die Sie nach der Dauermethode mit gleichbleibender mittlerer Intensität ohne Pause, bei Tretfrequenzen zwischen 90 und 110 U/min befahren können. Die Belastungsintensität wird über die Herzfrequenz kontrolliert und sollte im Bereich von etwa 65–70% der Hf_{max} bei langen und zwischen 70 und 75% bei kurzen Radfahrten liegen. Werden die Intensitätsgrenzen im Training nicht überschritten, können Sie eine Überbeanspruchung vermeiden. Bei gelegentlichen Lactatkontrollen sollte auf den längeren Strecken die Konzentration 2 mmol/l, auf den kürzeren Strecken 2,5 mmol/l nicht übersteigen. Sicherlich ist es Ihnen möglich, mit höherer Intensität zu fahren, doch würden Sie dann das Ziel, nämlich die Entwicklung der Grundlagenausdauer, verfehlen.

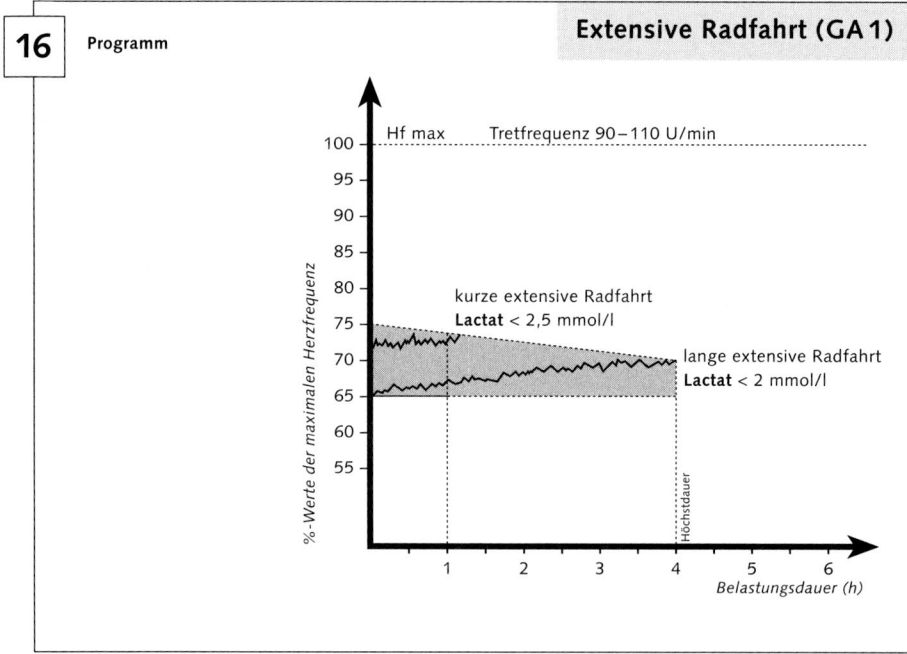

17 *Fettstoffwechsel-Radfahrt*

Eine Steigerung der durchschnittlichen Fahrgeschwindigkeit in Training und Wettkampf setzt eine Erhöhung der Grundlagenausdauerfähigkeit voraus. Dies erreichen Sie sehr effektiv mit der langen Fettstoffwechsel-Radfahrt. Ziel dieser Trainingseinheit ist es, den Fettstoffwechsel stark zu beanspruchen, d. h., den überwiegenden Anteil der aeroben Energiegewinnung über freie Fettsäuren sicherzustellen. Voraussetzung ist, daß Sie Ihr Training nach dem Motto «lang und locker» bei einer Tretfrequenz von 85–100 U/min gestalten. Bei einer Belastungsdauer von über 3 Stunden ist die Intensität sehr niedrig zu wählen (60–65 % der Hf_{max} bzw. Lactat unter 1,5 mmol/l). Mit zunehmender Belastungsdauer nimmt die Fettverbrennung zu. Am Anfang einer jeden Trainingseinheit wird der Kohlenhydratstoffwechsel eingesetzt, d. h., die benötigte Energie wird aus der Blutglukose und der in Muskulatur und Leber gespeicherten Glukose (Glykogen) gewonnen. Dieser Vorrat ist jedoch im Vergleich zu den praktisch nicht erschöpfbaren freien Fettsäuren begrenzt. Bei maximaler Anstrengung haben Sie Ihre Glykogendepots nach etwa 90 Minuten entleert, sofern Sie den erhöhten Bedarf nicht während der Belastung mit energiereichen Getränken oder Energieriegeln auffangen. Ein äußerst reizwirksames Fettstoffwechseltraining ist eine morgendliche Radfahrt auf nüchternen Magen. Nach unseren Untersuchungen erhöhen sich die freien Fettsäuren im Blut beim Nüchterntraining deutlich schneller als beim Training mit gleicher Intensität nach vorausgegangener Mahlzeit. Wer wenig Zeit für mehrstündige

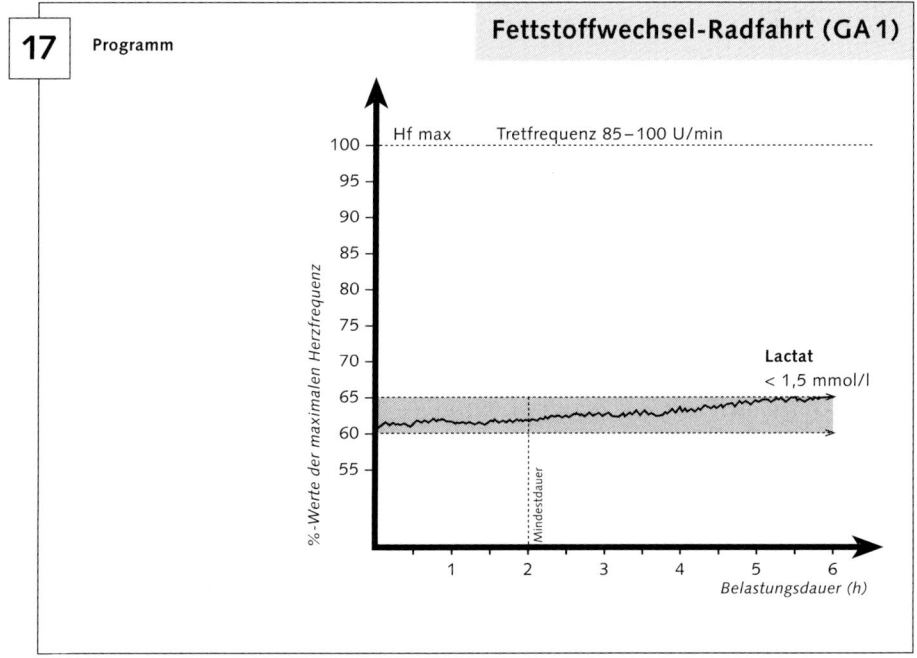

17 Programm

Fettstoffwechsel-Radfahrt (GA 1)

Fettstoffwechselfahrten hat, sollte die Radfahrt auf je-den Fall nüchtern starten und erst nach etwa zwei Stunden mit geringer Kohlenhydratzufuhr (Trockenobst, Banane, Baguette) beginnen. Fahren Sie am Anfang auf flachen bis leicht profilierten Strecken, um anaerobe Beanspruchungen zu vermeiden. Regelmäßiges Fettstoffwechsel-Training steigert die Aktivität bestimmter Muskelenzyme, die an der Fettverbrennung beteiligt sind, und führt zu einer Zunahme und Vergrößerung der Mitochondrien (Kraftwerke der Muskelzellen). Dadurch kann der ausdauertrainierte Muskel auch bei etwas höherer Intensität anteilig mehr freie Fettsäuren verbrennen als der Untrainierte und somit Muskelglykogen einsparen. Um stabile organische Anpassungen zu erzielen, sollten Sie ein Fettstoffwechseltraining mindestens zweimal wöchentlich über 4–6 Wochen durchführen. Ihre Basisausdauer hat danach ein deutlich höheres Niveau.

18 Extensives Fahrtspiel (GA 1 – GA 2)

Das Fahrtspiel ist eine Trainingsmethode, die auf intuitivem Geschwindigkeitswechsel beruht und eine gewisse Freiheit in der Gestaltung der Trainingsintensität läßt. Sie fahren sozusagen in Abhängigkeit von Ihrem Befinden oder nach Lust und Laune mal schneller mal langsamer – es ist ein Spiel mit der Geschwindigkeit und der Tretfrequenz. Belastungs- und Erholungsphasen wechseln sich beliebig oft ab. In Abhängigkeit von der Belastungsintensität unterscheiden wir das extensive und das intensive Fahrtspiel. Beide Varianten sind besonders geeignet, um das Fahren in der Gruppe zu üben. Das Fahren im Pulk ist eine wesentliche Voraussetzung für die Teilnahme an Wettkämpfen, bei denen das Windschattenfahren erlaubt ist. Das Fahren in der Gruppe wird aufgrund der unterschiedlichen Fahrposition zu einem Fahrtspiel. Vorn im Wind ist die Belastungsintensität hoch, während Sie sich beim Fahren am Hinterrad des Vordermannes erholen können. Für das extensive Fahrtspiel wählen Sie leicht bis mittel profilierte Strecken bei variablen Tretfrequenzen zwischen 70 und 110 U/min. Die Belastungsintensität ist kurzzeitig deutlich höher als bei der extensiven Radfahrt nach der Dauermethode. Die Herzfrequenz kann bis auf 85 % der Hf_{max} und die Lactatkonzentration bis auf 3 mmol/l ansteigen. Während der Erholungsabschnitte wird der erhöhte Lactatspiegel wieder abgebaut. Das Fahrtspiel stellt somit hohe Anforderungen an die Regulation des Energiestoffwechsels und des Herz-Kreislauf-Systems und entwickelt die Grundlagenausdauer.

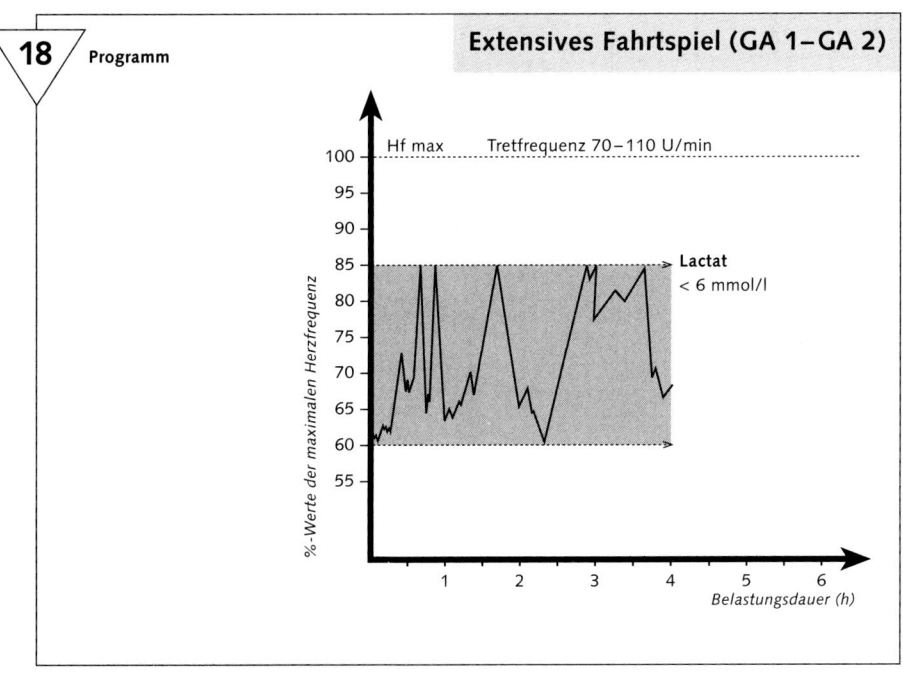

19 Intensives Fahrtspiel (GA 1 – WSA)

Das intensive Fahrtspiel eignet sich besonders zum schnellen und geländeangepaßten Fahren sowie zur Schulung des Tempogefühls. Der Unterschied zum extensiven Fahrtspiel liegt in den höheren Intensitäten und den während der Belastungsspitzen stärkeren Anforderungen an Muskulatur, Herz-Kreislauf-System und Energiestoffwechsel. Achten Sie darauf, daß Sie sich zu Beginn des Fahrtspiels mindestens 20 Minuten einfahren. Bei den intensiven Teilabschnitten sollten Sie neben Tretfrequenz und Geschwindigkeit auch die Streckenlänge variieren. Zwischen den intensiven Abschnitten sollten Sie locker fahren und sich ausreichend erholen. Das intensive Fahrtspiel ist eine sehr beliebte Trainingsform. Das «Spiel mit dem Tempo» verleitet jedoch leicht dazu, vor allem beim Fahren in der Gruppe, die gesetzte Belastungsgrenze (90 % der Hf_{max}, Lactatkonzentration unter 6 mmol/l) zu überschreiten und längere Zeit am oberen Limit zu fahren. Erst am Tag nach einer zu intensiven Trainingseinheit wird die starke Ermüdung spürbar. Die Realisierung der nachfolgenden Trainingseinheiten im Wochenplan ist ohne das Risiko einer Überforderung nicht mehr möglich. Änderungen im Wochenplan müßten vorgenommen werden, d. h., das Training am folgenden Tag dient der Regeneration. Außerdem können sich mehrmalige außerplanmäßige intensive Reize negativ auf Ihre langfristige Leistungsentwicklung auswirken. Kontrollierter können Sie das intensive Fahrtspiel durchführen, wenn Sie sich vorher ein Programm ausarbeiten. Beispielsweise können Sie Anzahl und Streckenlänge der Antritte, Sprints und GA 2-Belastungen sowie die Dauer der aktiven Pausen festlegen.

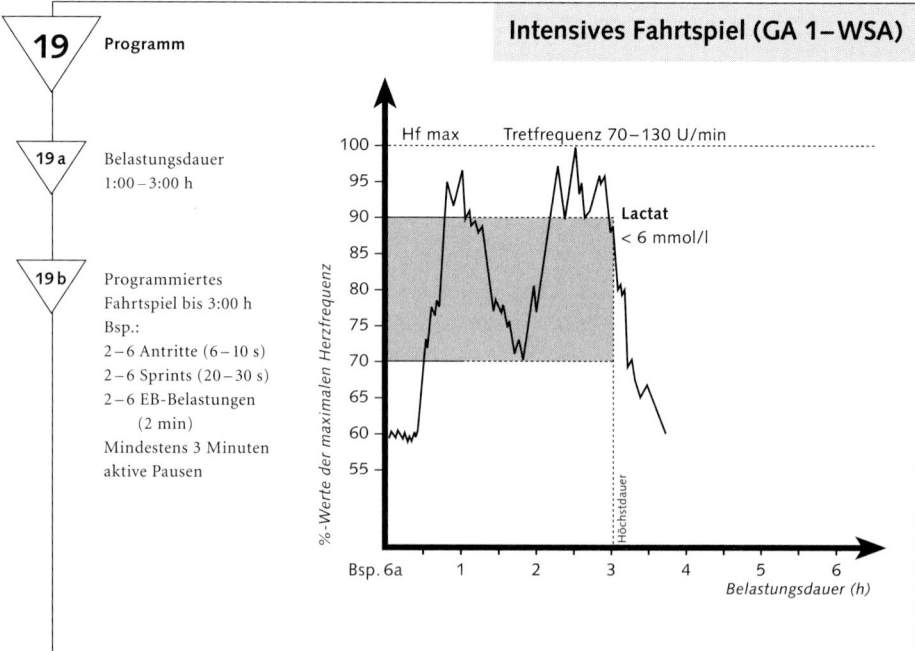

20 Intensive Radfahrt (GA 2)

Bei der intensiven Radfahrt muß Ihr Organismus zeitweilig den aerob-anaeroben Mischstoffwechsel in Anspruch nehmen und setzt somit einen starken Reiz auf die Entwicklung der Ausdauer. Voraussetzung für das Training im Entwicklungsbereich (GA 2-Training) ist ein relativ stabiles Niveau der Grundlagenausdauer. Haben Sie diese nicht mit den Programmen 16–18 hinreichend erworben, kann ein zu frühes GA 2-Training die weitere Leistungsentwicklung stören. Die intensive Radfahrt beginnt nach einer 20- bis 30minütigen Einfahrzeit. In Abhängigkeit von Ihrer Leistungsfähigkeit sollten Sie zwischen 15 Minuten und einer Stunde mit hoher Intensität, d. h. in einem Bereich von 80 bis 85 % der Hf_{max} und einer Tretfrequenz von 90–110 U/min, fahren. Die Lactatkonzentration kann Werte zwischen 3 und 6 mmol/l erreichen.

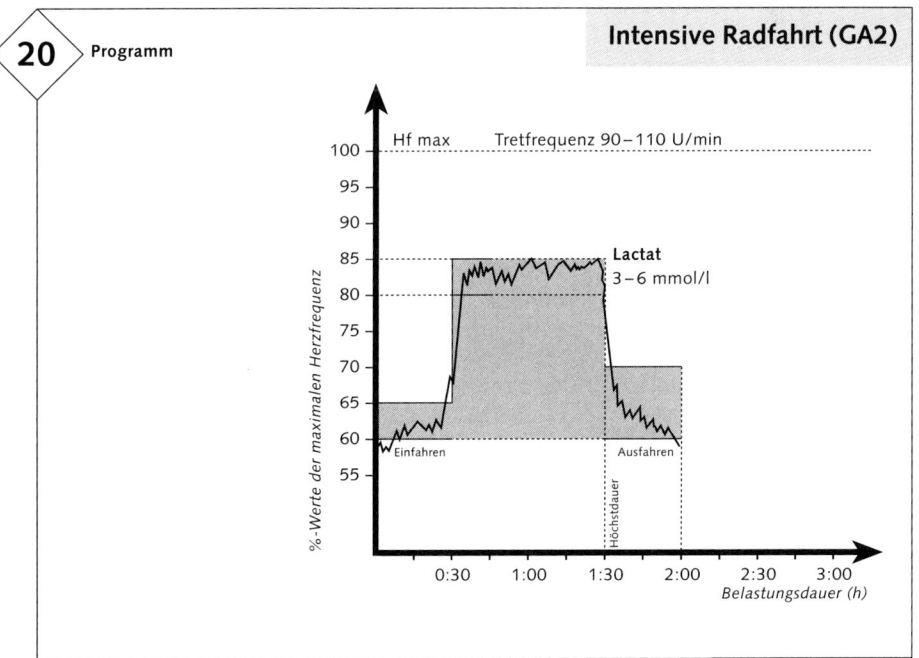

21 Extensive Kraftausdauer-Radfahrt (KA 1)

Die spezifische Kraftausdauerfähigkeit trainieren Sie eigentlich bei jeder Fahrt mehr oder weniger mit. Sie ist neben der Grundlagenausdauer eine wesentliche Voraussetzung für hohe Geschwindigkeiten. Nur wer über ausreichende Kraft und Kraftausdauer verfügt, wird das Bergtraining genießen können. Systematisch wird die Kraftausdauer auf dem Rad mit der extensiven und intensiven Kraftausdauer-Radfahrt trainiert. Bei der extensiven Form wird bei niedrigen Tretfrequenzen eine Belastung nach der Dauermethode absolviert. Nach dem Einfahren pedalieren Sie je nach Leistungsstand mindestens 20 Minuten und höchstens 2 Stunden mit Tretfrequenzen zwischen 50 und 70 U/min auf flachen bis leicht profilierten Strecken. Die Belastungsintensität sollte dabei 80 % der maximalen Herzfrequenz bzw. eine Lactatkonzentration von 3 mmol/l nicht überschreiten, wobei mit zunehmender Belastungsdauer die Intensität deutlich abnimmt.

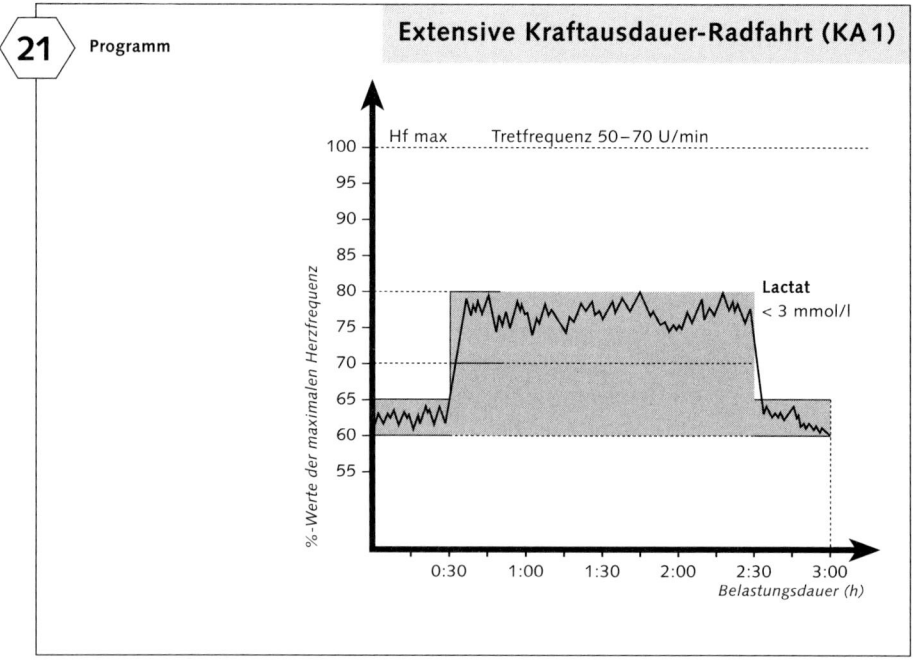

21 Programm

Extensive Kraftausdauer-Radfahrt (KA 1)

22 Intensives Kraftausdauertraining am Berg (KA 2)

Das intensive Kraftausdauertraining wird nach der Intervallmethode in Anstiegen durchgeführt. Nach dem Einfahren suchen Sie sich einen Berg, den Sie mehrmals hinauffahren. Die Länge und die Anzahl der Einzelbelastungen werden von Ihrem Leistungsstand bestimmt. Die Einzelbelastungen von 0,5 bis 2 km werden nicht mit hundertprozentiger Leistung gefahren. Die Belastungsintensität beträgt maximal 90 % der maximalen Herzfrequenz. Dabei können Lactatwerte von 4–7 mmol/l erreicht werden. Auf den längeren Teilstrecken sollte die Lactatkonzentration eher etwas niedriger sein. Wichtig ist die aktive Erholung nach jeder Belastung, damit das Lactat in der Muskulatur wieder abgebaut werden kann. Das intensive Kraftausdauertraining zählt zu den anspruchsvollsten Trainingseinheiten. Mit dieser Trainingsform sollten Sie erst beginnen, wenn Sie eine gute Grundlagenausdauer erworben haben

und schon einige Kilometer im extensiven Kraftausdauerbereich gefahren sind.

22 Programm

Intensives Kraftausdauertraining am Berg (KA 2)

22 a 3–8 x 0,5 km
5 min aktive Pause

22 b 3–8 x 1 km
10 min aktive Pause

22 c 3–6 x 2 km
20 min aktive Pause

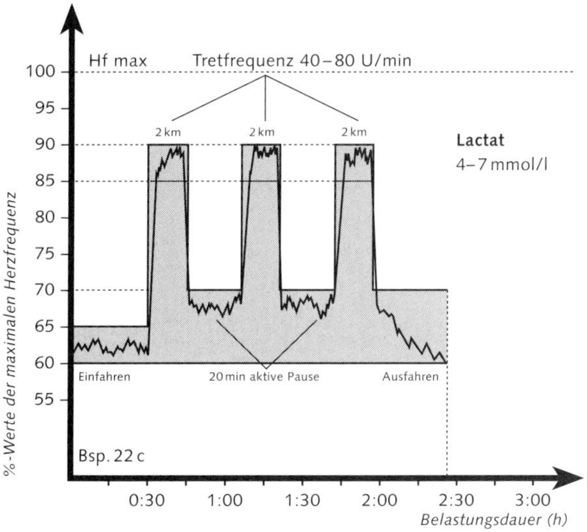

%-Werte der maximalen Herzfrequenz

Hf max   Tretfrequenz 40–80 U/min

100
95
90   2 km   2 km   2 km   Lactat 4–7 mmol/l
85
80
75
70
65
60   Einfahren   20 min aktive Pause   Ausfahren
55

Bsp. 22 c

0:30   1:00   1:30   2:00   2:30   3:00
Belastungsdauer (h)

23 Stehvermögen (WSA)

Dieses Trainingsprogramm führt Sie zur Höchstform. Es wird ein «Stehvermögen» entwickelt, das Sie beispielsweise benötigen, um nach dem Schwimmen eine gute Position beim Windschattenrennen zu erkämpfen. Aber auch bei taktischen Zwischenspurts, im Endspurt oder bei steilen Anstiegen wird diese Fähigkeit verlangt. Die Muskulatur wird hierbei maximal beansprucht. Es kommt zu einer starken Übersäuerung der Muskulatur mit maximalen Lactatwerten von über 10 mmol/l. Für den Wettkampf ist es wichtig, die Muskulatur schon im Training an diese extremen Lactatkonzentrationen zu gewöhnen, einerseits, um eine Toleranz gegenüber hohen Lactatwerten zu entwickeln, und um andererseits mehr Lactat pro Zeiteinheit abbauen zu können. Die Abbaurate kann sich durch ein Training des Stehvermögens mehr als verdoppeln. Als Trainingsform schlagen wir Ihnen ein intensives Intervalltraining mit Belastungsstrecken von 500 – 2000 m vor. Das Tempo auf den einzelnen Strecken sollte über der durchschnittlichen Wettkampfgeschwindigkeit liegen. Um eine zu starke Übersäuerung der Muskulatur zu Beginn des Trainings zu vermeiden, werden die Belastungen progressiv und in zwei Serien ausgeführt, d. h., Sie beginnen die erste Belastung mit etwa 90 % Ihrer maximalen Leistungsfähigkeit und fahren nach dem letzten Intervall vor der Serienpause mit 100 %. In der Serienpause von 20 – 30 Minuten müssen Sie so locker fahren, daß die hohen Lactatwerte weitgehend abgebaut werden.

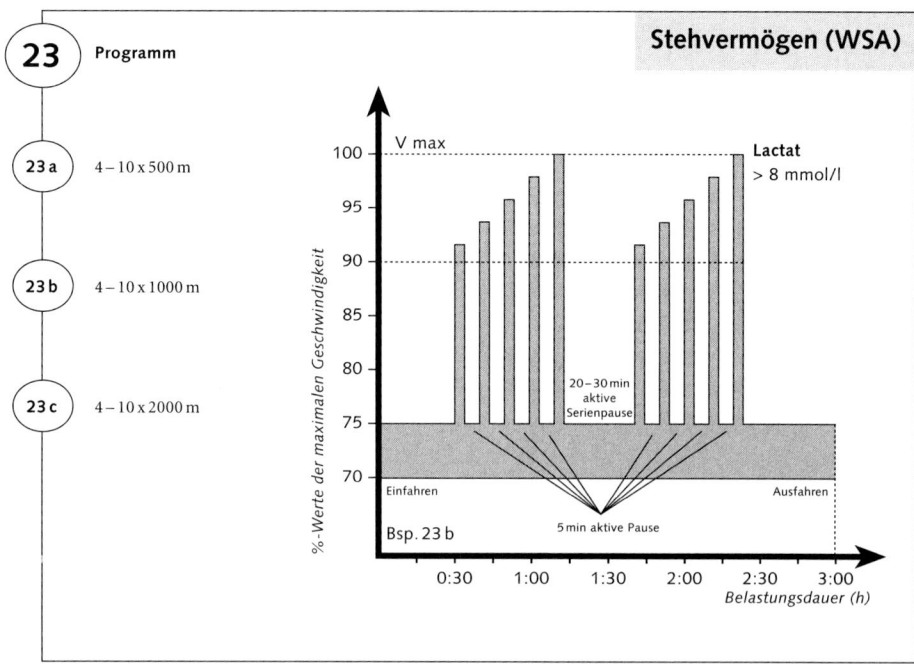

24 Sprinttraining (WSA)

Eine gute Sprintleistung ist abhängig von Kraft, Schnelligkeit und der muskulären Mobilisationsfähigkeit. Mit Sprints über 50, 100 und 200 m lassen sich diese Fähigkeiten trainieren. Die Trainingseinheit wird nach der Wiederholungsmethode gestaltet, d. h., nach jeder Sprintbelastung haben Sie eine aktive Pause von etwa 5 Minuten, die zur vollständigen Erholung führen soll. Bei mehr als 8 Wiederholungen kann das Programm in zwei Serien geteilt werden, um eine zu starke nervale Ermüdung auszuschließen. Sie haben Ihre Sprintleistung verbessert, wenn Sie auf kurzen Strecken höhere maximale Endgeschwindigkeiten erreichen.

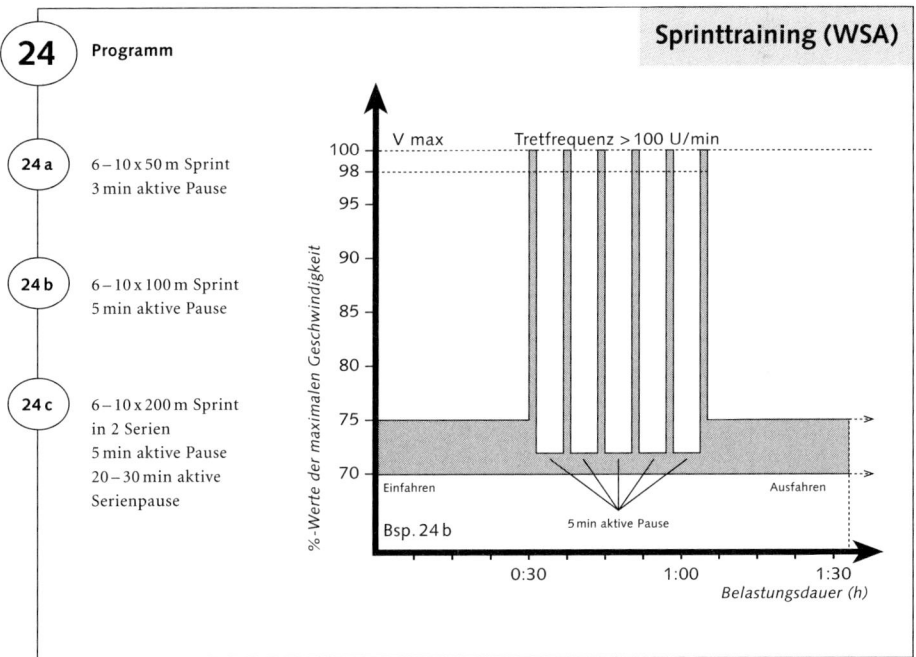

24 Programm

Sprinttraining (WSA)

24 a 6 – 10 x 50 m Sprint
3 min aktive Pause

24 b 6 – 10 x 100 m Sprint
5 min aktive Pause

24 c 6 – 10 x 200 m Sprint
in 2 Serien
5 min aktive Pause
20 – 30 min aktive
Serienpause

25 Testfahrt/Rad-Wettkampf

Ein Radtest als Einzelzeitfahren oder ein Radwettkampf kann als Formüberprüfung eingesetzt werden. Sie erhalten hiermit Aufschluß über Ihren aktuellen Leistungsstand und eine Einschätzung Ihrer Fähigkeiten für geplante Wettkämpfe. Nehmen Sie im Triathlon an Wettkämpfen mit erlaubtem Windschattenfahren teil, so sollten Sie auf jeden Fall öfter an Straßenradrennen teilnehmen, um das taktische Fahren im Pulk zu erlernen. Das Einzelzeitfahren sollte auf deutlich kürzeren Strecken als der Wettkampfstrecke (Unterdistanzstrecke) absolviert werden. Um Leistungsveränderungen festzustellen, sollten Sie auf der gleichen Teststrecke Herzfrequenz, Übersetzung, Tretfrequenz, Zeit und äußere Bedingungen protokollieren. Vor den Tests sollten Sie sich immer eine halbe Stunde locker einfahren.

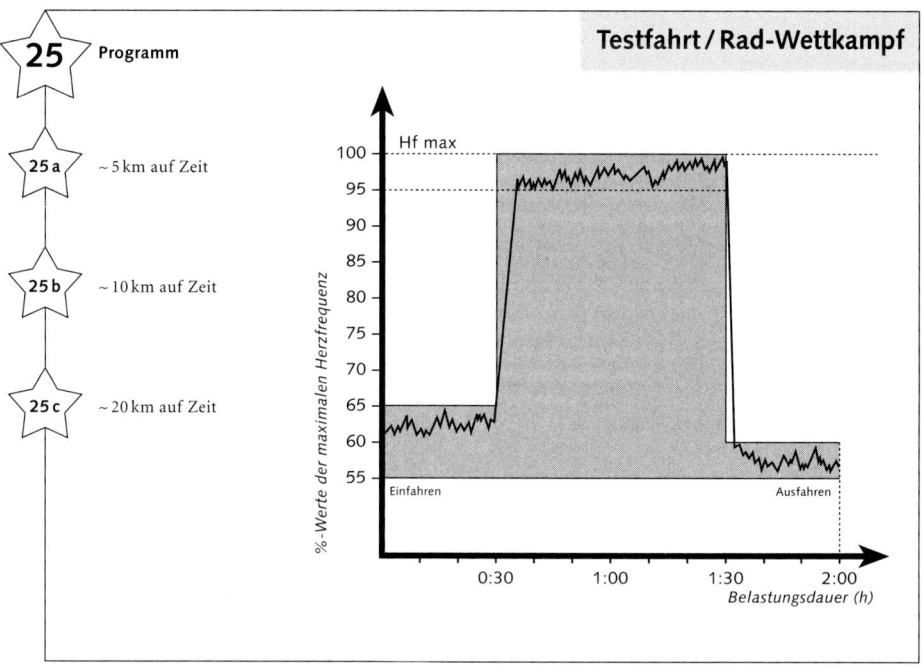

26 Rad-Hf$_{max}$-Test

Mit diesem Programm bestimmen Sie Ihre maximale Herzfrequenz. Nach einer intensiven Aufwärmphase über etwa 30 Minuten mit eingebauten Steigerungen und Antritten fahren Sie mit maximaler Geschwindigkeit 2000–3000 m auf einer flachen oder leicht ansteigenden Strecke und beenden den Test mit einem Spurt. Der höchste Wert, den Sie auf Ihrem Herzfrequenz-Meßgerät ablesen, entspricht Ihrer aktuellen maximalen Herzfrequenz (Hf$_{max}$). Von diesem Wert werden die Trainingsbereiche prozentual abgeleitet (s. Tabelle, S. 207).

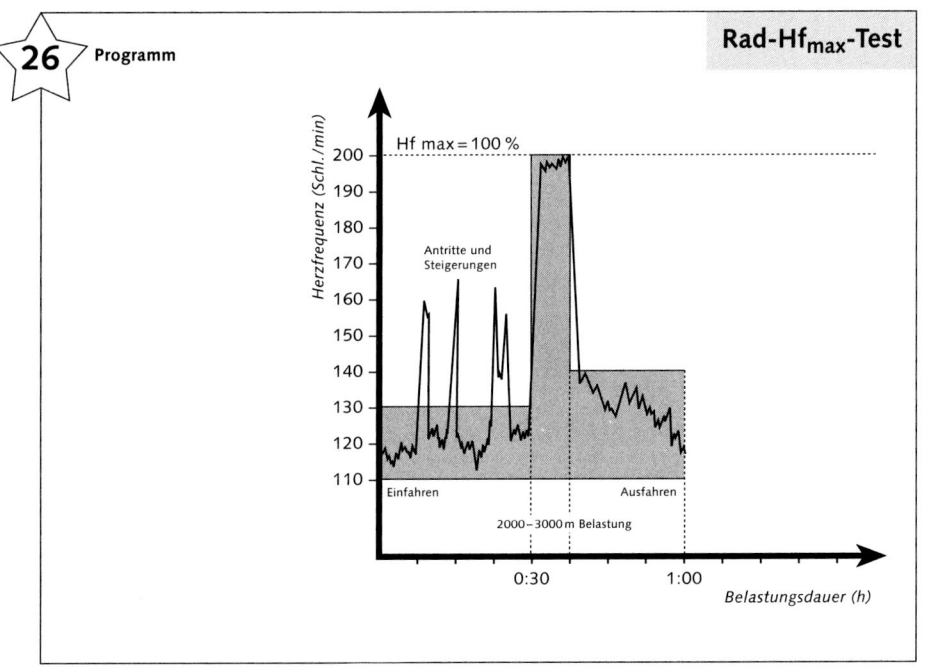

27 Rad-Feldstufentest

Mit diesem leistungsdiagnostischen Testverfahren können Sie Ihre aerobe und anaerobe Leistungsfähigkeit bestimmen (s. S. 11). Die ideale Teststrecke ist ein leicht pro-
filierter Rundkurs zwischen 3000 und 5000 m mit griffigem Untergrund. Je besser Sie
trainiert sind, desto länger sollte die Strecke sein. Wie in der Graphik zu sehen, fahren
Sie die Teststrecke 4–6mal, wobei die Intensität auf jeder Belastungsstufe erhöht wird.
Aufgrund der meist unterschiedlichen äußeren Bedingungen von Test zu Test und den
Schwierigkeiten, nach einer vorgegebenen Geschwindigkeit zu fahren, kann die Inten-
sitätssteigerung am besten über die Herzfrequenz vorgenommen werden. Vor dem
Test fahren Sie sich 15 Minuten locker ein. Die erste Belastungsstufe können
Sie mit etwa 120 Schlägen / min fahren, bzw. sollte die Herzfrequenz so gewählt wer-
den, daß 4–6 Herzfrequenzsteigerungen von 10–15 Schlägen / min möglich sind.
Wollen Sie beispielsweise die Teststrecke 5mal durchfahren, müssen Sie mit einer
Herzfrequenz beginnen, die etwa 75 Schläge unter Ihrem Maximalwert liegt. Versuchen Sie, Geschwindigkeit und Übersetzung dem Geländeprofil so anzupassen, daß
Sie die Herzfrequenz auf jeder Stufe weitgehend konstant halten können. Dies setzt
eine gewisse Erfahrung mit herzfrequenzgesteuerter Belastung voraus. Die Pausen
zwischen den Belastungsstufen sind für die Blutabnahme zur Lactatbestimmung vorgesehen. Bei Eigenbestimmung mit dem «Accusport»-Lactatmeßgerät sollten Sie die
einzelnen Handgriffe hinreichend geübt haben, um eine gleich lange Pause von etwa

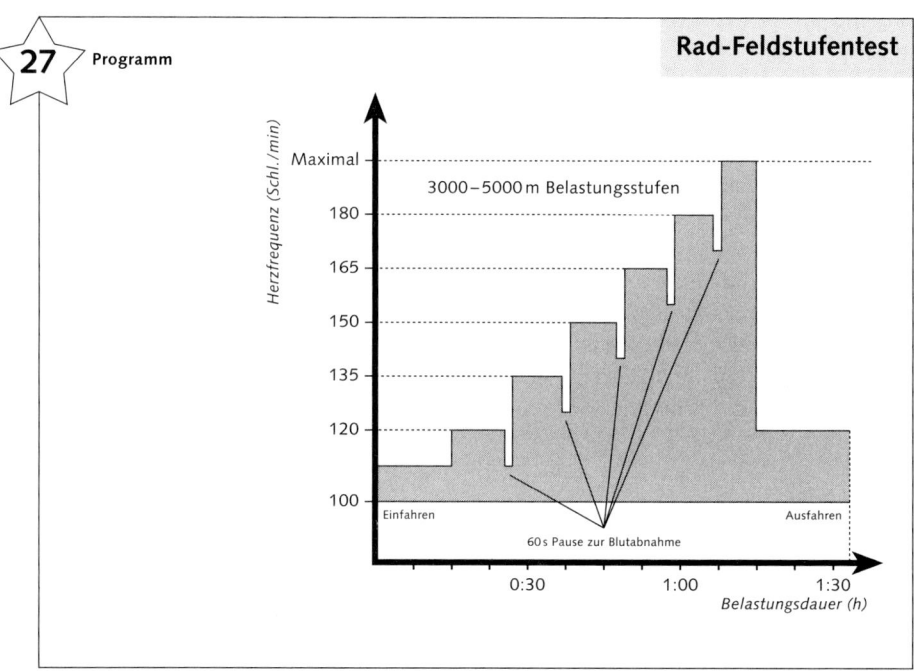

27 Programm

Rad-Feldstufentest

Herzfrequenz (Schl. / min)

Maximal

3000–5000 m Belastungsstufen

180

165

150

135

120

100

Einfahren

Ausfahren

60 s Pause zur Blutabnahme

0:30   1:00   1:30

Belastungsdauer (h)

einer Minute einhalten zu können. Einfacher ist es natürlich, wenn Sie den Test mit einem Partner durchführen, der Ihnen das Blut nach jeder Belastungsstufe abnimmt. Insgesamt benötigen Sie für die Testauswertung (s. S. 17) die Zeit, die Herzfrequenz und den Lactatwert einer jeden Belastungsstufe. Den Test können Sie auch auf der Fahrradrolle oder dem Fahrradergometer durchführen.

Laufen

Laufen als abschließende Disziplin im Triathlon hat einen Anteil von etwa 30 % zur Gesamtwettkampfzeit. Der Einfluß auf das Endergebnis ist allerdings bedeutend höher, als es in diesem Prozentwert zum Ausdruck kommt. Die besonderen Tugenden des Triathlon, wie Willenskraft und Durchhaltevermögen, zeigen sich hier besonders. Nicht nur läuferisches Potential, sondern eine hohe psychische Belastbarkeit ist gefordert. Denn das Laufen im Triathlon findet immer im Zustand relativ starker Ermüdung statt. Im «Windschattenrennen» steigt der Stellenwert der Laufleistung. Nur wer taktisch klug seine Kräfte einteilt, wird eine seinen konditionellen Fähigkeiten entsprechende Leistung erbringen.

Technik und Koordination

Beobachtet man Langstreckenläufer und Triathleten, so lassen sich viele unterschiedliche Laufstile als Ausdruck persönlicher Eigenarten erkennen. Der Laufstil ist abhängig von den funktionell-anatomischen Voraussetzungen, die jeder einzelne mitbringt, und den vorausgegangenen Belastungen im Triathlon. Er wird aber auch vom Gelände, den Bodenverhältnissen und dem Lauftempo beeinflußt. Durch Variation der Technik bezüglich Fußaufsatz, Schrittlänge und Schrittfrequenz müssen Sie sich hierauf einstellen, um ökonomisch und effektiv zu laufen. Jeder Laufstil führt zu unterschiedlichen Belastungen des Bewegungssystems.

Der Bewegungszyklus des Laufens läßt sich in vier Phasen einteilen:

In der **vorderen Stützphase** (Landephase) wird der Fuß aktiv «greifend und ziehend» aufgesetzt. Bei höheren Laufgeschwindigkeiten setzt man mit dem Mittelfuß, beim Spurten gar mit dem Vorfuß auf. Bei langsamem Tempo verlagert sich der Fußaufsatzpunkt nach hinten in den Bereich der Ferse. Der Fuß rollt dann in leichter Supinationshaltung (Heben des Fußinnenrandes) über den Fußaußenrand zum Kleinzehenballen und kippt dann in eine leichte Pronationsstellung (Heben des Fußaußenrandes) zum Großzehenballen, der den Abdruck in der **hinteren Stützphase** (Abdruckphase) gibt. Diese Kippbewegung führt zu einer Verwringung des Fußes, die als Torsion bezeichnet wird, und setzt eine flexible Schuhsohle voraus. Mit dem Fußabdruck werden gleichzeitig das Sprung-, Knie- und Hüftgelenk gestreckt. In der Entspannungsphase, der **hinteren und vorderen Schwungphase**, schwingt der Unterschenkel erst nach hinten in Richtung Gesäß (Anfersen), dann wird das Bein mit mittlerem Kniehub nach vorn geführt und mit minimaler Kniebeugung in der vorderen Stützphase aufgesetzt. Schrittlänge und Schrittfrequenz sind individuell und situativ unterschiedlich sowie abhängig von Ihrer Körpergröße, Leistungsfähigkeit und der Laufgeschwindigkeit.

Mit einer lockeren entspannten Haltung des Oberkörpers unterstützen Sie den Laufrhythmus. Ideal sind eine minimale Oberkörpervorlage und aufrechte Kopfhaltung. Die Hände werden entspannt und die Arme locker, im Ellbogengelenk etwa 90 Grad gebeugt, am Körper vorbeigeschwungen. Eine gute Koordination von Armen

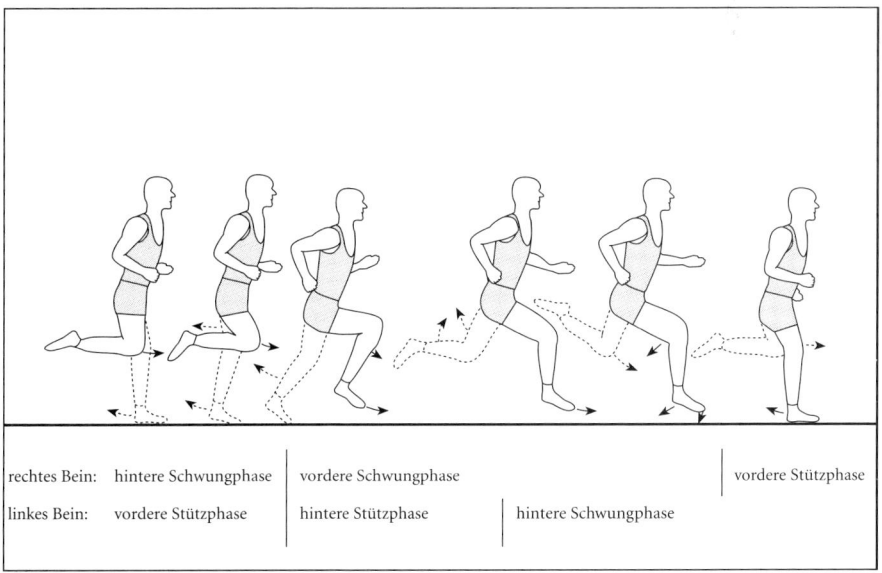

| rechtes Bein: | hintere Schwungphase | vordere Schwungphase | | vordere Stützphase |
| linkes Bein: | vordere Stützphase | hintere Stützphase | hintere Schwungphase | |

Phasenstruktur des Langstreckenlaufs.
Schrittlänge und -frequenz sind situativ unterschiedlich und individuell abhängig von Ihrer Körpergröße, Leistungsfähigkeit und Laufgeschwindigkeit.

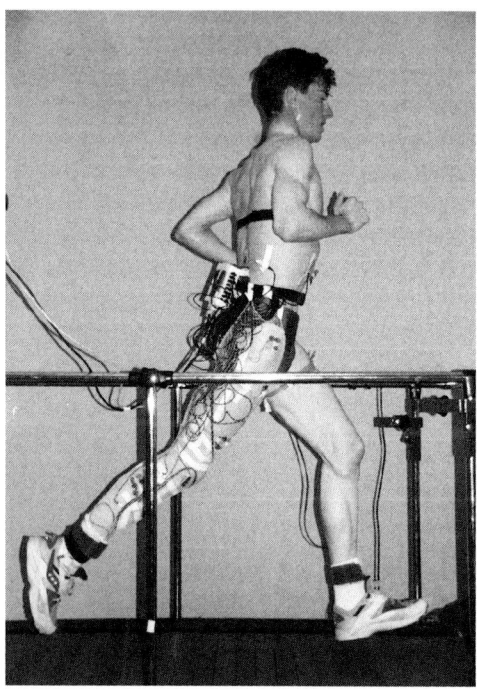

und Schultern reduziert Rotationen um die Körperlängsachse. Die Rumpfmuskulatur muß so kräftig sein, daß sie in der Lage ist, ihre Funktion als Stabilisator und Widerlager für die Aktionen und Reaktionen der Bein- und Armbewegungen wahrzunehmen. Nur so können Sie die eingesetzte Energie optimal nutzen. Die vorangegangenen Schwimm- und Laufbelastungen in Verbindung mit mangelnder Rumpfkraft können zu einer instabilen Hüftposition mit Beckenkippung nach vorn führen, was sich negativ auf die Hüftstreckung und den Abdruck in der hinteren Stützphase auswirken würde. Die Laufgeschwindigkeit wäre geringer und würde mit zunehmender Belastungsdauer sogar noch abnehmen. Außerdem führt die Instabilität zu unphysiologischen Beanspruchungen der Wirbelsäule und möglichen Rückenproblemen.

Übungen zur Lauftechnik (Lauf-ABC)

Die Koordinationsübungen des Lauf-ABC zielen auf eine Verbesserung und Ökonomisierung des Laufstils, auf eine erhöhte Flexibilität und Kräftigung der Laufmuskulatur. Regelmäßig durchgeführt, verringern sie die Verletzungsanfälligkeit, und es treten seltener Beschwerden an Muskulatur, Bändern und Sehnen auf. Ein guter Laufstil äußert sich durch:

- eine betonte Kreuzkoordination von Armen und Beinen auch bei höherer Laufgeschwindigkeit,
- eine hohe Variabilität von Schrittfrequenz und Schrittlänge,
- einen impulsstarken Abdruck bei aufgerichtetem Becken und
- eine stabile Gesamtkörperhaltung auch bei zunehmender Ermüdung.

Die Übungen des Lauf-ABC (s. Tabelle S. 80/81) sollten Sie unmittelbar nach dem Einlaufen und nicht im ermüdeten Zustand durchführen, da dann die Konzentrations- und Koordinationsfähigkeit abnimmt und eine korrekte Bewegungsausführung schwer fällt. Die Übungsdauer richtet sich nach Ihrer koordinativ / motorischen und konditionellen Leistungsfähigkeit. Wir empfehlen eine Übungsstrecke von 20–30 Metern je Einzelübung, zwischen den Wiederholungen wird eine aktive Pause entsprechend der Übungsstrecke eingelegt (Gehen, locker Traben, flacher Hopserlauf). Wählen Sie für ein Übungsprogramm 4–6 Übungen aus, die Sie 2–5mal wiederholen. Das Lauf-ABC sollten Sie ganzjährig in Ihr Training integrieren. Ein mehrmaliges kürzeres Koordinationstraining in der Woche ist wirksamer als nur ein einmaliges, umfangreiches und stark beanspruchendes Übungsprogramm.

Kondition: Laufprogramme und Trainingsbereiche

Laufen ist die härteste Disziplin des Triathlon. Weicher und weniger belastend für das Stütz- und Bewegungssystem sind die Bewegungen im Schwimmen und Radfahren. Hohe Trainingsumfänge im Laufen setzen einen guten Laufstil voraus, um Überbeanspruchungen an Sehnen, Bändern und Gelenken zu vermeiden. Immer häufiger entscheiden die läuferischen Qualitäten über eine vordere Plazierung im Wettkampf. Auch bei guter Kondition und Technik wird man im Triathlonwettkampf seine Lauffähigkeiten nicht voll entfalten können. Die Zeiten liegen meist 5–15 % über der möglichen Leistung im Laufwettkampf. Hauptursachen sind neuromuskuläre und psychische Ermüdung sowie stark entleerte Glykogenspeicher durch die Schwimm- und Radvorbelastungen. Während die Marathon beim «Ironman» in aerober Stoffwechsellage gelaufen wird, ist auf den kürzeren Laufstrecken der anaerobe Stoffwechsel anteilig mehr zugeschaltet. Im Kurztriathlon werden Lactatwerte von 5–10 mmol/l (s. Tabelle S. 19) erreicht. Wie viele Trainingseinheiten Sie anteilig in die Entwicklung der Ausdauer investieren sollten, ist von der länge der Laufstrecke im Wettkampf abhängig. Der 5-km-Lauf im Jedermanntriathlon muß durch ein Training in anderen Intensitätsbereichen vorbereitet werden als der Marathonlauf auf der Langdistanz.

Neben der aeroben Ausdauer ist je nach Wettkampfstrecke ein gewisses Potential an Kraftausdauer, Schnelligkeitsausdauer und Schnelligkeit erforderlich. Die spezifische Kraftausdauer wird mit kürzeren Trainingseinheiten in schwerem Gelände, am Berg, auf Treppen oder mit speziellen Übungen an Krafttrainingsgeräten entwickelt. Schnelligkeitsausdauer, auch als Stehvermögen bezeichnet, und Schnelligkeit sind Fähigkeiten, die vor allem gegen Ende des Wettkampfes benötigt werden. In der graphischen Darstellung der Lauftrainingsprogramme wird die Intensität prozentual von der im Test ermittelten maximalen Herzfrequenz und in Abhängigkeit der Lactatkonzentration, auf kürzeren Strecken über die Geschwindigkeit angegeben.

Lauf-Abc

Übung	Bewegungsbeschreibung
1. Fußgelenksarbeit (normale / höchste / steigende Frequenz)	• geringer Kniehub mit aktivem Fußaufsatz in Richtung des Körperschwerpunktes (KSP)
2. Fußgelenksarbeit mit wechselseitig hohem Kniehub	• erst Streckung, dann aktives Aufsetzen in den Vorderstütz • aktive Unterstützung durch koordinierte Armführung
3. Skippings a) normale / höchste / steigende Frequenz b) Übergang in den Lauf	• mittlerer Kniehub • aktives Aufsetzen des Ballens in Richtung des KSP • Streckung in den Bein- und Hüftgelenken
4. Wechsel der Fußgelenksarbeit und Skippings	• flüssiger Wechsel
5. Kniehebelauf (verschiedene Frequenzen) a) hoher Kniehub b) hoher Kniehub mit auspendelndem Unterschenkel	• Streckung in den Knie- / Hüftgelenken • Körperlage • Armführung in Laufrichtung • aktives Aufsetzen in Richtung des KSP • Koordination zwischen Armen und Beinen ohne Verwringung des Rumpfes
6. Anfersen a) einseitig / wechselseitig b) wechselseitig mit Übergang in den Lauf	• schnelles, aber lockeres Auspendeln • Oberschenkel leicht zurückführen • Arme in Laufrichtung
7. Hopserlauf a) vertikale Bewegungsrichtung b) horizontale Bewegungsrichtung mit Übergang in den Lauf	• Streckung in den Bein- und Hüftgelenken • koordinierte Unterstützung durch die Arme • aktives Aufsetzen in den Vorderstütz in Richtung des KSP
8. Wechselsprünge a) vertikal / horizontal b) mit Übergang in den Lauf	• Streckung der Hauptgelenke • aktiver Fußaufsatz • Arme in Fortbewegungsrichtung
9. Laufsprünge a) mit Frequenz b) mit Übergang in den Lauf	• Streckung und Führung vom Knie • aktives Aufsetzen des Schwungbeines in Richtung des KSP

Übungen, Bewegungsmerkmale und
Fehler beim Lauf-Abc.

Schwächen in der Bewegungsausführung

- unzureichender / zu hoher Kniehub
- mangelnde Streckung in den Beingelenken

- unzureichende Streckung in den Beingelenken
- passives Aufsetzen in den Vorderstütz

- mangelnde Streckung
- veränderte Rumpfhaltung beim Übergang in den Lauf

- unzureichende Koordination der einzelnen Bewegungen in den verschiedenen Phasen

---

- unzureichender Kniehub
- mangelnde Streckung in den Knie- / Hüft-gelenken
- passives Auspendeln und Aufsetzen des Fußes

- hängende Fußspitze
- passives Aufsetzen in den Vorderstütz
- verkrampftes Anreißen der Fersen

- mangelnde Streckung
- unzureichender Einsatz der Schwungelemente
- Anfersen des Schwungbeins

- mangelnde Streckung
- Passivität des Schwungbeines
- unkoordinierter Übergang in den Lauf

- mangelnde Streckung im Hüft- und Kniegelenk
- passive Landung in den Vorderstütz
- unkoordinierte Armführung

Übung

10. Steigerungsläufe
    (60–120 Meter, hohe
    Geschwindigkeit über
    20–40 Meter, danach ‹aus-
    trudeln›), auch als
    Koordinationssteigerungen,
    d. h., das Tempo wird konti-
    nuierlich gesteigert, bis die
    Laufbewegung gerade noch
    gut kontrolliert und korri-
    giert werden kann. Dabei
    wird die Aufmerksamkeit
    auf ein bestimmtes
    Merkmal der
    Laufbewegung (z. B.
    Hüftstreckung, Kniehub
    oder aktiver Ballenaufsatz)
    gerichtet.

28 REKOM-Lauf (Regenerations- bzw. Kompensationstraining)

Der REKOM-Lauf dient der aktiven Wiederherstellung nach hohen Trainings- oder Wettkampfbelastungen. Mit dem REKOM-Lauf können Sie die Erholung beschleunigen und günstige Voraussetzungen für nachfolgende Trainingsbelastungen schaffen. Achten Sie darauf, daß die Belastungsintensität niedrig ist, die Herzfrequenz also nicht über 70 % der Hf_{max} ansteigt. Beim REKOM-Training soll es zu keiner Lactatkumulation (Anhäufung) kommen; die Lactatkonzentration bleibt unter 2 mmol/l. Regenerativ ist die Belastung nur, wenn Sie sich nicht länger als 45 Minuten belasten und die Trainingsstrecke ein ruhiges und entspannendes Laufen zuläßt. Als Training zur unmittelbaren Vorbereitung auf einen Wettkampf können 4–6 Antritte, Steigerungen oder Sprints einen verbesserten Spannungszustand in der Muskulatur bewirken.

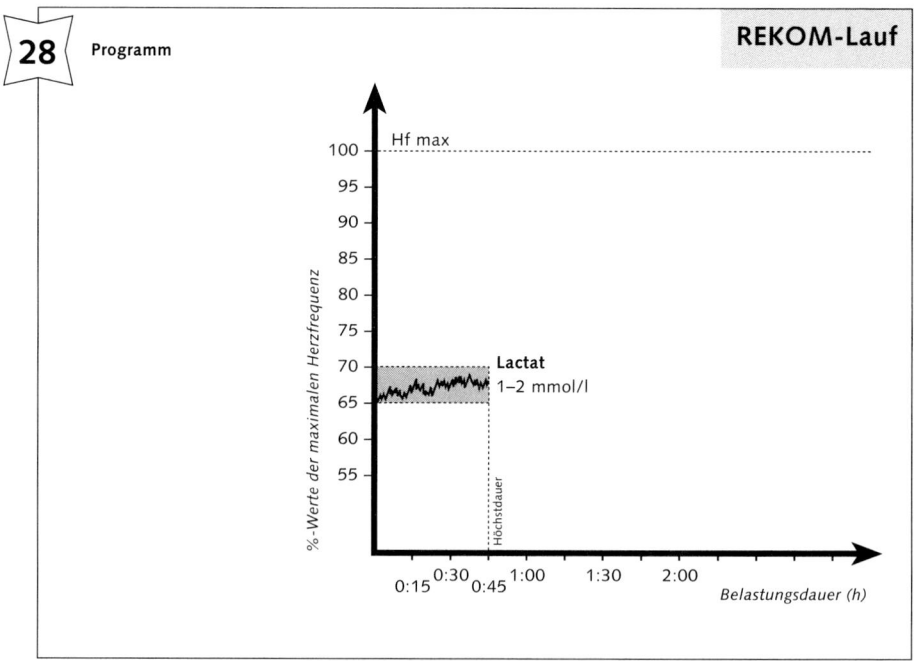

29 Extensiver Dauerlauf (GA 1)

Der extensive Dauerlauf dient zur Entwicklung der Grundlagenausdauerfähigkeit. Die Belastungsintensität wird über die Herzfrequenz kontrolliert und sollte im Bereich von etwa 70–75 % der Hf_{max} bei langen und zwischen 75 und 80 % bei kurzen Dauerläufen liegen. Bei gelegentlichen Lactatkontrollen sollte auf den längeren Strecken die Konzentration 1,8 mmol/l, auf den kürzeren Strecken 2 mmol/l nicht übersteigen. Bei höherer Intensität bzw. Geschwindigkeit trainieren Sie nicht effektiv den aeroben Stoffwechsel.

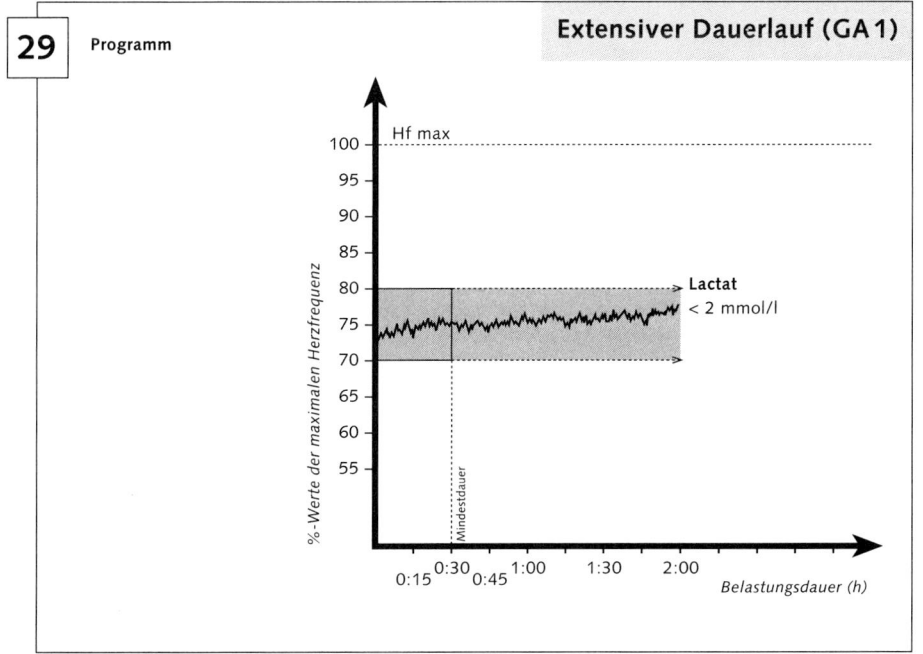

30 Fettstoffwechsel-Lauf

Ziel dieser Trainingseinheit ist es, den Fettstoffwechsel zu trainieren, d. h., den prozentualen Anteil der Fettsäuren zur Energiebildung während der Belastung zu erhöhen. Fettsäuren können nur bei der aeroben Energiegewinnung abgebaut werden. Die Intensität ist sehr niedrig zu wählen und sollte im Bereich des Ruhelactatwertes bzw. bei 65–70 % der maximalen Herzfrequenz liegen. Je länger Sie laufen, desto höher ist der relative Anteil der Fettverbrennung. Bei Dauerläufen über 90 Minuten sind die Fettsäuren das bevorzugte Substrat im Energieumsatz des Muskels. Der Energiegewinn aus Fettsäuren ist doppelt so hoch wie aus Glucose oder Eiweißen, allerdings wird dafür mehr Sauerstoff benötigt, weshalb Sie nur in geringer Intensität überwiegend die freien Fettsäuren verstoffwechseln können. Bei extremen Langzeitbelastungen werden bis zu 600 g Fett umgesetzt.

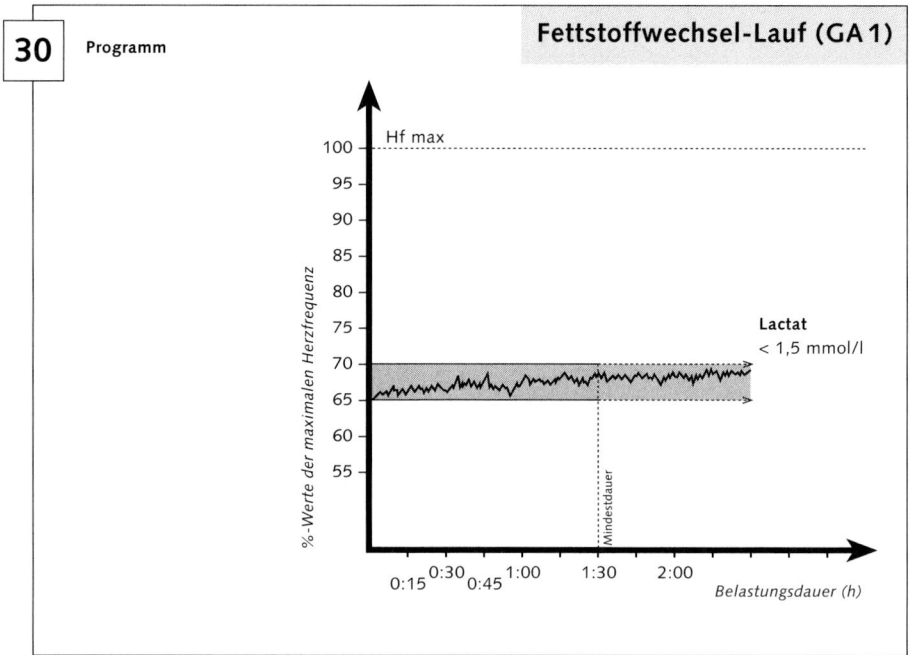

31 Intensiver Dauerlauf und Marathon-Kontrollauf (GA 1/2)

Mit dem intensiven Dauerlauf entwickeln Sie die Grundlagenausdauer auf einem höheren Niveau und gewöhnen die Muskulatur an ein höheres Lauftempo. Die Herzfrequenz sollte für den kurzen intensiven Dauerlauf im Bereich von 80–85 % der Hf_{max} und für den langen zwischen 75 und 80 % liegen. Bei gelegentlichen Kontrollen sollte auf den längeren Strecken die Lactatkonzentration etwa 2,5 mmol/l, auf den kürzeren Strecken 3 mmol/l nicht übersteigen. Der lange, intensive Dauerlauf kommt in der Vorbereitung auf einen Wettkampf über die Langdistanz zur Anwendung. Sie sollten auf einer flachen Strecke laufen und Herzfrequenz, Lactat und Geschwindigkeit kontrollieren.

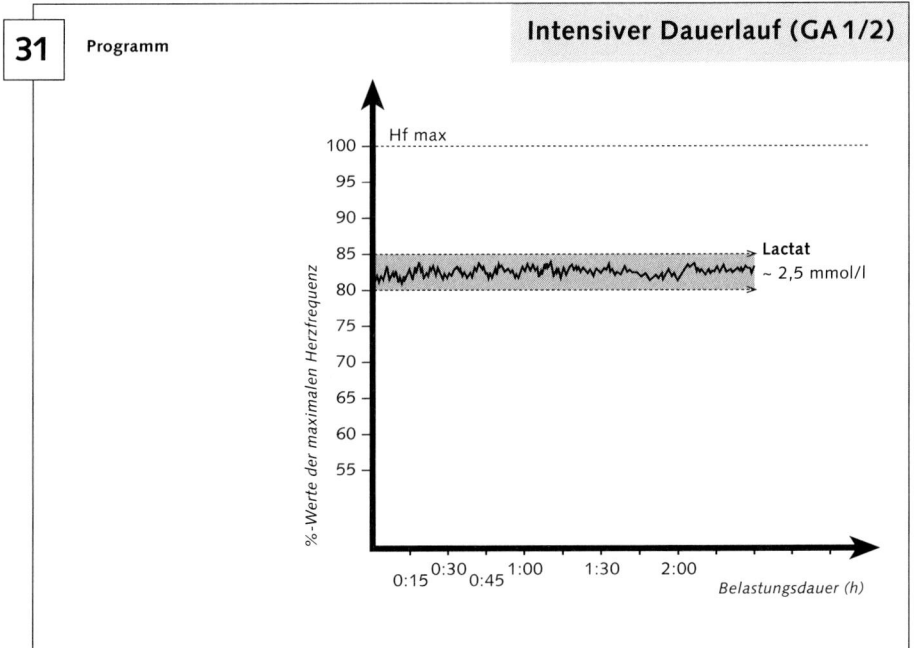

31 Programm   **Intensiver Dauerlauf (GA 1/2)**

32 Extensives Fahrtspiel (GA 1 – GA 2)

Das Fahrtspiel ist eine Trainingsmethode, die von schwedischen Langstreckenläufern entwickelt wurde und eine gewisse Freiheit in der Gestaltung des Lauftempos zuläßt. Sie laufen sozusagen nach Ihrem Befinden mal schneller, mal langsamer. Ein starres Programm für die Belastungs- und Erholungsphasen gibt es nicht. In Abhängigkeit von der Belastungsintensität unterscheiden wir das extensive und das intensive Fahrtspiel. Für das extensive Fahrtspiel können Sie bis zu 2 Stunden in leicht bis mittel profiliertem Gelände laufen. Die Herzfrequenz kann kurzzeitig bis auf 90 % der Hf_{max}, die Lactatkonzentration bis zu 6 mmol/l ansteigen. Während der Erholungsabschnitte sollen die erhöhten Lactatspiegel wieder abgebaut werden.

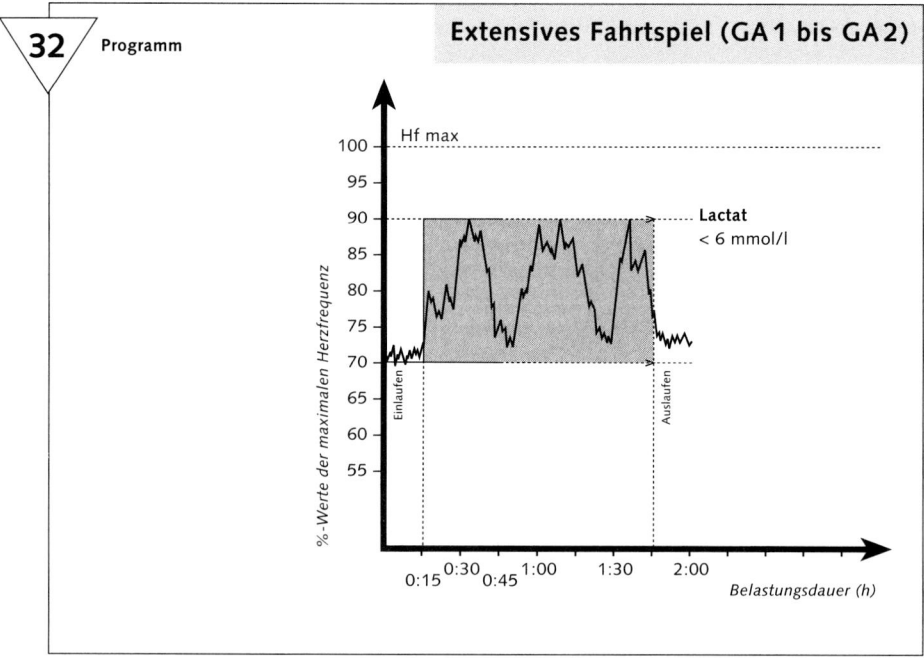

33 Intensives Fahrtspiel (GA 1 – WSA)

Das intensive Fahrtspiel eignet sich besonders zu schnellem und geländeangepaßtem Laufen sowie zur Schulung des Tempogefühls. Der Unterschied zum extensiven Fahrtspiel liegt in den höheren Intensitäten und den während der Belastungsspitzen stärkeren Anforderungen an Muskulatur, Herz-Kreislauf-System und Energiestoffwechsel. Achten Sie darauf, daß Sie sich zu Beginn des Fahrtspiels mindestens 15 Minuten einlaufen. Bei den intensiven Teilabschnitten sollten Sie nicht nur das Tempo, sondern auch die Streckenlänge variieren. Nach mehreren intensiven Abschnitten sollten Sie locker laufen und sich ausreichend erholen, bevor der nächste Belastungsreiz folgt.

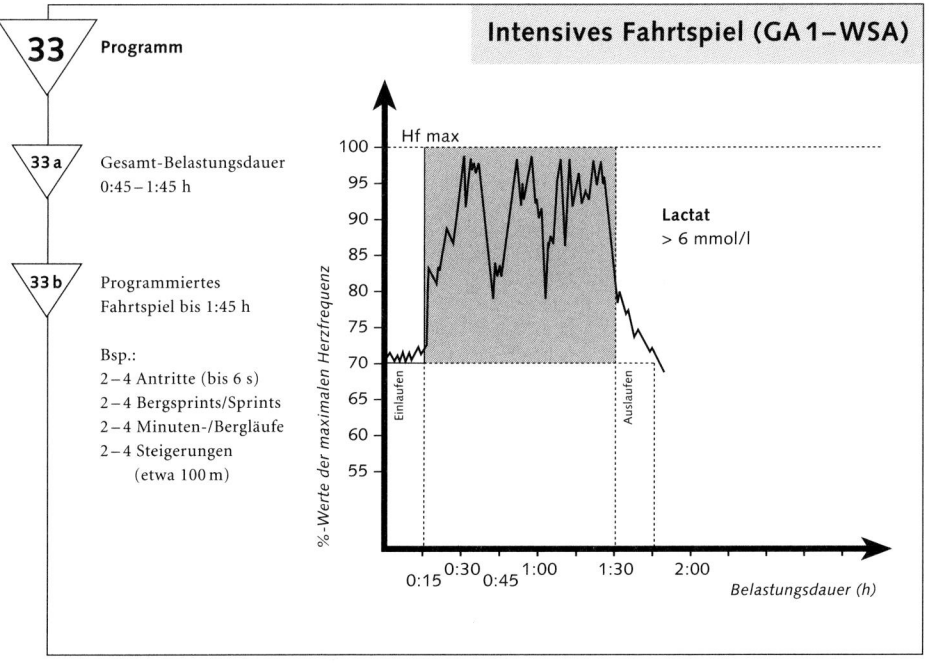

34 Tempodauerlauf (GA 2)

Beim Tempodauerlauf wird der aerob-anaerobe Mischstoffwechsel in Anspruch genommen. Dies setzt einen starken Reiz auf die Entwicklung der Ausdauer. Voraussetzung für das Tempodauerlauf-Training ist ein relativ stabiles Niveau der Grundlagenausdauer. Haben Sie diese nicht hinreichend erworben, kann ein zu frühes intensives Training die weitere Leistungsentwicklung stören. Der Tempodauerlauf beginnt nach einem etwa 15minütigen Einlaufen. In Abhängigkeit von Ihrer Leistungsfähigkeit können Sie zwischen 15 Minuten und einer Stunde mit gleichmäßig hoher Intensität, d. h., in einem Bereich von 85–90 % der Hf_{max}, bei einer Lactatkonzentration von unter 4 mmol/l laufen. Sie können aber auch die GA 2-Gesamtbelastung in Teilstrecken von 2000–5000 m splitten und zwischen den Belastungsabschnitten eine 3–10minütige aktive Pause einlegen. Mit diesen extensiven Intervallbelastungen wird neben der Entwicklung der Grundlagenausdauer der Lactatabbau trainiert.

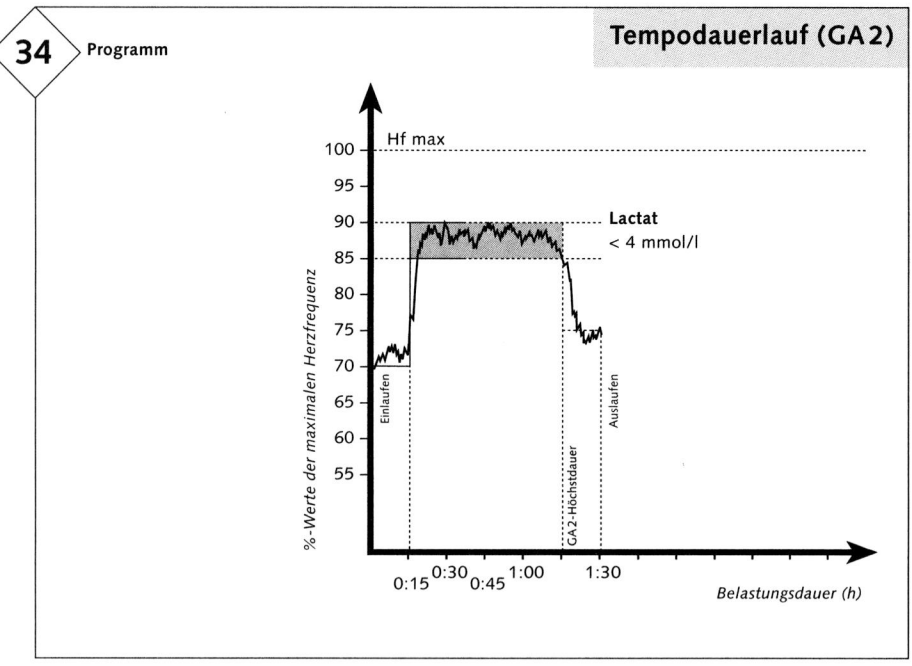

35 Extensive 1000-m-Läufe (GA 2)

Extensive 1000-m-Läufe sind für das «Bahntraining» sehr beliebt. Das Laufen auf Tartan-Kunststoffbahnen führt jedoch leicht zu Überbeanspruchungen an Sehnen (Achillessehne) und Bändern sowie zu Knochenhautreizungen. Beginnen Sie von daher das Bahnlauftraining mit wenigen Kilometern, und tragen Sie Ihren Trainings- oder Wettkampfschuh. Spikes sind für dieses Training nicht erforderlich. Außerdem sollte die Muskulatur für das Bahntraining hinreichend regeneriert und leistungsfähig sein und nicht beispielsweise durch vorausgegangenes Radtraining stark ermüdet sein. Die Intensität richtet sich nach der durchschnittlichen Wettkampfgeschwindigkeit über 10 km und liegt je nach Anzahl der Wiederholungen zwischen 90 und 97 %. Die Lactatkonzentration sollte nicht über 6 mmol/l ansteigen. Während der aktiven Pause sollte die Herzfrequenz auf etwa 120–130 Schläge/min sinken. Liegt die Erholungs-Herzfrequenz nach 3 Minuten noch über 130 Schlägen/min, so müssen Sie die Pausenzeit verlängern und die nächste Intervallbelastung weniger intensiv laufen. Sinkt die Herzfrequenz trotz dieser Maßnahmen nicht unter 130 Schläge/min, so sollten Sie das Intervalltraining abbrechen und gegebenenfalls mit einem extensiven Dauerlauf weiter trainieren.

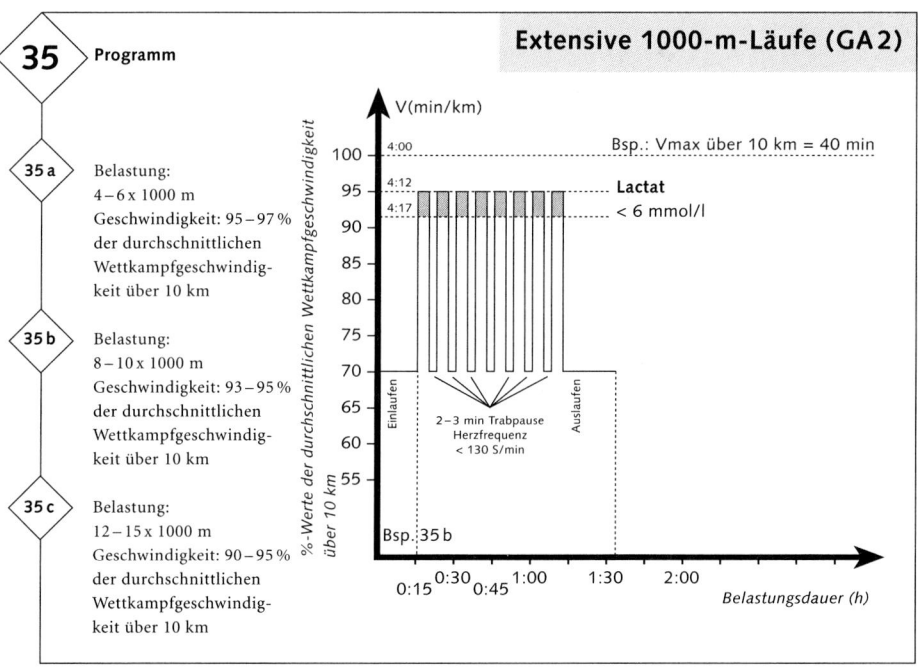

35 Programm

Extensive 1000-m-Läufe (GA 2)

35 a Belastung:
4–6 x 1000 m
Geschwindigkeit: 95–97 %
der durchschnittlichen
Wettkampfgeschwindig-
keit über 10 km

35 b Belastung:
8–10 x 1000 m
Geschwindigkeit: 93–95 %
der durchschnittlichen
Wettkampfgeschwindig-
keit über 10 km

35 c Belastung:
12–15 x 1000 m
Geschwindigkeit: 90–95 %
der durchschnittlichen
Wettkampfgeschwindig-
keit über 10 km

V(min/km)

%-Werte der durchschnittlichen Wettkampfgeschwindigkeit über 10 km

Bsp.: Vmax über 10 km = 40 min

Lactat
< 6 mmol/l

Einlaufen

2–3 min Trabpause
Herzfrequenz
< 130 S/min

Auslaufen

Bsp. 35 b

Belastungsdauer (h)

36 Extensiver Berg- oder Strandlauf (KA 1)

Die Kraftausdauerfähigkeit trainieren Sie bei jedem Lauf in schwerem Gelände, wie beispielsweise beim Cross-, Berg-, Strandlauf oder einem Lauf im Schnee. Diese Läufe unter erschwerten Bedingungen sind anstrengend, kräftigen jedoch effektiv die Beinmuskulatur und führen zu raschem Konditionszuwachs. Neben der körperlichen Leistungsfähigkeit werden vor allem mentale Stärke und Willenskraft geschult. Das extensive Kraftausdauertraining (KA 1) wird nach der Dauermethode bei einer Belastungsintensität bis etwa 85 % der maximalen Herzfrequenz bzw. einer Lactatkonzentration von etwa 3 mmol/l durchgeführt. Beim Berglauf werden Schrittlänge und -frequenz der Steigung angepaßt. Je steiler das Gelände, desto kürzer die Schritte. Ungewohntes Laufen in schwerem Gelände führt leicht zu Überbeanspruchungen im Bereich der Achillessehne und Muskelverhärtungen in der Wade. Gewöhnen Sie sich langsam an diese Trainingsform.

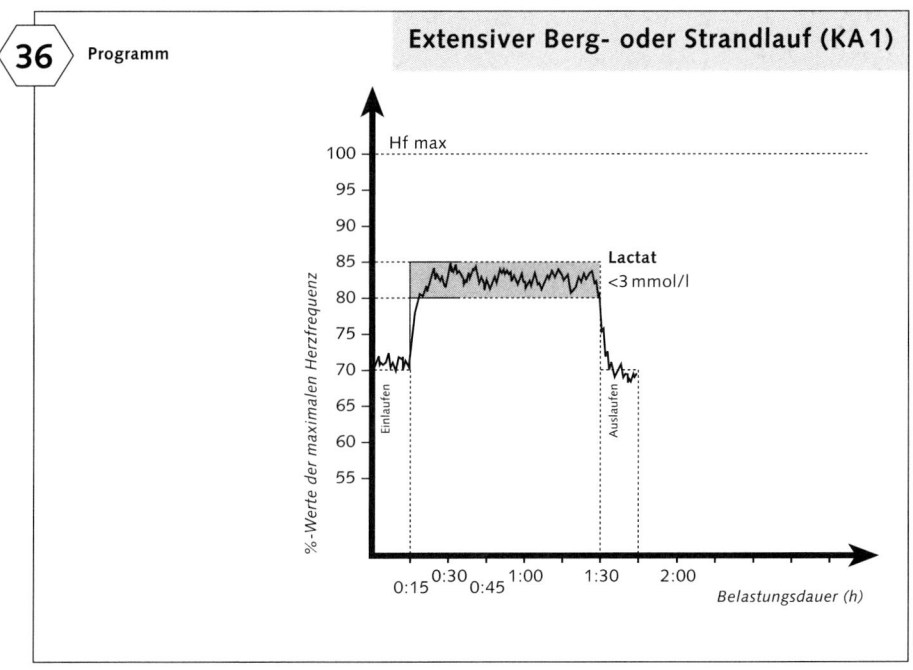

36 Programm

Extensiver Berg- oder Strandlauf (KA 1)

37 Intensive Berg- oder Treppenläufe (KA 2)

Das intensive Kraftausdauertraining (KA 2) wird nach der Intervallmethode am Berg oder an Treppen durchgeführt. Nach dem Einlaufen suchen Sie sich eine geeignete Trainingsstrecke, die Sie mehrmals hinauflaufen können. Die Länge und die Anzahl der Einzelbelastungen werden von Ihrem Leistungsstand bestimmt. Die Intensität kann bis auf 95 % Ihrer Leistungsfähigkeit ansteigen. Dabei können Lactatwerte bis 7 mmol/l erreicht werden. Wichtig ist die aktive Erholung nach jeder Belastung, damit das Lactat in der Muskulatur wieder abgebaut werden kann. Mit dieser Trainingsform sollten Sie erst beginnen, wenn Sie eine gute Grundlagenausdauer erworben haben und schon einige Kilometer im extensiven Kraftausdauerbereich gelaufen sind. Berg- und Treppenläufe stellen hohe Anforderungen an das aktive und passive Bewegungssystem. Relativ hohe Beanspruchungen bestehen beim Bergab-Laufen für Bänder und Sehnen im Bereich der Knie- und Fußgelenke. Auch kann man leicht Muskelkater in der Oberschenkelmuskulatur (Mm quadrizeps, Mm ischiocruralis) bekommen, wenn man die exzentrischen Bremsbelastungen beim Abfangen des Körpergewichtes nicht gewohnt ist. Sollte Sie einmal ein Muskelkater plagen, legen Sie auf keinen Fall die Füße hoch, sondern bewegen Sie sich in der gleichen Sportart in sehr niedriger Intensität, am besten noch in einer anderen Sportart. Damit Sie sich beim Bergab-Laufen erholen können, sollten Sie entspannt bleiben, sich auf ein verstärktes Ausatmen konzentrieren und, wenn möglich, einen weichen Untergrund (Gras, Waldboden) wählen.

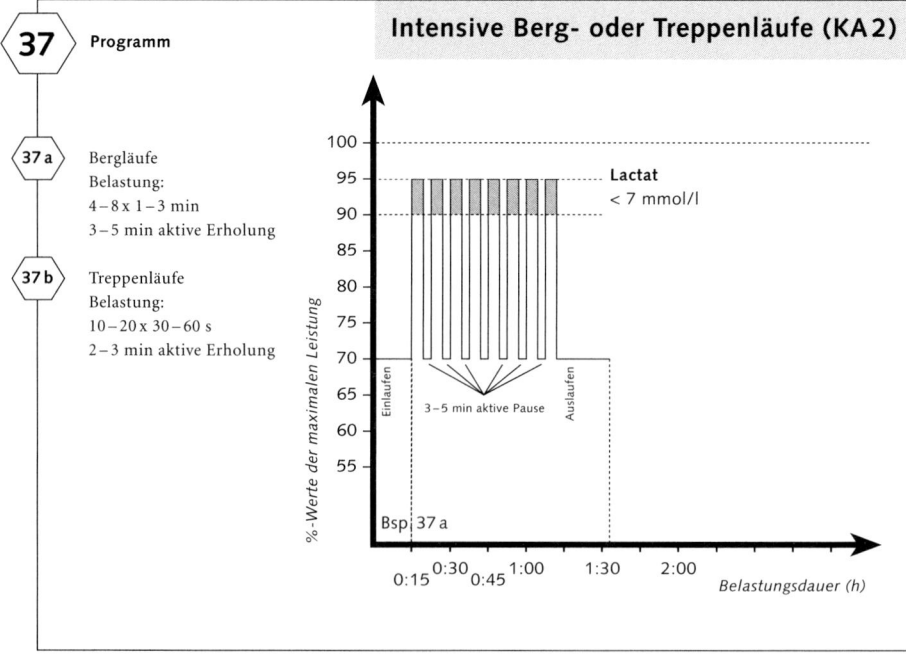

38 Intensive 1000-m-Läufe (WSA)

Die intensiven 1000-m-Läufe gewöhnen Ihre Muskulatur schon im Training an hohe Lactatkonzentrationen. Dies ist wichtig, um einerseits eine Toleranz gegenüber starker Übersäuerung zu entwickeln und um andererseits den Organismus darauf zu trainieren, mehr Lactat pro Zeiteinheit abbauen zu können. Die Abbaurate kann sich durch ein Training des «Stehvermögens» mehr als verdoppeln. Das Tempo auf den einzelnen Strecken sollte über der durchschnittlichen Wettkampfgeschwindigkeit liegen. Je nach Anzahl der Wiederholungen werden die Intervalle zwischen 100 und 106 % der 10-km-Wettkampfgeschwindigkeit gelaufen. Die Lactatkonzentration kann auf 8–10 mmol/l ansteigen. Die Herzfrequenz hat nur geringe Bedeutung für die Intervallbelastung, ist jedoch hilfreich, um die Pausenlänge zu steuern und die Erholungsfähigkeit zu kontrollieren. In der Gehpause sollte die Herzfrequenz auf unter 120 Schläge/min sinken. Liegt die Erholungs-Herzfrequenz nach 5 min noch über 120 Schlägen/min, ist dies ein Zeichen starker Ermüdung, die aus zu hoher Laufgeschwindigkeit oder zu vielen Wiederholungen resultieren kann.

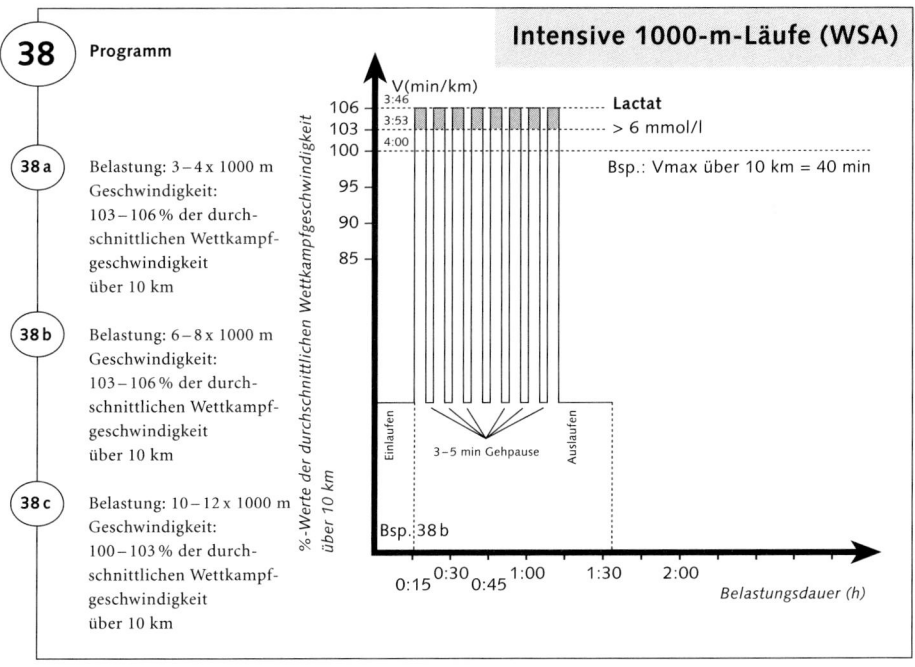

38 Programm

Intensive 1000-m-Läufe (WSA)

38a Belastung: 3–4 x 1000 m
Geschwindigkeit:
103–106 % der durchschnittlichen Wettkampfgeschwindigkeit
über 10 km

38b Belastung: 6–8 x 1000 m
Geschwindigkeit:
103–106 % der durchschnittlichen Wettkampfgeschwindigkeit
über 10 km

38c Belastung: 10–12 x 1000 m
Geschwindigkeit:
100–103 % der durchschnittlichen Wettkampfgeschwindigkeit
über 10 km

%-Werte der durchschnittlichen Wettkampfgeschwindigkeit über 10 km

V(min/km)

106 — 3:46
103 — 3:53
100 — 4:00
95 —
90 —
85 —

Lactat
> 6 mmol/l

Bsp.: Vmax über 10 km = 40 min

Einlaufen

3–5 min Gehpause

Auslaufen

Bsp.: 38b

0:15 0:30 0:45 1:00 1:30 2:00

Belastungsdauer (h)

39 Intensive 300-m-Läufe

Die intensiven 300-m-Läufe werden auf der Bahn gelaufen. Die Laufgeschwindigkeit beträgt in Abhängigkeit der Wiederholungen 80 – 95 % der Bestzeit über 300 m und liegt damit deutlich über der Geschwindigkeit, die Sie im Wettkampf auf den Langstrecken laufen. Mit dieser Trainingsform entwickeln Sie Ihre Schnelligkeitsausdauer, gewöhnen Ihre Muskulatur an hohe Lactatkonzentrationen sowie an schnelle Laufbewegungen und schulen gleichzeitig die Laufkoordination. Dies sind Fähigkeiten, die Sie besonders in Wettkämpfen benötigen, wenn Sie kurzfristig auf Tempoverschärfungen wie Zwischen- oder Endspurts reagieren müssen oder aus taktischen Überlegungen Ihr Lauftempo variieren wollen. Wenn Sie das Laufen mit Spikes gewöhnt sind, sollten Sie diese benutzen. Sie verbessern die Abdruckphase.

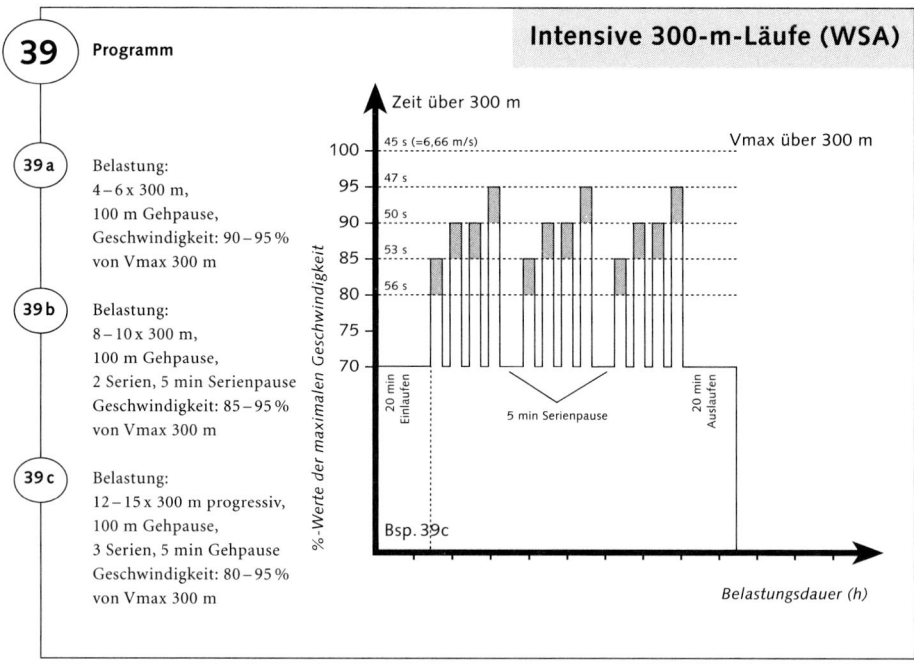

39 Programm

Intensive 300-m-Läufe (WSA)

39 a Belastung:
4 – 6 x 300 m,
100 m Gehpause,
Geschwindigkeit: 90 – 95 %
von Vmax 300 m

39 b Belastung:
8 – 10 x 300 m,
100 m Gehpause,
2 Serien, 5 min Serienpause
Geschwindigkeit: 85 – 95 %
von Vmax 300 m

39 c Belastung:
12 – 15 x 300 m progressiv,
100 m Gehpause,
3 Serien, 5 min Gehpause
Geschwindigkeit: 80 – 95 %
von Vmax 300 m

40 Intensive 200-m-Läufe

Die intensiven 200-m-Läufe werden auf der Bahn gelaufen. Bezugsgröße für die Laufgeschwindigkeit der Belastungsabschnitte ist die Bestzeit über diese Strecken. Die Intensität richtet sich nach der Anzahl der Wiederholungen und liegt zwischen 75 und 90 % der Bestzeit. In den Pausen zwischen den Belastungen soll 600 – 700 m getrabt werden. Durch den häufigen Wechsel von hoher Bewegungsgeschwindigkeit und langsamem Trab wird die Koordinations- und muskuläre Mobilisationsfähigkeit trainiert. Dieses Programm eignet sich besonders in der Wettkampfphase.

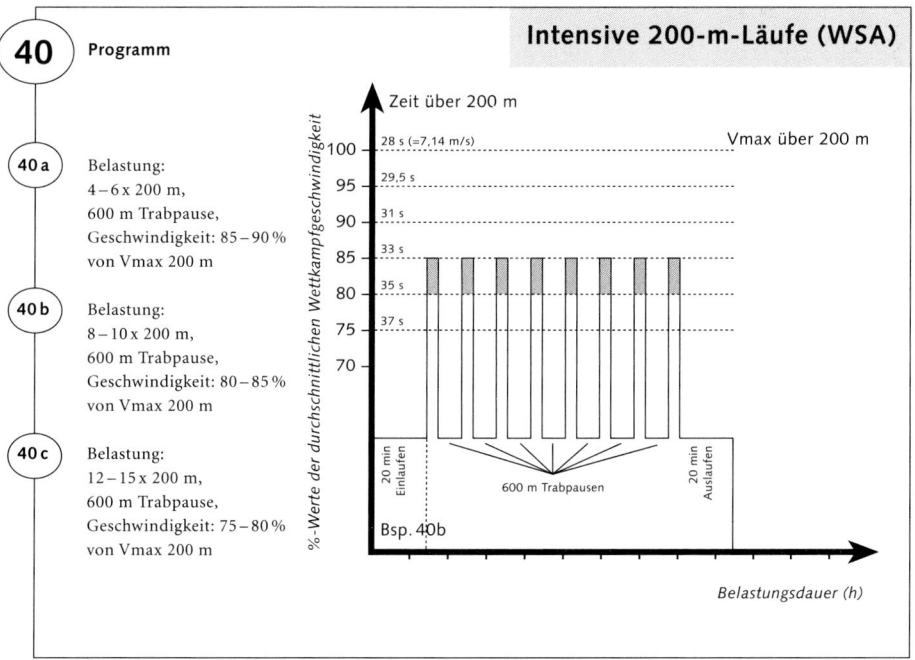

40 Programm

Intensive 200-m-Läufe (WSA)

40 a Belastung:
4 – 6 x 200 m,
600 m Trabpause,
Geschwindigkeit: 85 – 90 %
von Vmax 200 m

40 b Belastung:
8 – 10 x 200 m,
600 m Trabpause,
Geschwindigkeit: 80 – 85 %
von Vmax 200 m

40 c Belastung:
12 – 15 x 200 m,
600 m Trabpause,
Geschwindigkeit: 75 – 80 %
von Vmax 200 m

%-Werte der durchschnittlichen Wettkampfgeschwindigkeit

Zeit über 200 m

100 28 s (=7,14 m/s) Vmax über 200 m
95 29,5 s
90 31 s
85 33 s
80 35 s
75 37 s
70

20 min Einlaufen

600 m Trabpausen

20 min Auslaufen

Bsp. 40 b

Belastungsdauer (h)

41 Crescendo-Lauf

Der Crescendo-Lauf ist ein Dauerlauf mit progressiv ansteigender Belastungsintensität, der mehrere Trainingsbereiche anspricht. Der Dauerlauf ist in stufenförmig ansteigende Belastungsabschnitte von 2000–5000 m eingeteilt. Sie beginnen auf der niedrigsten Stufe mit einem Lauftempo im GA 1/2-Bereich und enden auf der höchsten Stufe im WSA-Tempo. Mit diesem Programm gewöhnen Sie Ihren Organismus an progressiv ansteigende Belastungen. Wenn Sie in der Lage sind, über einen langen Zeitraum Ihre Laufgeschwindigkeit zu steigern bzw. gegen Ende eines Rennens bei zunehmender Ermüdung zu halten, haben Sie gute Voraussetzungen, einen Wettkampf erfolgreich zu bestreiten.

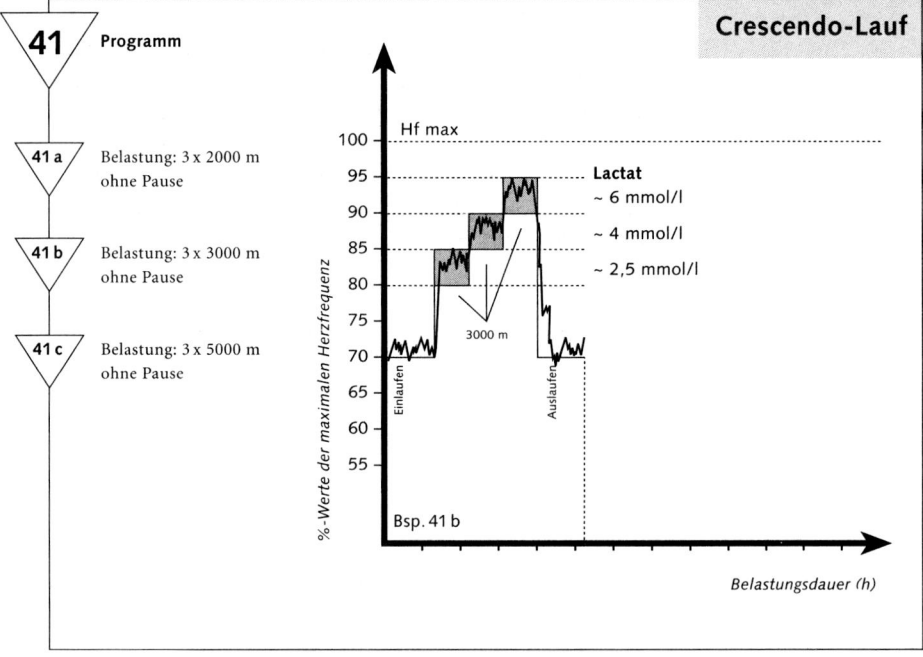

42 Test-Lauf oder Wettkampf (WSA)

Der Test-Lauf kommt als Formüberprüfung zur Anwendung. Er gibt Aufschluß über Ihren aktuellen Leistungsstand und kann als Prognose für geplante Wettkämpfe dienen. Die Teststrecke sollte deutlich kürzer sein als die Wettkampfstrecke (Unterdistanzstrecke). Um Leistungsveränderungen festzustellen, sollten Sie auf der gleichen Teststrecke Lactat, Herzfrequenz, Zeit und äußere Bedingungen protokollieren. Vor den Tests sollten Sie sich immer eine halbe Stunde locker einlaufen. Nutzen Sie in den Wintermonaten die vielfältigen Wettkampfangebote im Volks- und Crosslauf.

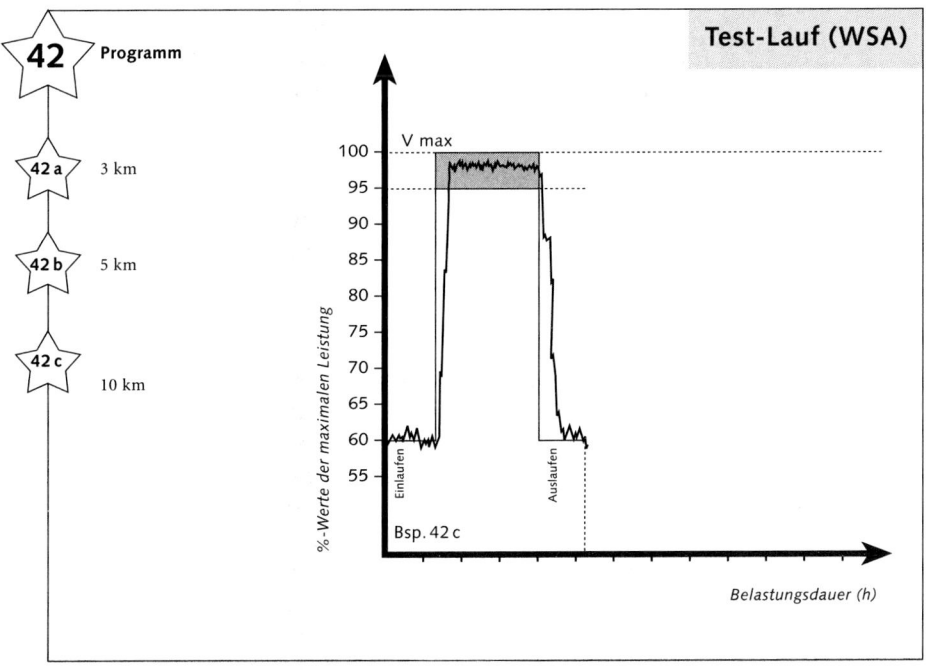

43 Lauf-Hf$_{max}$-Test (WSA)

Mit diesem Programm bestimmen Sie Ihre maximale Herzfrequenz. Wärmen Sie sich etwa 30 Minuten lang mit Steigerungen und Antritten intensiv auf. Laufen Sie dann mit maximaler Geschwindigkeit 1000 m auf einer flachen oder leicht ansteigenden Strecke, beenden Sie den Lauf mit einem Spurt. Der höchste Wert, den Sie auf Ihrem Herzfrequenz-Meßgerät ablesen, entspricht Ihrer aktuellen maximalen Herzfrequenz (Hf$_{max}$). Von diesem Wert werden die Trainingsbereiche prozentual abgeleitet (s. Tabelle S. 14). Darüber hinaus können Sie nach der Maximalbelastung eine Lactatmessung vornehmen. Wenn Sie nach der Ausbelastung Ihre maximalen Herzfrequenz- und Lactatwerte nicht erreichen, deutet dies auf eine schlechte muskuläre Mobilisationsfähigkeit hin. Mit Steigerungsläufen, Sprints und kurzen Antritten können Sie diese gezielt verbessern.

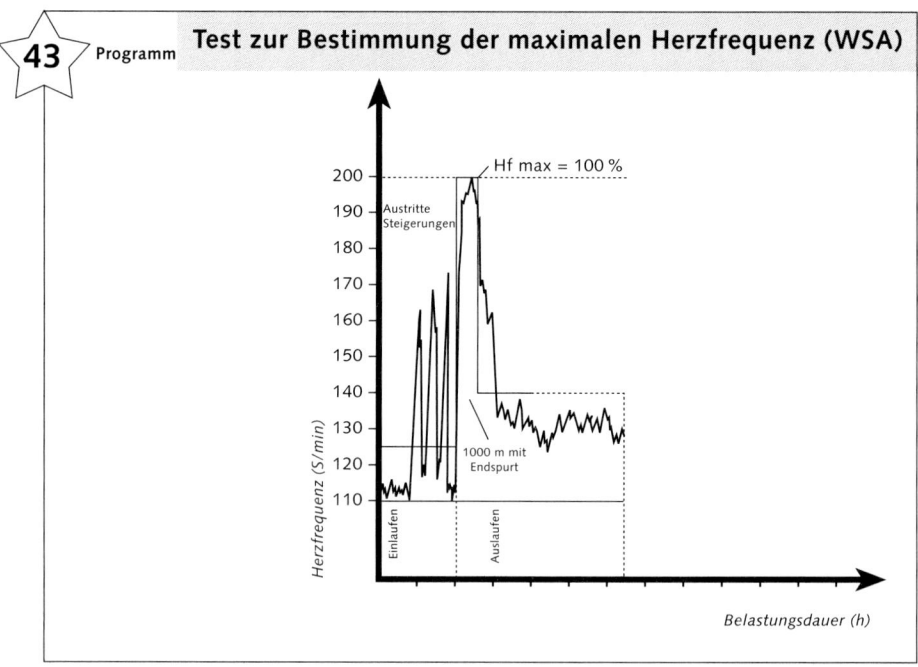

44 Conconi-Lauftest (WSA)

Der Conconi-Test ist ein anwendungsfreundliches, leistungsdiagnostisches Verfahren auf der Basis von Herzfrequenzmessungen zur Festlegung der individuellen Belastungsintensitäten für Ihr Lauftraining. Testdurchführung: Der Test wird auf einer 200- bzw. 400-m-Rundbahn durchgeführt. Nach einer etwa 10minütigen Aufwärmphase (langsamer Dauerlauf) , werden mindestens 8 mal 200 m mit ansteigender Geschwindigkeit gelaufen. Die Geschwindigkeit der ersten 200-m-Strecke wird in Abhängigkeit der Leistungsfähigkeit festgelegt. Sportler mit einer 10-km-Bestzeit zwischen 32 und 38 Minuten können mit einem Lauftempo von 12 km/h (das sind 60 s über 200 m) beginnen. Besser Trainierte wählen ein höheres, weniger gut Trainierte ein niedrigeres Anfangstempo. Unabhängig vom Starttempo wird die Laufgeschwindigkeit alle 200 m um 0,5 km/h gesteigert. Die Herzfrequenz wird nach jeder Teilstrecke bestimmt, wozu ein Herzfrequenz-Meßgerät erforderlich ist. Der Test wird beendet, wenn Sie die vorgegebene Laufgeschwindigkeit nicht mehr einhalten können. Die exakte Einhaltung der vorgegebenen 200-m-Zwischenzeiten stellt sich in der Praxis häufig als ein Problem dar. Es ist wichtig, eine praktikable Methode für die Steuerung des Lauftempos heranzuziehen. Hier bietet sich der Einsatz einer Lauftabelle (s. Anhang, S. 215) oder eines akustischen Taktgebers an.

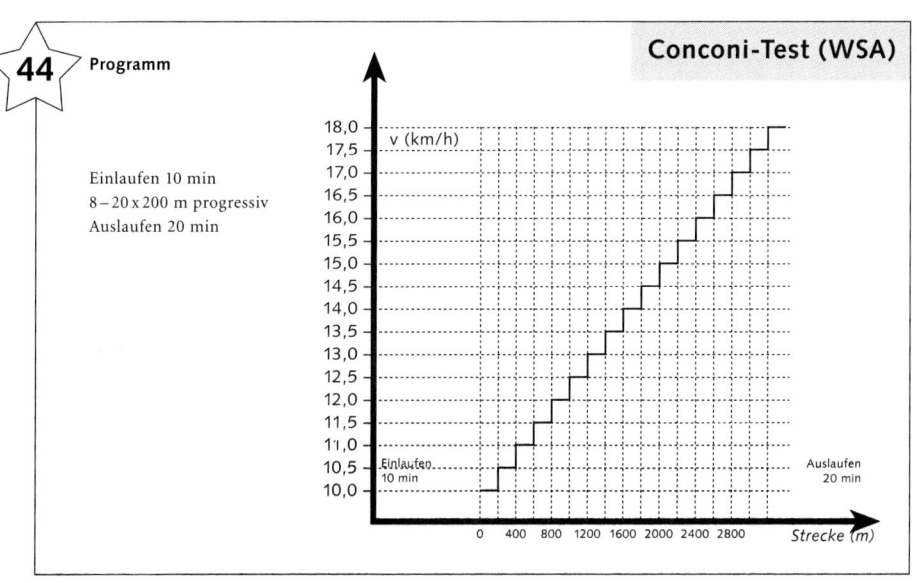

44 Programm

Einlaufen 10 min
8 – 20 x 200 m progressiv
Auslaufen 20 min

Conconi-Test (WSA)

45 Lauf-Feldstufentest (WSA)

Mit dem Feldstufentest können Sie Ihre individuelle aerobe und anaerobe Leistungs-fähigkeit bestimmen (vgl. Programm 27, Rad-Feldstufentest, s. S. 74). Der Test wird auf der Bahn oder einer flachen Wendepunktstrecke durchgeführt. Vor dem Test sollten Sie sich immer 15 Minuten einlaufen. Wie in der Graphik zu sehen, laufen Sie die Test-strecke 4–6mal, wobei die Laufgeschwindigkeit auf jeder Belastungsstufe um 1,5 km/h erhöht wird. Um die geforderte Geschwindigkeitserhöhung zu realisieren, be-nutzen Sie am besten eine Lauftabelle (s. S. 214). Die Pausen von etwa einer Minute zwischen den Belastungsstufen sind für die Blutabnahme zur Lactatbestimmung vor-gesehen. Für die Testauswertung benötigen Sie neben dem Lactatwert die Herzfre-quenz und die gelaufene Zeit einer jeden Belastungsstufe (s. S. 17). Der Test kann auch als Labortest auf dem Laufband durchgeführt werden.

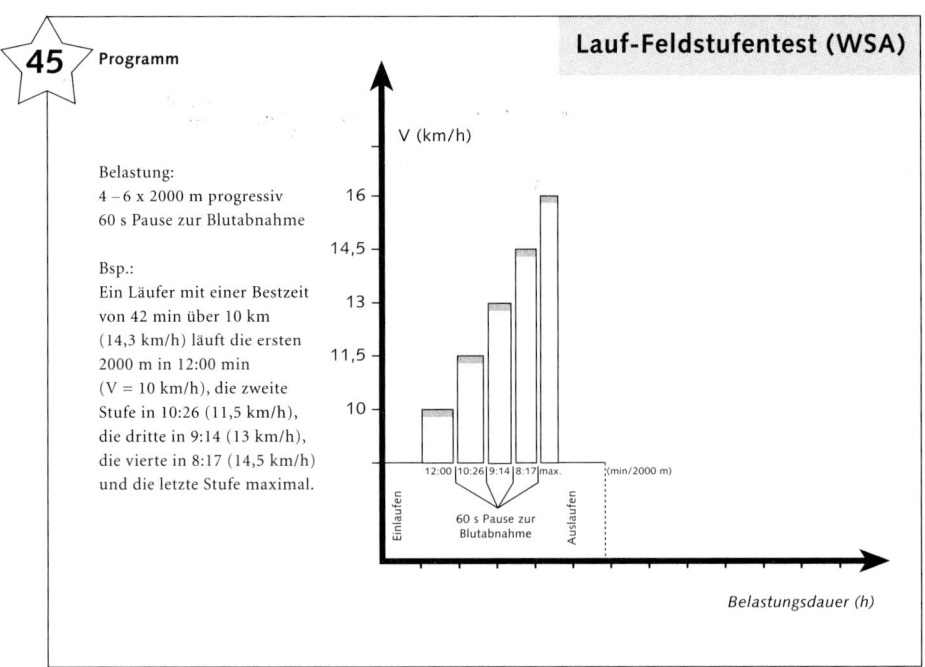

45 Programm

Lauf-Feldstufentest (WSA)

Belastung:
4 – 6 x 2000 m progressiv
60 s Pause zur Blutabnahme

Bsp.:
Ein Läufer mit einer Bestzeit
von 42 min über 10 km
(14,3 km/h) läuft die ersten
2000 m in 12:00 min
(V = 10 km/h), die zweite
Stufe in 10:26 (11,5 km/h),
die dritte in 9:14 (13 km/h),
die vierte in 8:17 (14,5 km/h)
und die letzte Stufe maximal.

V (km/h)

16
14,5
13
11,5
10

12:00 10:26 9:14 8:17 max.   (min/2000 m)

Einlaufen

60 s Pause zur
Blutabnahme

Auslaufen

Belastungsdauer (h)

Kopplungs- und Crosstrainingsprogramme

Das Kopplungstraining ist im Triathlon eine ganzjährige Trainingsform, um die Anforderungen eines Triathlons besser bewältigen zu können. Viele Sportler berichten von Umstellungsproblemen vom Radfahren zum Laufen. Laufgefühl, -rhythmus und -koordination sind oft so stark beeinträchtigt, daß man unmittelbar nach dem Radfahren nur unter seinen Möglichkeiten laufen kann. Erst nach einiger Zeit ist der Sportler in der Lage, sein Leistungsvermögen umzusetzen. Eine der Ursachen ist die lange sitzende Beanspruchung auf dem Rad, in der die Beinmuskulatur in gekippter Beckenstellung arbeiten muß, im Gegensatz zum Laufen, wo es darauf ankommt, das Becken möglichst aufzurichten (Hüftstreckung). Durch das Kopplungstraining läßt sich die Umstellungsfähigkeit auf einen neuen motorischen Stereotyp sehr effektiv trainieren.

Ein weiterer wichtiger Punkt des Kopplungstrainings ist das Wechseln der Ausrüstung. Generell macht es Sinn, die Wechsel unter wettkampfähnlichen Bedingungen zu üben. Im Training müssen Sie sich im Vorfeld Ihre «Wechselzone» entsprechend einrichten, d. h. die Lauf- oder Radausrüstung, Getränke und Verpflegung bereitstellen. Führen Sie diesen Teil des Trainings sehr konzentriert durch. Ein routinierter Wechsel im Wettkampf kann Ihr «Sekundensparschwein» sein. Je besser die einzelnen Handgriffe – Neoprenanzug ausziehen, Schuhe wechseln, Helm aufsetzten etc. – im Training eingeübt wurden, desto weniger störanfällig sind sie unter den Streßbedingungen des Wettkampfes.

Das Crosstraining wurde ursprünglich nur als Ergänzungstraining in der Übergangsperiode oder der allgemeinen Vorbereitungsperiode eingesetzt. Mittlererweile kann man bei Sportlern unterschiedlicher Disziplinen einen zweckorientierten leistungsfördernden Einsatz während des ganzen Trainingsjahres beobachten. Skilanglauf, Inline Skating, Schlittschuhlaufen und Aqua-Jogging bieten sich besonders als Trainingsmittel für das Crosstraining des Triathleten an.

46 Run & Bike

Der Run & Bike ist eine ideale Trainingsform für die Wintermonate, wenn Sie ohnehin Ihre Radtrainingseinheiten überwiegend auf dem Mountainbike absolvieren. Suchen Sie sich eine schöne Strecke, die ruhig etwas stärker profiliert sein darf, und wechseln Sie sich mit einem Partner beliebig oft mit Laufen und Biken ab. Für die Länge der Teilstrecken gibt es keine Vorgaben. Die Gesamtbelastungsdauer kann bis zu 3 Stunden betragen. Die Belastungsintensität liegt in Abhängigkeit des Streckenprofils beim Laufen im GA 2-Bereich (80–90 % der Hf_{max}), während das Radfahren in der Regel regenerativen Charakter für Sie haben wird. Run & Bike ist hervorragend geeignet, wenn Sportler mit unterschiedlichem Leistungsniveau gemeinsam trainieren wollen. Die wechselnden Belastungen zwischen Radfahren und Laufen bereiten außerdem die Muskulatur auf die spezifischen Anforderungen der Laufpassagen während eines Cross-Country-Rennens vor. Sie sollten bei kälteren Temperaturen beachten, daß Sie nach dem Laufen auf dem Bike leicht auskühlen. Deshalb unbedingt eine gemeinsame warme Jacke zum Überziehen mitnehmen.

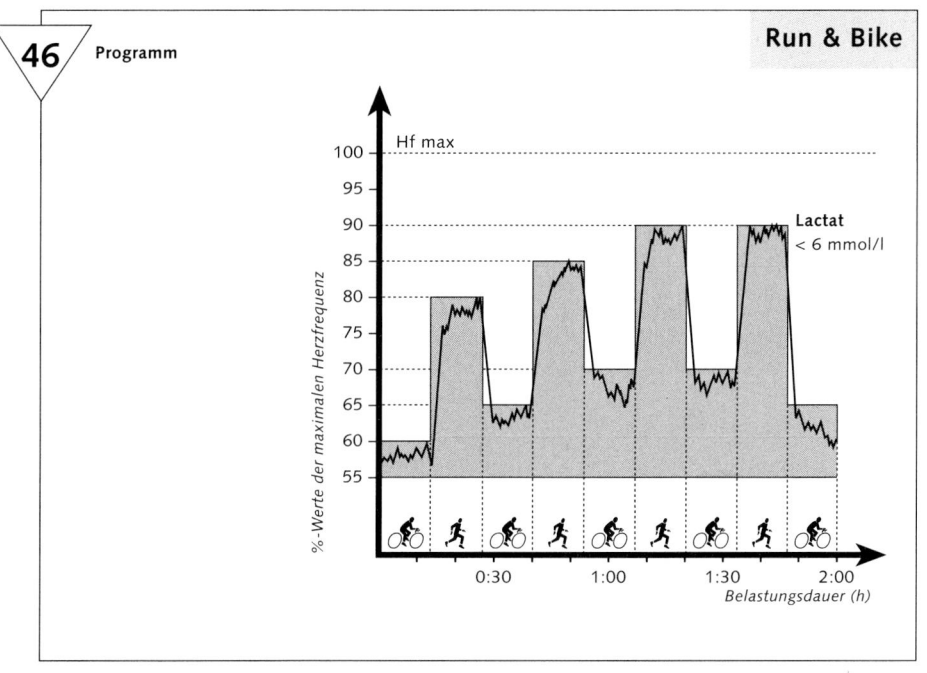

47 Radfahrtspiel (GA 1–2) & Dauerlauf (GA 1)

In der Vorbereitungsperiode können Sie das Mountainbike, später Ihre Triathlon-rennmaschine für dieses Kopplungstraining einsetzen. Nach einem extensiven Fahrt-spiel auf dem Rad wechseln Sie zu einem extensiven Dauerlauf. Mit zunehmender Belastungsdauer trainieren Sie mit dieser Trainingseinheit sehr effektiv den Fettstoff-wechsel, vorausgesetzt Sie reduzieren die Kohlenhydratzufuhr auf ein Mindestmaß. Bereits in der allgemeinen Vorbereitungsperiode können Sie mit diesem Kopplungs-programm die Basisausdauer entwickeln und wie beim Run & Bike frühzeitig (ganzjährig) die Umstellungsfähigkeit vom Radfahren zum Laufen und umgekehrt trainieren.

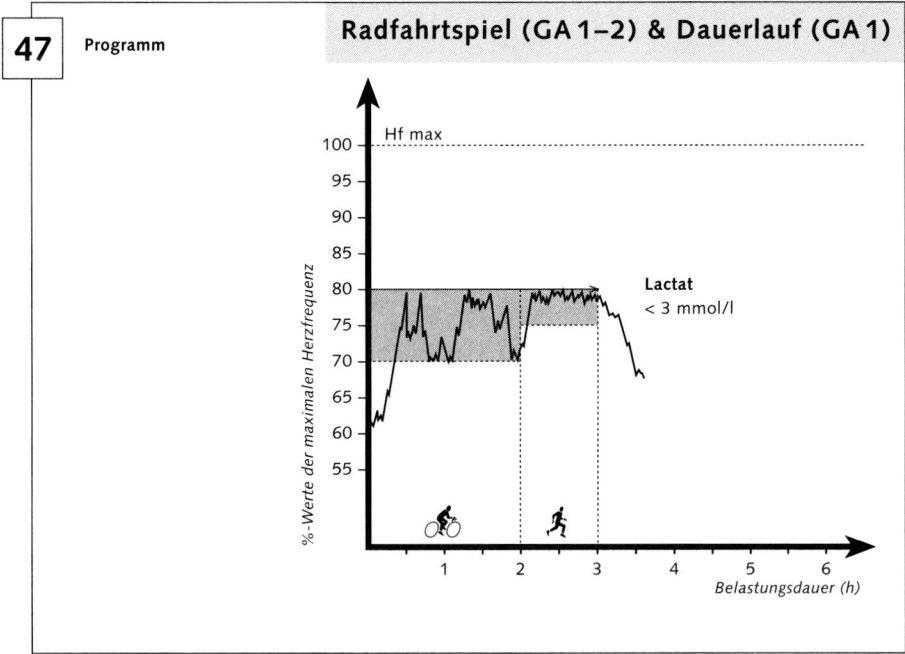

47 Programm

Radfahrtspiel (GA 1–2) & Dauerlauf (GA 1)

48 Tempodauerlauf & intensive Radfahrt (GA 2)

Bei dieser Trainingsform werden intensive Lauf- und Radbelastungen mehrfach ohne
Pause miteinander gekoppelt. Die Belastungsintensität liegt im GA 2-Bereich. Dieses
Programm ist besonders geeignet, die Wechsel zu trainieren. Stoppen Sie Ihre Wech-
selzeiten! Nach dieser intensiven Mehrfachkopplung müssen Sie sich mindestens eine
halbe Stunde locker ausfahren.

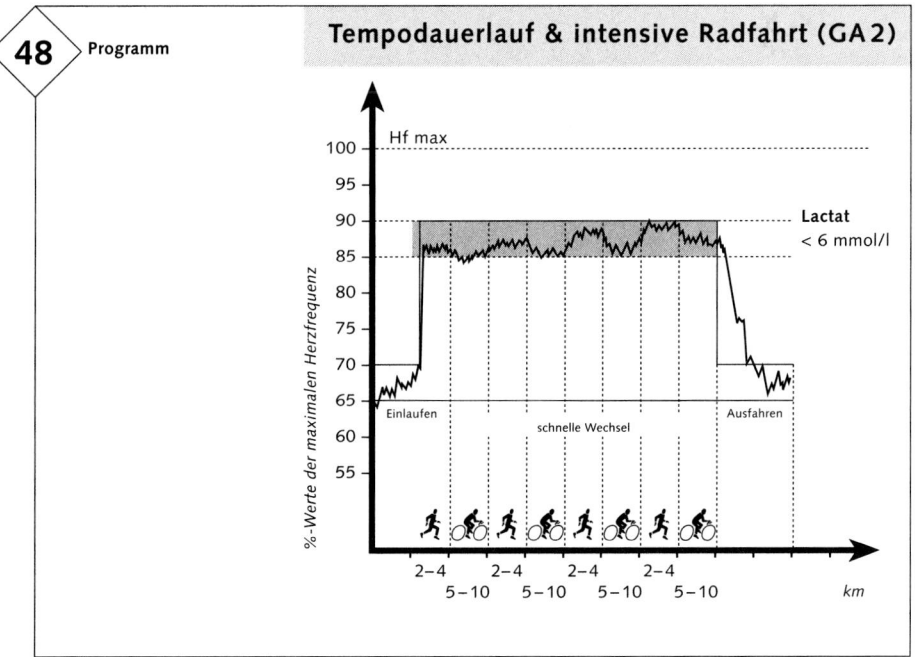

49 Wettkampftempo Lauf / Rad (WSA)

Die mehrfachen Kopplungsbelastungen zwischen Radfahren und Laufen werden in der angestrebten Wettkampfgeschwindigkeit durchgeführt. Diese Kopplung fordert in hohem Maße Ihre muskuläre Mobilisationsfähigkeit, Motorik und Umstellungsfähigkeit. Die schnellen Bewegungsgeschwindigkeiten über kurze Teilstrecken veranlassen die Muskulatur zu wiederholten Umschaltungen der neuromuskulären Ansteuerungs- bzw. Innervationsmuster. Haben Sie zuvor Kopplungsbelastungen selten trainiert, sollten Sie, um Überforderungen zu vermeiden, die Anzahl der Wechsel zunächst niedrig halten. Dieses Programm kommt primär am Ende der speziellen Vorbereitungsperiode zur Anwendung, um die spezifische Leistungsfähigkeit im Triathlon auszuprägen.

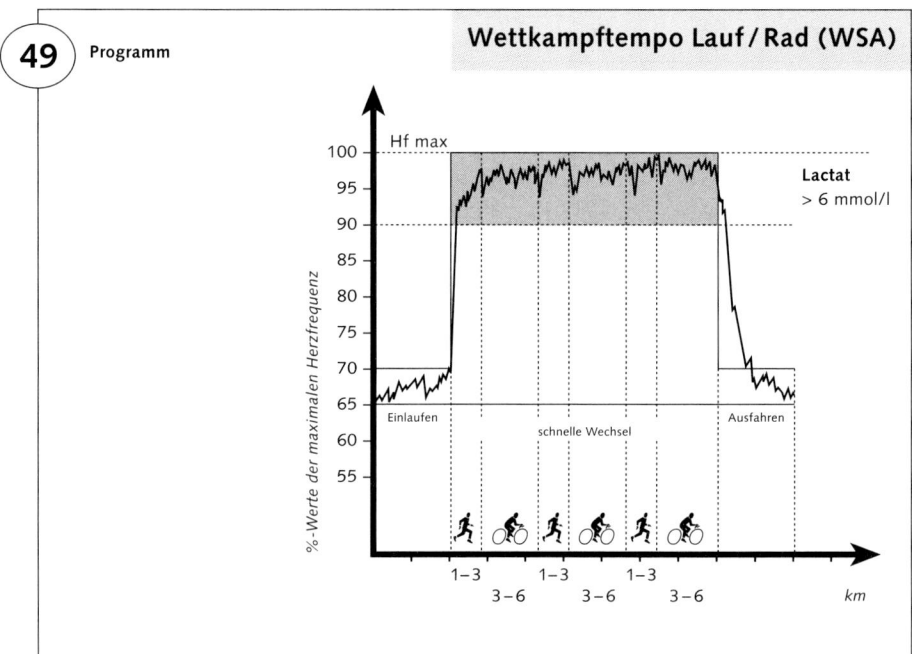

50 *Extensive/Intensive Kopplung (GA 1 und GA 2)*

Auf eine lange, extensive Dauerbelastung im Grundlagenausdauer-Bereich GA 1 folgt eine kurze intensive Belastung im Bereich GA 2. Ein intensiver Lauf nach einer langen Radfahrt erfordert ein schnelles Umstellungsvermögen. Je stärker die ermüdende Vorbelastung, desto schwerer wird es sein, den Laufrhythmus für den Tempodauerlauf zu finden. Diese Trainingsform kommt vorrangig in den «Schwerpunktwochen Radfahren» zur Anwendung, wenn die Laufumfänge relativ gering sind und man versucht, mit kurzen intensiveren Läufen die Leistungsfähigkeit im Laufen zu stabilisieren (erhalten).

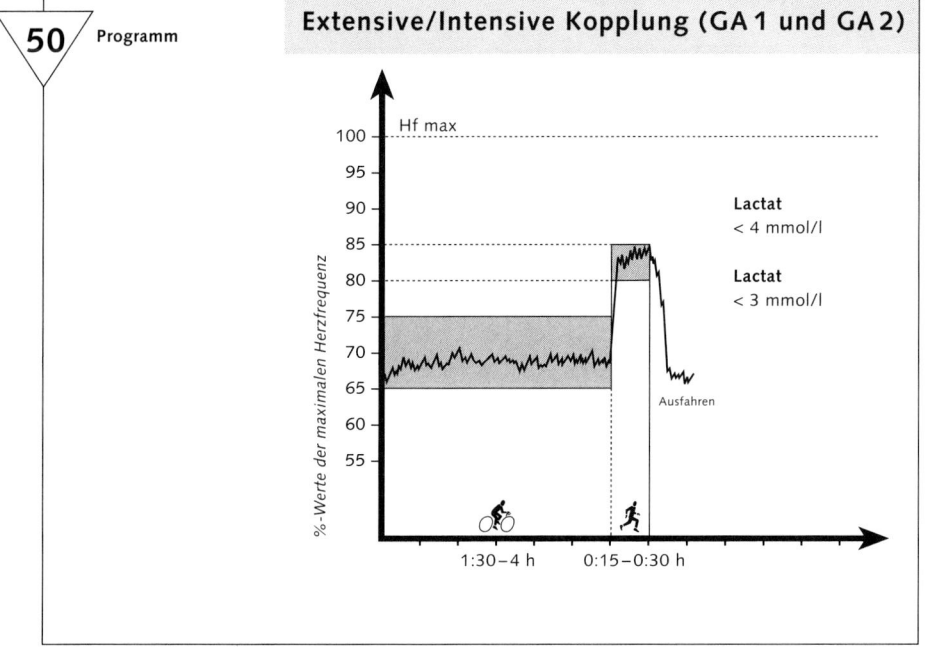

51 Intensive/Extensive Kopplung (WSA und GA 1)

Bei diesem Kopplungsprogramm wird ein Lauf (eine Radfahrt) in Wettkampfgeschwindigkeit mit einer extensiven Rad-(Lauf-)Belastung im GA 1-Bereich verbunden. Der Wechsel zu einer niedrigeren Belastungsintensität in einer anderen Sportart
kann unterschiedliche Reaktionen und Anpassungen hervorrufen. Die intensive Beanspruchung wird kompensiert bzw. besser verkraftet, die Bewegungskoordination
wird bei starker neuromuskulärer Ermüdung trainiert und ein Reiz auf den der aeroben Energiestoffwechsel wird ausgeübt. Nach dem Wechsel sollten Sie auf ein bewußt
lockeres und entspanntes Laufen oder beim Radfahren auf die Realisation hoher Tretfrequenzen (90–110 U/min) achten.

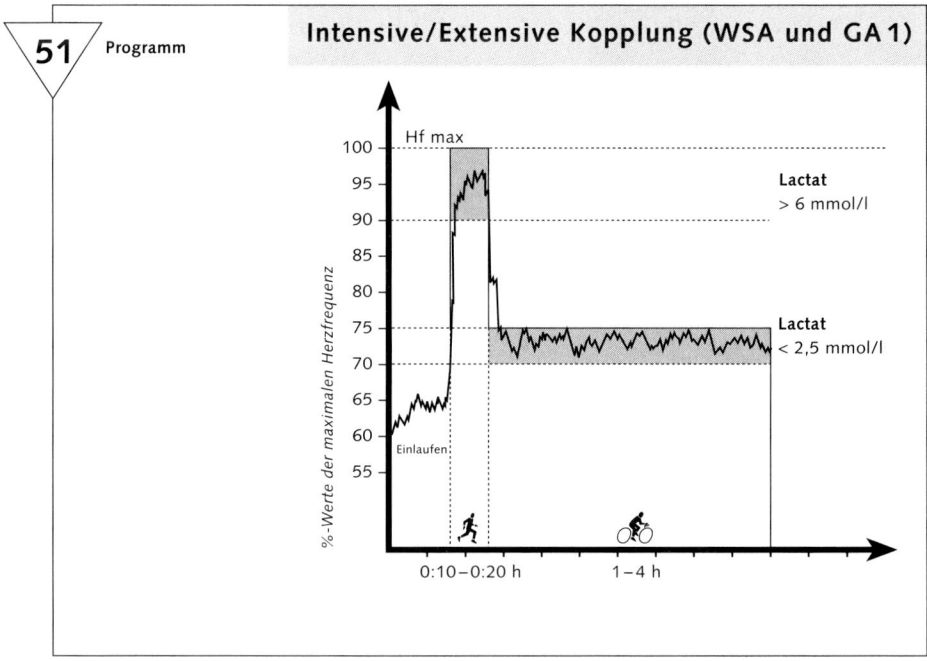

52 Schwimmtraining gekoppelt mit Rad-, Lauftraining (L/S/L- oder R/S/R-Kopplung)

Das Schwimmtraining ist in ein extensives Rad- oder Lauftraining eingebettet. Diese Trainingsform sollten Sie nur bei wärmeren Witterungsverhältnissen anwenden, um nach dem Schwimmen keinen grippalen Infekt zu riskieren. Hier bietet es sich an, in offenem Gewässer zu schwimmen und nach einem schnellen Wechsel eine kurze intensive Radfahrt anzuschließen. Die Belastung vor dem Schwimmen sollte vor allem bei weniger geübten Schwimmern nicht zu intensiv sein. Die Trainingseinheit wird in jedem Fall in niedriger Belastungsintensität beendet.

53 Testtriathlon/-duathlon oder Wettkampf

Vor wichtigen Wettkämpfen sollten Sie einen Test oder Aufbauwettkampf durchführen, um sich ein ojektives Bild Ihrer Leistungsfähigkeit zu verschaffen. Neben Erfahrung bringt er Sicherheit und gibt Selbstvertrauen zur eigenen Leistungsfähigkeit. Außerdem bietet sich hier die Möglichkeit, das Material und veränderte Gewohnheiten wie die Umstellung der Verpflegung einem Härtetest zu unterziehen. Nur wer die erforderliche Routine im Hauptwettkampf aufbringt, wird entspannter und weniger nervös an den Start gehen und seine Leistungsfähigkeit umsetzen können.

54 Indoortraining auf Laufband, Fahrradergometer oder Fahrradrolle

Als Triathlet lassen Sie natürlich keine Gelegenheit aus, im Freien zu trainieren. Dennoch ist es manchmal angebracht, das Laufband oder das Fahrradergometer zu nutzen, beispielsweise zum Aufwärmen vor dem Krafttraining oder als intensivere Form nach dem Krafttraining, um den Kraftreiz in eine laufspezifische Bewegung umzusetzen. Aber auch bei schlechtem Wetter macht es Sinn, auf den Hometrainer oder die Fahrradrolle auszuweichen. Auf der Rolle können Sie Ihr Fahrrad einspannen und zu Hause trainieren. Das Indoortraining kann als Dauertraining (a), als Fahrtspiel (b) oder als Pyramidentraining (c und d) auf *Laufband, Fahrradergometer* oder *Fahrradrolle* durchgeführt werden.

a) Dauertraining

Diese Trainingseinheit wird nach der Dauermethode mit relativ konstanter Beanspruchung (GA 1-Bereich) durchgeführt. Auf dem Ergometer oder der Rolle ist der Widerstand bzw. die Übersetzung so zu wählen, daß Sie eine Tretfrequenz von 80–90 U/min einhalten können. Das Dauertraining eignet sich zum Aufwärmen vor dem Krafttraining oder als REKOM-Einheit.

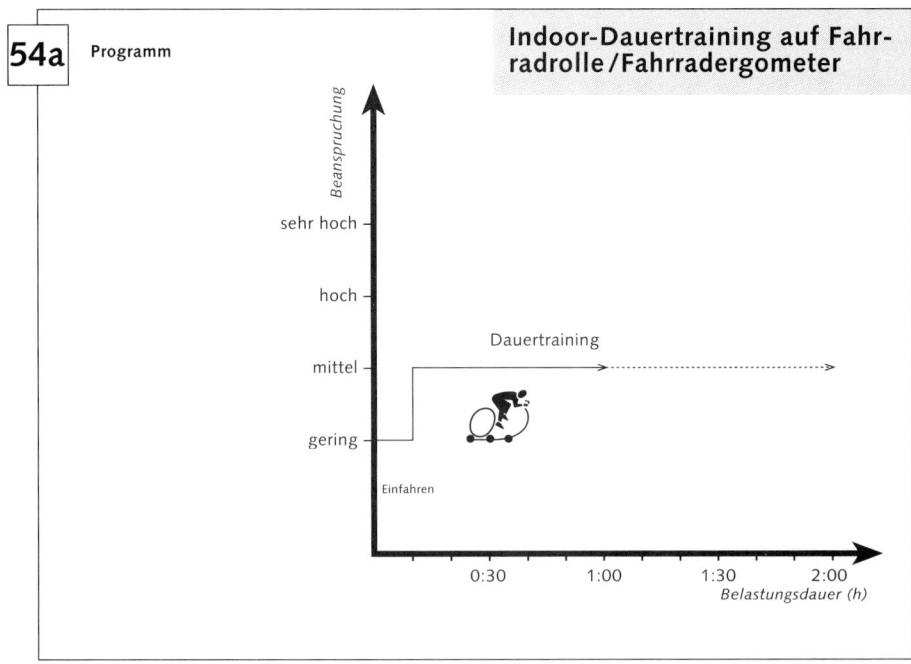

| 54a | Programm | Indoor-Dauertraining auf Fahrradrolle/Fahrradergometer |

b) Fahrtspiel

Beim Fahrtspiel können Sie alle Intensitätsbereiche ansprechen. Der Widerstand bzw. die Laufgeschwindigkeit ist so zu wählen, daß die Herzfrequenz auf der niedrigsten Belastungsstufe etwa 70 %, auf der höchsten etwa 90 % der maximalen Herzfrequenz beträgt. Die Tretfrequenz auf dem Rad bzw. Ergometer sollte über 90 U/min liegen.

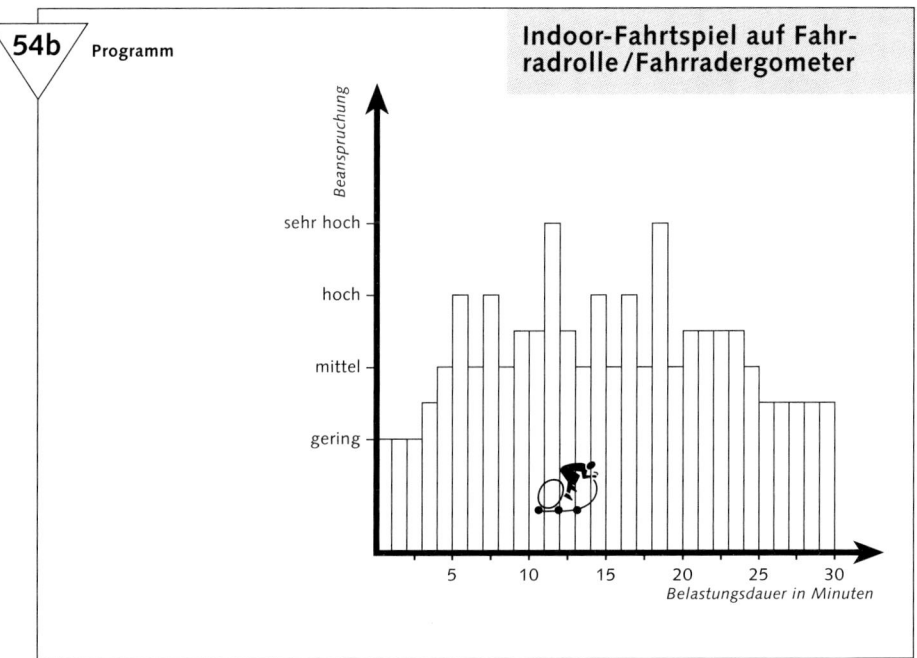

c) und d) Pyramidentraining

Wie in den Graphiken 54c und d zu sehen, nimmt beim Pyramidentraining die Belastungsintensität von Stufe zu Stufe zu. Nach Erreichen einer hohen Belastungsintensität nimmt sie stufenförmig wieder ab. Beginnen Sie mit niedriger Intensität.

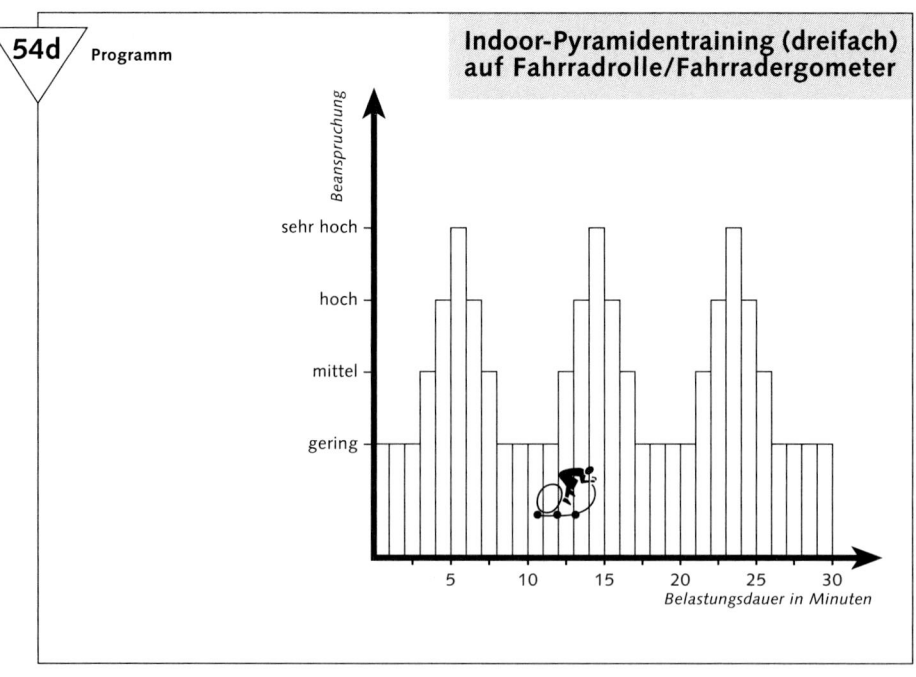

54c Programm

Indoor-Pyramidentraining (einfach) auf Fahrradrolle/Fahrradergometer

54d Programm

Indoor-Pyramidentraining (dreifach) auf Fahrradrolle/Fahrradergometer

55 Crosstraining (GA 1 und Basisausdauer)

Skilanglauf, In-line-Skating, Schlittschuhlaufen und Aqua-Jogging sind für Triathlon ideale Crosstrainingsformen. Durch den schonenden Ganzkörpereinsatz lassen sich hohe Belastungsumfänge von bis zu mehreren Stunden zur Entwicklung der Basisausdauer relativ leicht realisieren. Außerdem bringen diese drei Sportarten Abwechslung in Ihren Trainingsalltag. Mit dem Schlittschuhschritt entwickeln Sie aufgrund der hohen statischen Haltearbeit und dem kräftigen dynamischen Beinabdruck hervorragend Ihre Beinkraftausdauer.

Das extensive Training nach der Dauermethode wird mit einer Herzfrequenz von 70–80 % der Hf_{max} bzw. 2–3 mmol/l Lactat absolviert (Graphik 55a). Bei längeren Belastungen wird die Intensität auf 65–70 % der Hf_{max} reduziert. Eine besonders erlebnisreiche Trainingseinheit, mit der Sie den Fettstoffwechsel vorrangig trainieren, ist eine Skilanglauf-Tagestour (Graphik 55b). Beim Fahrtspiel (Graphik 55c) hingegen bestimmen Sie selbst Tempo und Länge der intensiveren Belastungsabschnitte in einer Trainingseinheit. Eine obere Intensitätsgrenze von 90 % der Hf_{max} hilft Überforderungen zu vermeiden. Bei einem langen Fahrtspiel von bis zu zwei Stunden sollten Sie eine Lactatkonzentration von 6 mmol/l nicht überschreiten.

Aqua-Jogging bei langsamer und entspannter Bewegungsausführung über 20–30 min ist ein gelenkschonendes Regenerations- und Kompensationstraining. Zum Aqua-Jogging eignen sich Flachwasser und Tiefwasser (mit Auftriebshilfen ohne Bo-

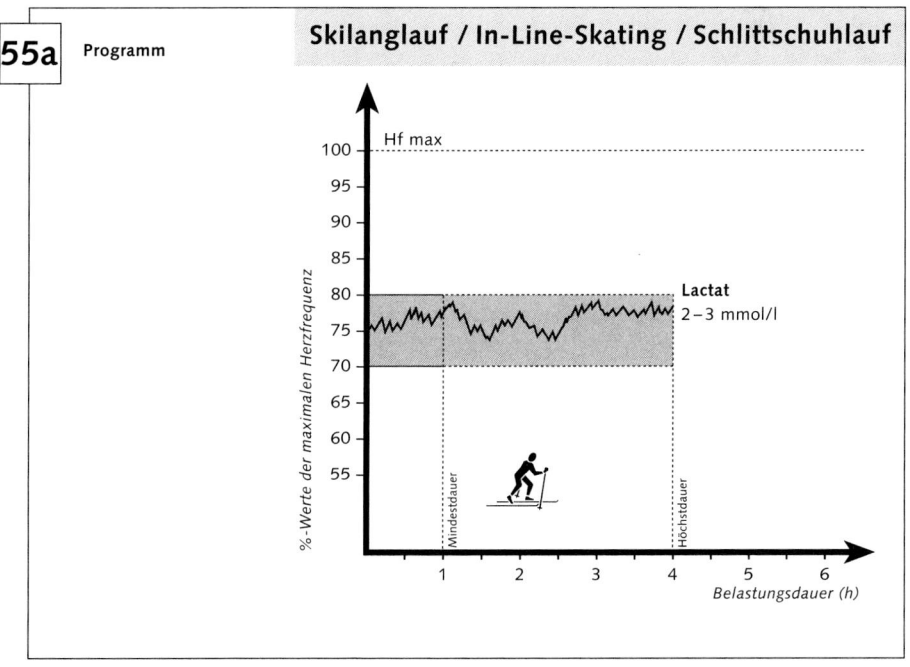

denkontakt) gleichermaßen. Effektiv gestalten Sie das Aqua-Jogging, wenn Übungen des Lauf-ABC (s. S. 80/81) imitiert werden. Alle Beinmuskeln werden durch die zyklischen Bewegungen gelockert und gekräftigt zugleich. Quasi als Nebeneffekt erhöhen Sie Ihre allgemeine Belastbarkeit besonders des passiven Bewegungssystems. Je nach Zielsetzung kann aus dem Aqua-Joggen eine durchaus stark beanspruchende Trainingseinheit werden. Höhere Bewegungsfrequenzen und alle möglichen Sprungformen führen aufgrund des hohen Wasserwiderstandes zu starken Beanspruchungen auf das Herz-Kreislauf-System und die Muskulatur.

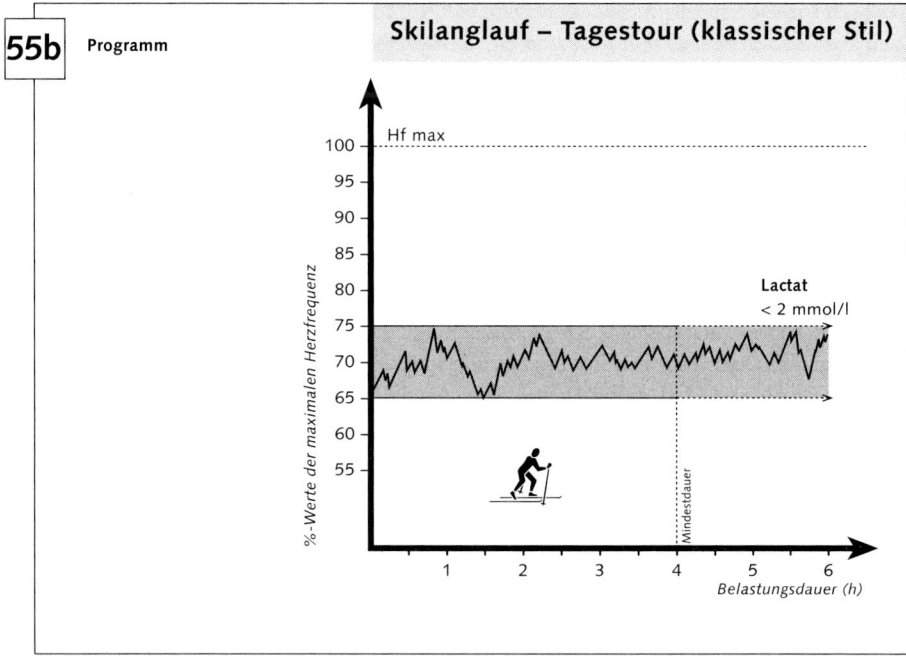

55b   Programm

Skilanglauf – Tagestour (klassischer Stil)

%-Werte der maximalen Herzfrequenz

Hf max

Lactat < 2 mmol/l

Mindestdauer

Belastungsdauer (h)

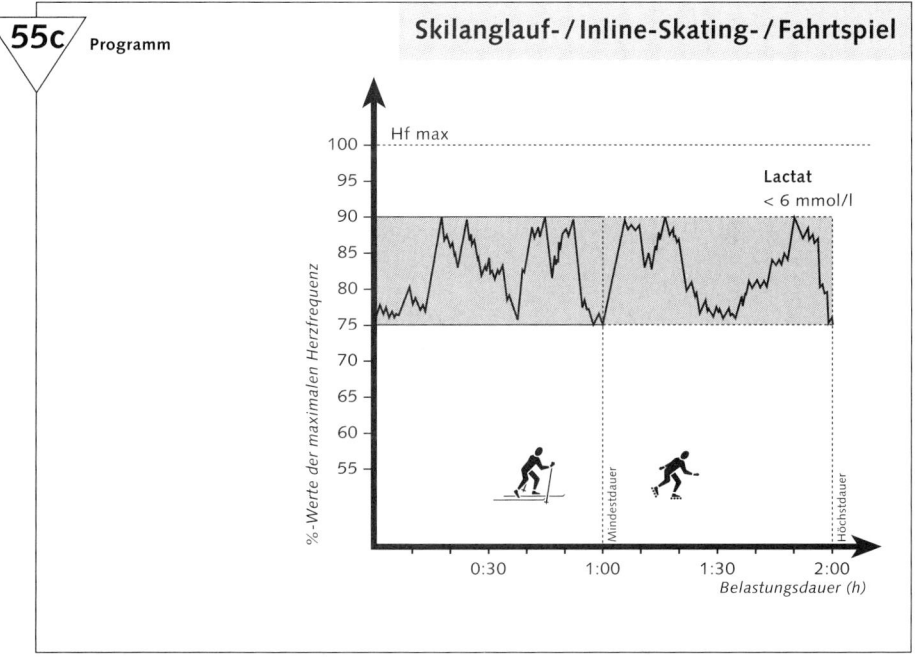

55c Programm

Skilanglauf- / Inline-Skating- / Fahrtspiel

DAS TRAINING FÜR DEN GESUNDHEITS- UND FITNESS-SPORTLER

Das Image des Triathlon hat sich von der verrückten Extremsportart zu einer der gesündesten Sportarten gewandelt. Die Kombination der klassischen Ausdauersportarten ist hervorragend geeignet zur Prävention typischer Zivilisations- bzw. Bewegungsmangelkrankheiten. Die wechselnden Belastungsformen beanspruchen das Stütz- und Bewegungssystem vielseitig. Überlastungsschäden treten beim Triathlon seltener auf als beim Training einer einzelnen Sportart. Triathlon kann von jung und alt ganzjährig an jedem Ort mit geringem organisatorischem Aufwand ausgeübt werden. Die Liste der Argumente, die für Triathlon sprechen, läßt sich sicher individuell noch fortschreiben. Mit Triathlontraining erreichen Sie körperliches Wohlbefinden und ein Fitneßniveau, mit dem Sie die alltäglichen Anforderungen besser bewältigen und Ihre Leistungen auch in anderen Bereichen steigern können.

Die Voraussetzung ist, daß Umfang, Intensität und Häufigkeit der sportlichen Belastung in einem wirksamen Bereich organischer Anpassung liegen. Ein gelegentliches Schwimmen, Radfahren oder Joggen ist zuwenig, um nachhaltig Einfluß auf Gesundheit und Fitneß zu nehmen. Nur wer seinen Körper ganzjährig mehrmals wöchentlich mit wechselnden Ausdauerbelastungen fordert, wird die positiven Effekte gezielt spüren.

Mit dem folgenden **Trainingsprogramm** wollen wir Ihnen aufzeigen, wie Sie sich mit etwa 4–6 Stunden in der Woche das ganze Jahr über fit und gesund halten. Sie werden nicht ausschließlich schwimmen, radfahren und laufen, sondern auch Kopplungs- und Crosstrainingsprogramme kennenlernen. Mit dem 16wöchigen Programm werden Sie eine Ausdauerfähigkeit erwerben, mit der Sie einen Jedermann-Triathlon ohne Probleme in passabler Zeit finishen. Wie der Plan konkret aufgebaut ist, wollen wir Ihnen nachfolgend erläutern.

Mit dem Training der **ersten zwei Wochen** sollen Sie sich an regelmäßige Ausdauerbelastungen gewöhnen. Der Wochenumfang von 4–5 Stunden pro Woche ist leicht zu schaffen, zumal das Training auf 3–4 Tage verteilt ist und Sie in mehreren Sportarten aktiv sind. Es ist günstiger, mehrmals in der Woche kurze als nur wenige lange Trainingseinheiten zu absolvieren. Häufige Trainingsreize zwingen den Organismus auch häufiger zur Funktionsumstellung und damit zu schnellerer Regulation auf einem höheren Leistungsniveau.

Mit dem Kopplungstraining, bei dem 2 oder 3 Teildisziplinen ohne Pause nacheinander trainiert werden, üben Sie die typischen Anforderungen eines Triathlons. In Programm 46 werden Sie sich mit einem Partner im Laufen und Radfahren mehrmals abwechseln, in Programm 47 werden Sie erst etwa 1:20 Stunden Radfahren und im unmittelbaren Anschluß etwa 30 Minuten laufen. Bei den ersten Kopplungseinheiten ist die Belastungsintensität im extensiven Bereich, sie wird allerdings intensiver, je näher der Wettkampftag rückt. In der 2. Woche steht ein 400-m-Schwimmtest auf dem Programm. Mit diesem Test bestimmen Sie Ihre aktuelle Schwimmleistung und ermitteln die Trainingsintensitäten für die folgenden Schwimmprogramme. Nach dieser Gewöhnungsphase haben wir **in den Wochen 3 und 4 sowie 7 und 8** einen Schwerpunkt auf das Schwimmtraining gelegt. Es wird dabei vorausgesetzt, daß Sie Kraulschwimmen können und Ihre Technik und Ausdauer verbessern wollen. **In den Wochen 5 und 6**, zwischen den «Schwimm-Wochen», liegt der Schwerpunkt auf dem Lauftraining. Das Prinzip von wechselnden Beanspruchungsformen schützt vor Überbeanspruchungen insbesondere am Stütz- und Bewegungssystem. Am Anfang der 5. Woche bestimmen Sie mit dem Hf_{max}-Test Ihre maximale Herzfrequenz und Leistungsfähigkeit im Laufen. Wahlweise können Sie dafür auch den Conconi-Test benutzen. Dieser Test ist wichtig, weil Sie über den ermittelten maximalen Herzfrequenz-Wert die Trainingsintensität in den nächsten Wochen steuern sollen.

In den Wochen 9 bis 12 liegt der Schwerpunkt auf dem Radtraining. Der Trainingsumfang erhöht sich auf annähernd 10 Stunden in der Woche. Dies ist zugleich der Umfangshöhepunkt innerhalb des 16wöchigen Trainingsprogramms. Wir hoffen, Sie können diese Zeit für das Training aufbringen, ohne andere Verpflichtungen dabei zu vernachlässigen. Die langen Radfahrten am Wochenende sind jedoch erforderlich, um den aeroben Fettstoffwechsel effektiv zu trainieren.

In den letzten vier Wochen dieses Fitneßplanes werden Sie alle drei Teildisziplinen in etwa gleicher Häufigkeit trainieren, um die triathlonspezifische Leistungsfähigkeit auszuprägen. Ziel ist es, auch längere Strecken in einem höheren Tempo zurückzulegen. Dafür muß die Belastungsintensität in einigen Trainingseinheiten erhöht werden. Beim Kopplungstraining trainieren Sie beispielsweise in mindestens einer Teildisziplin mit hoher Geschwindigkeit. Am Ende der 14. Woche steht ein Testtriathlon auf dem Programm. Sie überprüfen Ihre Form, machen sich mit der Wettkampfausrüstung vertraut und sammeln vor allem Erfahrungen für den ersten Volkstriathlon in der letzten Woche. Sie werden überrascht sein, mit welcher Leichtigkeit Sie die Distanzen von etwa 500 m Schwimmen, 20 km Radfahren und 5 km Laufen bewältigen werden.

Doch Achtung! Das vielseitige und abwechslungsreiche Triathlontraining kann leicht dazu verleiten, Trainingsbelastungen, die über der aktuellen Belastbarkeit liegen, einzugehen. Sicher würden Sie es durchhalten, einige Tage mit immensen Trainingsumfängen oder auch mit viel höherer Intensität zu trainieren, doch die Praxis zeigt, daß mit solchem Training der Trainingseffekt weit hinter den Erwartungen zurückbleibt. Sich optimal fordern und nicht überfordern ist der Schlüssel zum Erfolg.

Der Wettkampf

Vor Ihrem ersten Wettkampf sollten Sie keine neuen, ungewohnten Dinge mehr ausprobieren und Ihr Material bereits im Training getestet haben. Aber auch Ihre Ernährungsgewohnheiten sollten Sie beibehalten und besondere Nahrungsmittel (spezielle Sportgetränke, Energieriegel etc.) vorher in ihrer Verträglichkeit ausprobiert haben. Am Wettkampftag sollten sie leicht verdauliche Kost etwa 2–3 Stunden vorher zu sich nehmen. Bis zu einer halben Stunde vor dem Start trinken Sie noch ausreichend, vorzugsweise isotone Getränke. Auf dieser kurzen Distanz spielt feste Nahrung keine Rolle, dafür aber die Flüssigkeitsaufnahme. Flüssigkeiten mit einem fünf- bis achtprozentigen Zuckeranteil sind das ideale Wettkampfgetränk bei warmen Temperaturen.

Damit Sie während der Wechsel von einer zur anderen Disziplin nicht unnötig Zeit verlieren, muß der Wechselvorgang geübt werden. Die Wahl einer geeigneten Wettkampfbekleidung kann ebenfalls wertvolle Sekunden einsparen. Das Umziehen und Abtrocknen sind eigentlich nur bei kalten Witterungsbedingungen erforderlich. Präparieren Sie außerdem Ihre Rad- und Laufschuhe durch Gummischuhbänder, Schnell- oder Klettverschlüsse, damit ein schnelles An- und Ausziehen möglich ist.

Eine rechtzeitige Anreise zum Wettkampf ist wichtig, um die Startunterlagen abzuholen, die Strecke zu besichtigen, sich aufzuwärmen und um den Wechselplatz gewissenhaft einzurichten. Prägen Sie sich die Wechselzone gut ein! Markante Punkte wie z. B. ein Baum oder ein Schild usw. sind zum schnellen Orientieren hilfreich. Das Bild der Wechselzone ändert sich im Wettkampf ständig. Athleten laufen hektisch durcheinander oder sind mit ihren Rädern schon oder noch auf der Radstrecke, Equipment liegt herum. Besonders wichtig ist es, die Laufwege in der Wechselzone zu kennen und folgende Fragen zu klären:

Wo komme ich aus dem Wasser? Wo steht mein Rad? Ab welcher Stelle (Linie) darf ich auf das Rad steigen und fahren? Wo komme ich mit dem Rad zurück in die Wechselzone? Wie komme ich auf dem kürzesten Weg zu meinem Wechselplatz? Wo laufe ich aus der Wechselzone wieder heraus? Haben Sie diese Fragen geklärt, können Sie gelassen zum Schwimmstart gehen.

Bei Ihrer ersten Teilnahme sollten Sie sich nicht so sehr auf Ihren Mitstreiter, sondern mehr auf die Reaktionen Ihres Körpers konzentrieren. Ein Herzfrequenz-Meßgerät hilft Ihre Kräfte beim Radfahren und Laufen richtig einzuteilen. In der Regel ist mit einer Herzfrequenz zwischen 85 und 90 % der Hf_{max} ein Volkstriathlon optimal zu bestreiten.

Falls Ihnen Wettkämpfe Spaß bereiten und Sie weitere Teilnahmen planen, können Sie nach dem Trainingsprinzip der letzten Wochen weiter trainieren. Haben Sie Mut, die Programme nach Ihren Bedürfnissen zu verändern. Ist Gesundheit und Fitneß Ihr primäres Ziel, beginnen Sie nach einer Erholungsphase wieder mit der ersten Woche des Planes, wobei Sie die Umfänge nun etwas erhöhen können. Wollen Sie mehr Zeit

Wochenpläne A: Training für den Gesundheits- und Fitneßsportler

	Woche	Montag	Dienstag	Mittwoch	Donnerstag	Freitag	Samstag	Sonntag	Umfang
allgemein	1.		3a S: ~1,5 km 8 x 100 m extensiv		55 CT: ~1 h Inline Skating extensiv		46 Kpl.: ~1:30 h Run & Bike		3–4 h
allgemein	2.	29 L: ~0:40 h extensiv	13a S: ~1,5 km 400-m-Test		55 CT: ~1 h Inline Skating extensiv		46 Kpl.: ~1:30 h Run & Bike		4–5 h
Schwimmen	3.		3a S: ~1,5 km 10 x 100 m extensiv		55 CT: ~1 h Inline Skating Fahrtspiel	5a S: ~1,5 km 2 x 800 m extensiv	47 Kpl.: ~2 h R: ~1:30 h Fahrtspiel extensiv L: ~0:30 h extensiv		4–5 h
Schwimmen	4.		8b S: ~2 km Pyramide	9a S: ~2 km 3 x 300 m Paddles extensiv		4a S: ~2 km 4 x 400 m extensiv	29 L: ~0:50 h extensiv	55 ~1:30 h Inline Skating extensiv	5–6 h
Laufen	5.	43 L: ~1 h Hf_{max}-Test	2a S: ~1,5 km 1000 m DS extensiv		32 L: ~0:50 h Fahrtspiel extensiv		47 Kpl.: ~2 h R: ~1:30 h Fahrtspiel extensiv L: ~0:30 h extensiv	29 L: ~1 h extensiv	5–6 h
Laufen	6.	31 L: ~0:45 h intensiv	7a S: ~1,5 km 8 x 100 m intensiv		32 L: ~1 h Fahrtspiel extensiv		46 Kpl.: ~1:30 h Run & Bike	30 L: ~1:30 h Fettstoffwechsel	5–6 h

	Woche	Montag	Dienstag	Mittwoch	Donnerstag	Freitag	Samstag	Sonntag	Umfang
Schwimmen	7.		[3a] S: ~1,5 km 400-m-Test		[3b] S: ~2,5 km 5 x 200 m extensiv	[5a] S: ~2 km 2 x 800 m extensiv	[46] Kpl.: ~2 h Run & Bike	[29] L: ~1 h extensiv	5–6 h
Schwimmen	8.		[9a] S: ~2 km 4 x 300 m Paddles extensiv		[8a] S: ~1,5 km Pyramide	[6a] S: ~2 km 3 x 600 m Tempowechsel	[18] R: ~1:30 h Fahrtspiel extensiv	[30] L: ~1:30 h Fettstoffwechsel	5–6 h
Rad	9.		[2b] S: ~2,5 km 1000 m DS extensiv	[26] R: ~1:20 h Hf_{max}-Text		[16] R: ~1:30 h extensiv	[31] L: ~1 h intensiv	[18] R: ~1:30 h Fahrtspiel extensiv	5–6 h
Rad	10.		[7b] S: ~2,5 km 6 x 200 m intensiv	[18] R: ~1 h Fahrtspiel extensiv		[16] R: ~1:30 h extensiv	[32] L: ~1 h Fahrtspiel extensiv	[17] R: ~3 h Fettstoffwechsel	6–7 h
Rad	11.		[9a] S: ~2 km 4 x 300 m Paddles extensiv	[18] R: ~1 h Fahrtspiel extensiv		[20] R: ~1 h intensiv	[47] Kpl.: ~2 h R: ~1 h Fahrtspiel extensiv L: ~1 h extensiv	[17] R: ~3 h Fettstoffwechsel	7–8 h
Rad	12.		[6a] S: ~2 km 2 x 600 m Tempowechsel	[35] L: ~1 h 5 x 1000 m extensiv		[8b] S: ~2,5 km Pyramide	[50a] Kpl.: ~1:45 h L: ~1 h extensiv R: ~0:45 h intensiv	[17] R: ~4 h Fettstoffwechsel	8–9 h

Woche		Montag	Dienstag	Mittwoch	Donnerstag	Freitag	Samstag	Sonntag	Umfang
13.	SRL spezifisch		2b S: ~2,5 km 2000 m DS extensiv	31 L: ~1 h intensiv		7b S: ~2 km 4 x 200 m intensiv	51c Kpl.: ~1:30 R: ~0:40 h TRF intensiv L: ~0.50 h extensiv	17 R: ~3 h Fettstoffwechsel	6–8 h
14.			52b Kpl.: ~2 h R: ~0:30 h extensiv ~2 km S: 11c 6 x 100 m Kurzsprints R: ~0:30 h extensiv	39 L: ~1 h 6 x 300 m intensiv		1c S: ~2 km REKOM	53 Kpl.: ~1 h Testtriathlon	16 R: ~11:30 h extensiv	6–7 h
15.			12a S: ~2 km 4 x 200 m Langsprints	48a Kpl.: ~1:30 h L: TDL intensiv R: RF intensiv		7a S: ~1,5 km 8 x 100 m intensiv	34 L: ~0:40 h	18 R: ~1:30 h Fahrtspiel extensiv	5–6 h
16.	Wettkampf		49a Kpl.: ~1 h L: TL intensiv R: TRF intensiv	1a S: ~1,5 km REKOM	28 L: ~0:30 h REKOM		15 R: ~2 km REKOM	WK Volkstriathlon	4–5 h

in Triathlon und das Training investieren, so orientieren Sie sich als nächstes an dem Trainingsplan für den Kurztriathlon im Rahmen des Leistungstrainings mit einem Wochenumfang von 8 bis 12 Stunden (s. S. 129).

DAS TRAINING FÜR DEN LEISTUNGSSPORTLER

Triathlon ist nicht nur ein gesundheitlich hochwirksamer Sport, Triathlon bedeutet auch, an die Grenzen von Ausdauer und Willenskraft zu stoßen, persönliche Höchstleistung zu erbringen, extreme Anforderungen zu bewältigen und die möglichen Leistungsreserven immer weiter auszuschöpfen. Triathlon – ein kalkulierbares Abenteuer als Zugang zu sich selbst.

Wenn auch der Triathlonwettkampf im Mittelpunkt Ihres Interesses steht, nimmt das Training doch die überwiegende Zeit in Anspruch. Je höher der persönliche Leistungsanspruch, desto mehr Motivation, Durchhaltevermögen und Disziplin fordert das tägliche Training. Konsequent professionelles Handeln und organisatorisches Talent sind unverzichtbare Attribute für einen Leistungssportler. Das Leistungstraining im Triathlon fordert Sie ganzjährig auf der Basis eines auf die wichtigsten Wettkämpfe im Jahr hin orientierten Trainingsplanes. Was man von einem Wettkampf erwartet, wird sich sicherlich individuell unterscheiden und von der Zeit, die man in den Sport investieren kann, abhängen; Sie wollen endlich einmal vor Ihrem stärksten Konkurrenten ins Ziel kommen oder sich auf Ihrem Lieblingstriathlon einfach nur um ein paar Plätze nach vorn verbessern. Oder aber Gegner und Plazierungen sind Ihnen gleichgültig, und Sie wollen auf dem Triathlon «X» nur schneller sein als im vergangenen Jahr oder einen Wettkampf mit extrem schwierigen Strecken- und Witterungsbedingungen einfach nur bewältigen. Die Erwartungen sind vielfältig.

Vielleicht kennen Sie die Enttäuschung, wenn Sie das Training aufgrund unerwarteter Verletzungen und grippaler Infekte unterbrechen müssen. Oder wenn trotz aller Trainingsmühen die Wettkampferfolge ausbleiben. Die Ursachen liegen oft in einer Überforderung im Training, einer unzureichenden Regenerationsphase und fehlenden Maßnahmen zur Stabilisation des Immunsystems. Wer sich zu häufig überfordert, riskiert einen **Übertrainingszustand**, der stets Ausdruck eines Mißverhältnisses zwischen Training und Erholung, zwischen Gesamtbelastung und individueller Belastbarkeit bzw. zwischen Streß und Streßtoleranz ist. Im Zustand des Übertrainings ist Ihre Leistungsfähigkeit herabgesetzt. Ignorieren Sie einen anfänglichen Übertrainingszustand, oder versuchen Sie gar, dieses Leistungstief durch vermehrtes intensives Training zu überwinden, setzen Sie sich der Gefahr eines **langfristigen Übertrainings** aus. Symptome und Erscheinungsformen wie Schlafstörungen, chronische Tages- und Trainingsmüdigkeit, depressive Verstimmungen, eine erhöhte oder stark erniedrigte Herzfrequenz in Ruhe und ein geschwächtes Immunsystem mit erhöhter Infektneigung können die Folge sein. Am sichersten vermeiden sie ein Übertraining, wenn Sie sich an den ausgearbeiteten Trainingsplänen, in die wir unsere langjährigen Erfahrungen mit Leistungs- und Hochleistungssportlern gelegt haben, orientieren und sie auf Ihre persönliche Situation abstimmen. Außerdem sollten sie sich gesund, ausgewogen und kohlenhydratbetont ernähren, ausreichend schlafen und die vielfältigen Maßnahmen zur Regeneration und Prophylaxe (s. S. 202 f.) nutzen. Zusätzliche psychische Belastungen im familiären oder beruflichen Bereich begünstigen ein Übertraining. Schweben Sie dagegen psychisch auf «Wolke sieben», können Ihnen auch ungewöhnliche Belastungen so schnell nichts anhaben.

Achtung! Die vorgestellten Pläne sollen Ihnen exemplarisch aufzeigen, wie man ein leistungsorientiertes sportliches Training unter Beachtung der Trainingsprinzipien gestalten kann. Die Angabe konkreter Trainingseinheiten darf Sie aber nicht davon abhalten, Änderungen/Umstellungen vorzunehmen. Nur wenn es Ihnen gelingt, das Wochentrainingsprogramm auf Ihre persönlichen Voraussetzungen wie Befindlichkeit, Körpergefühl und aktuelle Leistungsfähigkeit abzustimmen, werden Sie letztendlich erfolgreich sein.

Altersklassensportler (Age-Grouper) sollten bedenken, daß mit zunehmendem Alter die Stoffwechselprozesse langsamer ablaufen. Hochintensive Belastungen sollten reduziert werden. Sie sollten beispielsweise in den vorgeschlagenen intensiven Einheiten die Anzahl der Intervalle/Wiederholungen verringern und die Pausenzeiten ggfls. verlängern. Da außerdem die Regeneration länger dauert, empfehlen wir Ihnen, maximal einmal in der Woche intensiv zu trainieren, um Überbeanspruchungen zu vermeiden.

Periodisierung im Jahresverlauf

Die Einteilung des Jahrestrainings in mehrere Trainingsabschnitte mit unterschiedlicher Zielsetzung nennt man Periodisierung. Wir unterteilen das Trainingsjahr des Triathleten in vier Perioden:

1. die allgemeine Vorbereitungsperiode (Wintertraining)
2. die spezielle Vorbereitungsperiode (Frühjahrstraining)
3. die Wettkampfperiode und
4. die Übergangsperiode

Abbildungserklärungen

REKOM:	Regenerations- und Kompensationstraining
GA 1 und 1/2:	Grundlagenausdauertraining
GA 2:	Training im Entwicklungsbereich der Ausdauer
WSA:	Wettkampfspezifisches Ausdauertraining
KA 1:	extensives Kraftausdauertraining
KA 2:	intensives Kraftausdauertraining
KT:	Krafttraining an Geräten (s. Programme KT, S. 199)
CT:	Crosstraining
ÜP:	Übergangsperiode

Jahresplanung im Triathlon

Monat	Okt.	Nov.	Dez.	Jan.	Feb.	März	April	Mai	Juni	Juli	August	Sept.	Okt.
Periode	ÜP	allgemeine Vorbereitungsperiode					spezielle Vorbereitung		Wettkampfperiode				
Wochenanzahl	3–6	21–23					6–8		17–20				
Woche	42 43	44 45	46 47	48 49	50 51	52 1	2 3	4 5	6 7	8 9	10 11	12 13	...

Woche (obere Reihe): 43 45 47 49 51 1 3 5 7 9 11 13 15 17 19 21 23 25 27 29 31 33 35 37 39 41

Woche (untere Reihe): 42 44 46 48 50 52 2 4 6 8 10 12 14 16 18 20 22 24 26 28 30 32 34 36 38 40

Schwerpunkt (R E K O M)

- Grundlagen- und Techniktraining
- Dehnungsgymnastik und Kräftigungsübungen
- spezielle Ausdauer
- wettkampfspezifische Ausdauer

	Okt.–Dez.	Jan.–Feb.	April–Mai	Juli–Aug.	Sept.
K	KT₁	KT₂ oder KT₃	KT₄ oder KT₅		
O	KA1	KA1	KA2	KA1	
M	CT	GA1	GA1/2	GA2	REKOM	GA1	WSA

Ziel

- Erhöhung der allgemeinen Leistungsgrundlagen
- Erhöhung der spezifischen Leistungsvoraussetzungen
- Ausprägung der Wettkampfleistung
- Stabilisierung der Wettkampfleistung
- Belastungssteigerung
- Regeneration

Der Grundaufbau des Jahrestrainings wird in der Abbildung modellhaft dargestellt. Nach der Übergangsperiode, die Sie hoffentlich genutzt haben, um sich von den Belastungen der letzten Saison zu erholen, beginnt im November die allgemeine Vorbereitung. Primäres Ziel ist die Entwicklung der Grundlagenausdauer und der allgemeinen Kraftfähigkeiten auf hohem Niveau. In der vierwöchigen speziellen Vorbereitungsphase sollen die Leistungsvoraussetzungen mit einer weiteren Erhöhung der sportlichen Belastung geschaffen werden. Da es unmöglich ist, die Leistungsfähigkeit während der gesamten Wettkampfsaison auf konstant hohem Niveau zu halten, sollten Sie sich auf wenige Hauptwettkämpfe konzentrieren und auch Wochen ohne Wettkämpfe einplanen, um Zeit zur Regeneration und einen erneuten Leistungsaufbau zu haben. Wieviel Trainingseinheiten Sie anteilig für die Entwicklung der Ausdauer-, Kraftausdauer- und Schnelligkeitsausdauerfähigkeiten im Jahresplan veranschlagen, ist davon abhängig, ob Sie sich für einen Kurz- oder Langtriathlon vorbereiten, aber auch von Ihrem Lebens- und Trainingsalter.

Zyklische Gestaltung des Trainings

Die zyklische Gestaltung des Trainings hat großen Einfluß auf die Leistungsentwicklung. Ein Trainingszyklus beschreibt unterschiedlich lange Belastungsphasen und kann 2–3 Tage, eine Woche (Mikrozyklus), 3–4 Wochen (Mesozyklus) oder mehrere Monate (Makrozyklus) umfassen. Nach jeder Belastungsphase folgt eine Entlastungsphase. Die Zyklen bauen im Sinne einer ansteigenden (progressiven) Belastung aufeinander auf. In den dargestellten Wochenplänen haben wir vorrangig einen 2:1- bzw. 3:1-Zyklus gewählt, d. h., auf einen zwei- bis dreitägigen (-wöchigen) Belastungsblock folgt eine Entlastungsphase mit reduzierten Trainingsbelastungen. So hat Ihr Organismus hinreichend Zeit für die Verarbeitung der Trainingsreize. Je höher Ihre sportliche Leistungsfähigkeit und Belastbarkeit ist, desto länger kann die Belastungsphase dauern. Während ein Fitneßsportler möglicherweise mit einem 1:1-Zyklus reizwirksam trainiert, benötigt ein «Ironman» zur weiteren Leistungssteigerung einen deutlich längeren Belastungszyklus (s. Wochenpläne, S. 129). Wählt man einen seinem Leistungsvermögen entsprechenden Belastungs-Erholungs-Zyklus, treten Überforderungen in der Regel nicht auf, und die Performance steigt. Im Anschluß stellen wir Ihnen für die allgemeine und spezielle Vorbereitungsperiode sowie für die Wettkampfperiode drei Mehrwochen-Trainingspläne vor:

Wochenpläne B: Training für die Kurzdistanz (durchschnittlicher Wochenumfang 8–12 Stunden)

Wochenpläne C: Training für die Kurz- und Langdistanz (durchschnittlicher Wochenumfang 15–20 Stunden)

Wochenpläne D: Training für die Langdistanz («Ironman») (durchschnittlicher Wochenumfang 15–25 Stunden)

Allgemeine Vorbereitungsperiode

In der allgemeinen Vorbereitungsperiode müssen die grundlegenden konditionellen und koordinativen Fähigkeiten entwickelt und die technischen Fertigkeiten verbessert werden. Das Training beginnt nach der Übergangsperiode im November. Hauptmerkmal dieser Periode ist die häufige Anwendung der Dauermethode bei geringer bis mittlerer Trainingsintensität. Zu intensives Training in der allgemeinen Vorbereitung verhindert eine stabile Entwicklung der Basisausdauer. Die Wochenpläne der allgemeinen Vorbereitungsperiode sind **in fünf Abschnitte gegliedert.** Im ersten Abschnitt sollen Sie sich über einen Zeitraum von drei Wochen behutsam auf ein regelmäßiges Training einstimmen. Wir geben Ihnen zwar einen Vorschlag für die Gestaltung dieser Eingewöhnungsphase, wichtig ist aber vor allem, daß Sie mit abwechslungsreichem Training in niedriger Intensität die allgemeine Belastbarkeit erhöhen.

Nach der Eingewöhnungsphase ist die allgemeine Vorbereitungsperiode in vier vierwöchige Abschnitte unterteilt. **In drei Abschnitten** wird dargestellt, wie das Training zu gestalten ist, wenn der Schwerpunkt auf einer Teildiziplin (Schwimmen, Radfahren, Laufen) liegt. **Ein Abschnitt** zeigt wie trainiert wird, wenn alle drei Disziplinen etwa gleich häufig in der Woche im Trainingsplan stehen. In der jeweils vierten Woche sollen Sie sich bei reduzierten Umfängen und wechselnden Beanspruchungsformen erholen. Sie trainieren also nach einem 3 : 1 -Zyklus. Die zeitliche Abfolge der Abschnitte ist prinzipiell offen und sollte auf Ihre Gegebenheiten abgestimmt werden. Je nach Ihren Stärken und Schwächen können Sie einen Trainingsabschnitt mehrmals durchlaufen. Haben Sie beispielsweise größere Defizite im Schwimmen, so wäre es sicher sinnvoll, den Abschnitt ‹Schwimmen› zu wiederholen. Erhöhen Sie dabei den Umfang um etwa 10 – 20 %, damit das Training reizwirksam bleibt. Radfahren erfordert günstige klimatische Bedingungen, die am Ende der allgemeinen Vorbereitungsperiode im März in der Regel eher gegeben sind als zu Beginn im November, so daß Sie diesen Abschnitt sinnvollerweise ans Ende der allgemeinen Vorbereitungsperiode setzen.

Am Anfang eines jeden Abschnittes steht ein sportartspezifischer Test, mit dem Sie Ihre Leistungsfähigkeit bestimmen und die Intensitätsbereiche für das Training festlegen können. Anhand der 400-m-Kraulschwimmzeit können Sie die Sollzeiten für unterschiedliche Strecken und Trainingsbereiche aus der Intensitätabelle im Anhang (s. S. 208) entnehmen. Beim Radfahren und Laufen können Sie je nach persönlicher Vorliebe zwischen dem Hf_{max}-Test (Programme 26 oder 43), dem Conconi-Test (Programm 44) und dem Feldstufentest (Programme 27 oder 45) wählen. Möglicherweise werden Sie Veränderungen gegenüber den Testwerten aus der letzten Saison feststellen. Die Leistungsparameter können höher oder niedriger ausfallen, je nachdem, wie erschöpft Sie am Ende der letzten Saison waren bzw. wie ausgeruht und erholt Sie nun nach der Übergangsperiode sind. Aus den Testergebnissen können Sie Ihre Trainingsherzfrequenzen für die verschiedenen Trainingsbereiche berechnen.

Um Ihre Muskulatur frühzeitig an die triathlonspezifischen Anforderungen zu gewöhnen, ist wöchentlich ein Kopplungstraining vorgesehen, bei dem Sie in einer Trainingseinheit mindestens zwei Teildisziplinen des Triathlon trainieren. Zur allgemeinen Vorbereitung gehört außerdem ein regelmäßiges Krafttraining an Geräten, um Ihre allgemeinen Kraftfähigkeiten insbesondere als Verletzungsprophylaxe zu erhöhen. In den vierwöchigen Abschnitten ist das Krafttraining auf den jeweiligen Schwerpunkt abgestimmt. Im Schwimm-Abschnitt wird die Armkraft und in den Abschnitten Laufen und Radfahren die Beinkraft vorrangig entwickelt. Das Krafttraining kann unmittelbar vor dem Lauf-, Rad- bzw. Schwimmtraining oder nach einer erwärmenden Vorbelastung, beispielsweise auf dem Fahrradergometer, durchgeführt werden. Ein Krafttraining an Geräten im Anschluß an eine intensive oder lange Trainingseinheit sollten Sie aufgrund der erhöhten Verletzungsgefahr unterlassen. Umfang und Intensität des Krafttrainings ist so in den Wochenplan zu integrieren und zu dosieren, daß Bewegungskoordination und Technik nicht negativ beeinflußt werden. Durch eine unmittelbare Kopplung von Kraft- und Techniktraining läßt sich eine Übertragung des Kraftreizes auf die Schwimm-, Rad- bzw. Lauftechnik sicherstellen. Dies erreichen Sie auch, wenn Sie in der Cool-down Phase nach einem Gerätetraining einige Antritte, Sprints oder Steigerungen auf dem Laufband oder dem Fahrradergometer durchführen.

Am Ende eines jeden Abschnittes erhalten Sie durch einen Leistungstest oder Wettkampf eine erste Rückmeldung über Ihre Leistungsentwicklung. Die Wettkämpfe werden ohne spezielle Vorbereitung aus dem Training heraus bestritten und haben eher den Charakter einer intensiven Trainingseinheit unter Wettkampfbedingungen.

Kurzdistanz

Mit diesem Trainingsplan von durchschnittlich etwa 8–12 Stunden in der Woche können Sie sich erfolgreich auf Sprint- und Kurztriathlons vorbereiten. Kurztriathleten sollten mindestens einmal in der Woche ihren Fettstoffwechsel über die eineinhalbfache Wettkampfdauer trainieren. Das Radtraining kann in den ersten Wochen vorzugsweise mit dem Mountainbike durchgeführt werden. Auf dem Mountainbike im Gelände kann man wegen der niedrigeren Fahrgeschwindigkeit und dem geringeren Windeinfluß auch noch bei kälteren Temperaturen gut trainieren. Das Rad- und Lauftraining wird bis auf die Tests und Testwettkämpfe in niedriger Belastungsintensität im Grundlagenbereich durchgeführt. Eine Ausnahme macht das Schwimmtraining. Mit teilweise hochintensiven Reizen wird auf eine Ausprägung der Leistungsfähigkeit abgezielt – neue Bestzeiten werden angestrebt. Schwimmtraining unterscheidet sich wesentlich durch das spezielle Anforderungsprofil vom Lauf- oder Radtraining. Schwimmen setzt immer auch einen hohen Einsatz an schnell kontrahierenden Muskelfasern voraus. Würden Sie immer nur die Ausdauer in langsamer Schwimmgeschwindigkeit entwickeln, ginge die Fähigkeit, z. B. am Start hohe Lactatkonzentrationen eingehen zu können, also vom Start weg mit sehr hoher Geschwindigkeit zu schwimmen, verloren. Deshalb muß im Schwimmtraining viel häufiger ein Wechsel zwischen dem Training zur Entwicklung der Basisausdauer und dem Training zur Entwicklung hoher Bewegungsgeschwindigkeiten erfolgen. Die Verbesserung der Ausdauer ist Voraussetzung für eine Verbesserung der Schnelligkeit, die

Wochenpläne B: Training für Leistungssportler: allgemeine Vorbereitung, Kurzdistanz (Eingewöhnung)

Woche	Montag	Dienstag	Mittwoch	Donnerstag	Freitag	Samstag	Sonntag	Umfang
1.		[3a] S: ~1,5 km 10 x 100 m extensiv		[29] L: ~0:50 h extensiv		[46] Kpl.: ~2 h Run & Bike	[55] CT: ~1:30 h Inline-Skating extensiv	5–6 h
2.	[29] L: ~1 h extensiv	[3a] S: ~1,5 km 400-m-Test		[32] L: ~0:50 h Fahrtspiel extensiv		[16] MTB: ~2:30 h extensiv	[55] CT: ~2 h Inline-Skating extensiv	7–8 h
3.	[43] L: ~1 h Hf_{max}-Text	[8b] S: ~2,5 km Pyramide / (KT) Circuit		[18] MTB: ~1:30 h Fahrtspiel extensiv		[46] Kpl.: ~2 h Run & Bike	[55] CT: ~2 h Inline-Skating extensiv	2–8 h

Eingewöhnung

Wochenpläne B: Training für Leistungssportler: allgemeine Vorbereitung, Kurzdistanz (Schwimmen)

Woche	Montag	Dienstag	Mittwoch	Donnerstag	Freitag	Samstag	Sonntag	Umfang
1.	[3a] S: ~1,5 km 400-m-Test	[29] L: ~1 h extensiv; (KT1) Cirucuit		(KT2) KA-Arme; [5a] S: ~2 km 2 x 800 m extensiv	[3b] S: ~3 km 10 x 200 m extensiv	[46] Kpl.: ~2 h Run & Bike		7–8 h
2.	[2b] S: ~2,5 km 2000 m DS extensiv	(KT2) KA-Arme; [11c] S: ~2,5 km 10 x 100 m Kurzsprints		(KT2) KA-Arme; [8b] S: ~2,5 km Pyramide	[9b] S: ~3 km 6 x 300 m Paddles extensiv	[18] MTB: ~2 h Fahrtspiel extensiv	[29] L: ~1 h extensiv	8–9 h
3.	[5a] S: ~2 km 2 x 800 m extensiv	(KT2) KA-Arme; [11b] S: ~3 km 3 x (6 x 50m) Kurzsprints		[1c] S: ~1,5 km REKOM	[3c] S: ~2,5 km 1500-m-Test	[47] Kpl.: ~2:15 h MTB: ~1:30 h Fahrtspiel extensiv; L: ~0:45 h extensiv	[55] CT: ~1:30 h Inline-Skating extensiv	8–9 h
4.	[3b] S: ~3 km 10 x 200 m extensiv	[32] L: ~0:50 h Fahrtspiel extensiv		[55] CT: ~1:30 h Aqua-Jogging	[8b] S: ~2,5 km Pyramide		[55] CT: ~2 h Inline-Skating extensiv	6–7 h

Wochenpläne B: Training für Leistungssportler: allgemeine Vorbereitung, Kurzdistanz (Radfahren)

Woche	Montag	Dienstag	Mittwoch	Donnerstag	Freitag	Samstag	Sonntag	Umfang
1.	[29] L: ~1:10 h extensiv	(KT5) MA-Beine · (7b) S: ~2,5 km 5 x 200 m intensiv	(26) R: ~1:30 h Hf$_{max}$-Test		[16] R: ~2 h extensiv	(50b) Kpl.: ~2 h L: ~1:30 h Fettstoffwechsel R: ~0:30 h intensiv	[17] R: ~3 h Fettstoffwechsel	9–11 h
2.		(KT3) KA-Beine · (6c) S: ~2,5 km 1500 m Tempowechsel	[16] R: ~2 h extensiv		(20) R: ~1:20 h intensiv	[47] Kpl.: ~3 h R: ~2 h Fahrtspiel extensiv L: ~1 h extensiv	[17] R: ~3 h Fettstoffwechsel	10–12 h
3.	(32) L: ~1 h Fahrtspiel extensiv	(KT3) KA-Beine · (8b) S: ~2,5 km Pyramide	(50a) Kpl.: ~2:30 h R: ~2 h extensiv L: ~0:30 h TDL intensiv		[16] R: ~1:30 h extensiv	(15) R: ~1 h REKOM	(25) R: ~2 h 20-km-Test	8–10 h
4.	(1b) S: ~2 km REKOM	(9b) S: ~3 km 6 x 300 m Paddles extensiv		[29] L: ~1:10 h extensiv	(11b) S: ~3 km 3 x (6 x 50m) Kurzsprints		(55) CT: ~2 h Inline-Skating	6–7 h

Wochenpläne B: Training für Leistungssportler: allgemeine Vorbereitung, Kurzdistanz (Laufen)

Woche	Montag	Dienstag	Mittwoch	Donnerstag	Freitag	Samstag	Sonntag	Umfang
1.	[29] L: ~1 h extensiv	(KT3) KA-Beine <7b> S: ~2,5 km 5 x 200 m intensiv		[29] L: ~1 h extensiv		[46] Kpl.: ~2:30 h Run & Bike	[29] L: ~1:30 h extensiv	7–8 h
2.	[32] L: ~1 h Fahrtspiel extensiv	(KT3) KA-Beine [3a] S: ~2,5 km 3 x 400 m extensiv		[29] L: ~1 h extensiv		[47] Kpl.: ~3 h MTB: ~2h Fahrtspiel extensiv L: ~1 h extensiv	[30] L: ~2 h Fettstoffwechsel	8–9 h
3.	[1a] S: ~1,8 km REKOM	(KT3) KA-Beine (11a) S: ~1,7 km 10 x 50 m Kurzsprints	[33] L: ~1 h Fahrtspiel intensiv	[29] L: ~1:20 h extensiv		[28] L: ~0,40 h REKOM	[42] L: ~1 h 10-km-Test oder WK	8–9 h
4.	[1b] S: ~2 km REKOM	[8b] S: ~2,5 km Pyramide		[32] L: ~1 h Fahrtspiel extensiv	[5b] S: ~3 km 2 x 800 m extensiv		[55] CT: ~2 h Inline-Skating extensiv	6–7 h

Wochenpläne B: Training für Leistungssportler: allgemeine Vorbereitung, Kurzdistanz (komplex)

Woche	Montag	Dienstag	Mittwoch	Donnerstag	Freitag	Samstag	Sonntag	Umfang
1.	[29] L: ~1 h extensiv	(KT5) MA-Beine; [3b] S: ~2,5 km 6 x 200 m extensiv		<35> L: ~1 h 5 x 1000 m extensiv	[5b] S: ~2,7 km 2 x 800 m extensiv	<50b> Kpl.: ~2:30 h L: ~1:30 h Fettstoffwechsel R: ~1 h intensiv	[17] R: ~3 h Fettstoffwechsel	10 – 11 h
2.	[29] L: ~1 h extensiv	(KT4) MA-Arme; <11c> S: ~2 km 8 x 100 m Kurzsprints		<34> L: ~0,50 h Tempodauerlauf	<9c> S: ~3,5 km 2 x 1000 m Paddles extensiv	[47] Kpl.: ~3 h R: ~2 h Fahrtspiel extensiv L: ~1 h extensiv	[17] R: ~4 h Fettstoffwechsel	11 – 12 h
3.		(KT4) MA-Arme; <7b> S: ~2,5 km 6 x 200 m intensiv	<32> L: ~1 h Fahrtspiel intensiv		<8b> S: ~2,5 km Pyramide	<50> Kpl.: 2,5 h R: ~2 h extensiv L: ~0:30 h extensiv	[17] R: ~4 h Fettstoffwechsel	11 – 12 h
4.	[1b] S: ~2 km REKOM	[2b] S: ~2,5 km 2000 m DS		<33> L: ~1 h Fahrtspiel intensiv	<6c> S: ~3 km 1 x 1500 m Tempowechsel		(53a) Kpl.: ~1:30 h Testduathlon-triathlon	6 – 7 h

verbesserte Schnelligkeit ist jedoch wiederum die Voraussetzung für eine weitere Steigerung der Ausdauer.

Eine Erhöhung der maximalen Geschwindigkeit auf den Teildisziplinen ist grundsätzlich über zwei Wege möglich. Eine Möglichkeit besteht darin, Ihre maximalen Kraftfähigkeiten zu erhöhen, d. h., daß Sie pro Bewegungszyklus eine höhere Kraft entfalten können und somit einen kräftigeren Armzug beim Schwimmen, einen schwereren Gang auf dem Rad oder eine größere Schrittlänge beim Laufen realisieren können. Die andere Möglichkeit besteht darin, die Bewegungsfrequenz, d. h. die Zug-, Tret- oder Schrittfrequenz, zu erhöhen. Trainingsmethodisch sinnvoll ist es, eine eventuelle Störung des Bewegungsgefühls, wie sie durch Krafttraining bzw. erhöhtes Kraftniveau entstehen kann, durch ein spezielles Koordinations- bzw. Frequenztraining wiederherzustellen. Nach der Eingewöhnungsphase haben wir 1–2 Trainingseinheiten pro Woche zur Entwicklung der Kraftfähigkeiten vorgesehen.

Kurz- und Langdistanz

Viele Athleten wollen im Jahresverlauf an Kurz- *und* Langdistanzwettkämpfen teilnehmen. Dies ist grundsätzlich möglich, setzt aber sehr viel Erfahrung in der Gestaltung des Trainings und in der Wettkampfplanung voraus. Immer weniger Spitzenathleten schaffen es, in einem Jahr auf der Kurz- und Langdistanz gleichermaßen international erfolgreich zu sein. Dies zeigt, daß in einer Trainingsplanung für beide Distanzen meist Kompromisse gefunden werden müssen, die eine absolute Spitzenleistung auf beiden Strecken verhindern. Mit dem folgenden Plan, bei dem wir einen zeitlichen Trainingsaufwand von etwa 15–20 Stunden in der Woche veranschlagt haben, zeigen wir Ihnen dennoch eine Möglichkeit, wie Sie einerseits problemlos über die Langdistanz starten können, andererseits aber durch die Berücksichtigung intensiver Trainingseinheiten auch die nötige «Spritzigkeit» für eine erfolgreiche Teilnahme an Sprint- und Kurzdistanzwettkämpfen erwerben.

Langdistanz

Die Vorbereitung auf einen Langdistanz-Wettkampf soll die Basis für eine optimale aerobe Energiebereitstellung legen. Mit langen Trainingseinheiten, auch an aufeinanderfolgenden Tagen, gewöhnen Sie sich an die extremen Belastungsumfänge. Radfahrten über 5 Stunden, Läufe von etwa 25 Kilometern, Schwimmtrainingseinheiten über 5–6 Kilometer und lange Kopplungstrainingseinheiten sollen neben der Reizwirksamkeit auf den Fettstoffwechsel die psychische Belastbarkeit vorbereiten und erhöhen.

Als Aufbauwettkämpfe sind Winter-Marathonläufe, Ski-Marathons oder Marathon-Mountainbikerennen denkbar. Werden die Wettkämpfe ohne spezielle Vorbereitung aus dem Training heraus bestritten, so ist der kontinuierliche Leistungsaufbau nicht beeinträchtigt. Trotzdem sollten Sie bedenken, daß ein langer Wettkampf immer auch eine längere Regenerationsphase nötig macht. Positiv hervorzuheben sind sicherlich die Wettkampfroutine und -härte, die durch die ganzjährige Teilnahme an Wettkämpfen erworben wird. Wichtig für den Leistungsaufbau ist es, das Prinzip der

Wochenpläne C: Training für Leistungssportler: allgemeine Vorbereitung, Kurz- und Langdistanz (Eingewöhnung)

Woche	Montag	Dienstag	Mittwoch	Donnerstag	Freitag	Samstag	Sonntag	Umfang
1.		[3b] S: ~3 km 8 x 200 m extensiv		[29] L: ~1 h extensiv	☆ [3b] S: ~3 km 400-m-Test	[46] Kpl.: ~2 h Run & Bike	✦ [55] CT: ~2 h Inline Skating extensiv	6–8 h
2.	[29] L: ~1:15 h extensiv	(KT) [5c] S: ~4,5 km 2 x 1500 m extensiv		[16] MTB: ~2 h extensiv	[8c] S: ~4,5 km Pyramide extensiv	[46] Kpl.: ~2 h Run & Bike	✦ [55] CT: ~2 h Inline Skating extensiv	10–12 h
3.	[29] L: ~1:20 h extensiv	(KT) [4b] S: ~4 km 5 x 400 m extensiv		▷ [18] MTB: ~2 h Fahrtspiel extensiv	▷ [32] L: ~1 h Fahrtspiel extensiv / [2c] S: ~3,8 km 3000 m DS extensiv	[46] Kpl.: ~2:30 h Run & Bike	[16] MTB: ~2 h extensiv	12–14 h

Wochenpläne C: Training für Leistungssportler: allgemeine Vorbereitung, Kurz- und Langdistanz (Schwimmen)

Woche	Montag	Dienstag	Mittwoch	Donnerstag	Freitag	Samstag	Sonntag	Umfang
1.	⭐3b S: ~3 km 400-m-Test	(KT₂) KA-Arme; 2c S: ~3,8 km 3000 m DS extensiv	29 L: ~1 h extensiv	(KT₄) MA-Arme; 5c S: ~5,5 km 3 x 1500 m DS extensiv	7c S: ~3 km 15 x 100 m intensiv	46 Kpl.: ~2 h Run & Bike	29 L: ~1,15 h extensiv; 16 MTB: ~2 h extensiv	12 – 14 h
2.	(KT₂₅) Zugseil; 11b S: ~3 km 3 x (8 x 50m) Kurzsprints	(KT₂) KA-Arme; 8b S: ~3,8 km Pyramide extensiv	9c S: ~4,5 km 3 x 1000 m Paddles; 16 MTB: ~2 h extensiv	(KT₄) MA-Arme; 7c S: ~3 km 15 x 100 m intensiv	5b S: ~3,5 km 3 x 800 m extensiv	29 L: ~1,30 h	47 Kpl.: ~3 h; MTB: ~2 h Fahrtspiel extensiv; L: ~1 h extensiv	14 – 16 h
3.	(KT₂) Zugseil; 11d S: ~5 km 3 x (5 x 100m) Kurzsprints	(KT₂) KA-Arme; 3b S: ~4 km 10 x 200 m extensiv	9c S: ~4 km 3 x 1000 m Paddles; 18▷ MTB: ~2 h Fahrtspiel extensiv	(KT₄) MA-Arme; 11a S: ~3 km 12 x 50 m Kurzsprints	4c S: ~5 km 8 x 400 m extensiv	2c S: ~3,8 km 3000 m DS extensiv; 29 L: ~1,15 h extensiv	46 Kpl.: ~3 h Run & Bike	14 – 16 h
4.	(KT₂₅) Zugseil; 11c S: ~2,5 km 10 x 100 m Kurzsprints		4b S: ~3,5 km 4 x 400 m extensiv; 29 L: ~1,30 h extensiv	7c S: ~3,5 km 18 x 100 m intensiv	⭐13 S: ~3,5 km 1500-m-Test		47 Kpl.: ~3 h; R: ~2 h Fahrtspiel extensiv; L: ~1 h extensiv	8 – 10 h

Wochenpläne C: Training für Leistungssportler: allgemeine Vorbereitung, Kurz- und Langdistanz (Radfahren)

Woche	Montag	Dienstag	Mittwoch	Donnerstag	Freitag	Samstag	Sonntag	Umfang
1.	☆27 R: ~1:30 h Feldstufentest; 15 R: ~1 h REKOM	(KT2) KA-Arme; ▷8b S: ~3,8 km Pyramide extensiv	(KT5) MA-Beine	16 R: ~2:30 h extensiv	(12b) S: ~3,2 km 8 x 200 m Langsprints; 29 L: ~1:20 h extensiv	47 Kpl.: ~3 h; R: ~2 h Fahrtspiel extensiv; L: ~1 h extensiv	17 R: ~4 h Fettstoffwechsel	14–16 h
2.	▷18 R: ~2 h Fahrtspiel extensiv	(KT4) MA-Arme; ◇7c S: ~3 km 15 x 100 m intensiv	16 R: ~2 h extensiv; (KT5) MA-Beine	21 R: ~2 h Kraftausdauer extensiv	4b S: ~3,5 km 5 x 400 m extensiv; ▷32 L: ~1 h Fahrtspiel extensiv	47 Kpl.: ~3 h; R: ~2 h Fahrtspiel extensiv; L: ~1 h extensiv	17 R: ~4 h Fettstoffwechsel	16–18 h
3.	▷18 R: ~2 h Fahrtspiel extensiv	(KT3) KA-Beine; (11b) S: ~3 km 3 x (6 x 50 m) Kurzsprints	29 L: ~1:30 h extensiv; (KT3) KA-Beine	21 R: ~2 h Kraftausdauer extensiv	5b S: ~3 km 2 x 800 m extensiv; ▷18 R: ~2:30 h Fahrtspiel extensiv	47 Kpl.: ~4 h; R: ~3 h Fahrtspiel extensiv; L: ~1 h extensiv	17 R: ~4 h Fettstoffwechsel	18–20 h
4.		(11b) S: ~3 km 3 x (8 x 50 m) Kurzsprints	21 R: ~2 h Kraftausdauer extensiv	▷18 R: ~1:30 h Fahrtspiel extensiv; 29 L: ~1 h extensiv	2b S: ~2,5 km 2000 m DS extensiv	☆25 R: ~2 h 40-km-Text	17 R: ~4 h Fettstoffwechsel	10–12 h

Wochenpläne C: Training für Leistungssportler: allgemeine Vorbereitung, Kurz- und Langdistanz (Laufen)

Woche	Montag	Dienstag	Mittwoch	Donnerstag	Freitag	Samstag	Sonntag	Umfang
1.	[44] L: ~1 h Conconi-Test; (KT₂) KA-Arme	[7c] S: ~3,5 km 15 x 100 m intensiv	[29] L: ~1:15 h extensiv; [16] MTB: ~1:30 h extensiv	(KT₅) MA-Beine	[4b] S: ~4 km 5 x 400 m extensiv; [32] L: ~1 h Fahrtspiel extensiv	[47] Kpl: ~3 h R: ~2 h Fahrtspiel extensiv L: ~1 h extensiv	[30] L: ~1:30 h Fettstoffwechsel	12 – 14 h
2.	[31] L: ~1 h intensiv; (KT₂) KA-Arme	[29] L: ~1:15 h extensiv; [7d] S: ~4,8 km 15 x 200 m intensiv	[32] L: ~1 h Fahrtspiel extensiv	[16] MTB: ~2 h extensiv; (KT₅) MA-Beine	[36] L: ~1:20 h Kraftausdauer extensiv; [5b] S: ~4,5 km 4 x 800 m extensiv	[29] L: ~1:15 h extensiv; [16] MTB: ~2 h extensiv	[30] L: ~1:45 h Fettstoffwechsel	14 – 16 h
3.	[33] L: ~1 h Fahrtspiel intensiv; (KT₂) KA-Arme	[29] L: ~1:15 h extensiv; [8b] S: ~3,8 km Pyramide extensiv	[35] L: ~1 h 6 x 1000 m extensiv	[29] L: ~1:15 h extensiv; MA-Beine	[36] L: ~1:20 h Kraftausdauer extensiv; [2c] S: ~3,8 km 3000 m DS extensiv	[29] L: ~1:30 h extensiv; [18] MTB: ~2 h Fahrtspiel extensiv	[30] L: ~2 h Fettstoffwechsel	14 – 16 h
4.	[16] MTB: ~2 h extensiv	[11c] S: ~2,5 km 10 x 100 m intensiv	[33] L: ~1:20 h Fahrtspiel intensiv	[29] L: ~1:30 h extensiv		[28] L: ~0:40 h REKOM	[42] L: 10-km-Test	8 – 10 h

Wochenpläne C: Training für Leistungssportler: allgemeine Vorbereitung, Kurz- und Langdistanz (komplex)

Woche	Montag	Dienstag	Mittwoch	Donnerstag	Freitag	Samstag	Sonntag	Umfang
1.	[35a] L: ~1 h 6 x 1000 m extensiv	(KT4) MA-Arme; [3c] S: ~4 km 20 x 100 m extensiv	(KT5) MA-Beine; [16] R: ~2:30 h extensiv	[18] R: ~2 h Fahrtspiel extensiv; [31] L: ~0:50 h intensiv	[29] L: ~1:10 h extensiv; [5b] S: ~4,6 km 4 x 800 m extensiv	[47] Kpl.: ~3 h R: ~2 h Fahrtspiel extensiv L: ~1 h extensiv	[17] R: ~4 h Fettstoffwechsel	18–20 h
2.	[34] L: ~1 h Tempodauerlauf	(KT4) MA-Arme; [11d] S: ~3 km 3 x (4 x 100m) Kurzsprints	(KT5) MA-Beine; [16] R: ~2:30 h extensiv	[9b] S: ~3 km 6 x 300 m Paddles extensiv; [19] R: ~2 h Fahrtspiel intensiv	[29] L: ~1:20 h extensiv; [8b] S: ~3,8 km Pyramide extensiv	[50a] Kpl.: ~3:30 h R: ~3 h extensiv L: ~0:30 h TDL intensiv	[17] R: ~5 h Fettstoffwechsel	20–22 h
3.	[41b] L: ~1 h 3 x 3000 m Crescendo	(KT2) KA-Arme; [7d] S: ~4 km 12 x 200 m intensiv	(KT3) KA-Beine; [20] R: ~1:30 h intensiv	[10b] S: ~3 km 15 x 50 m Paddles intensiv; [32] L: ~1:30 h Fahrtspiel extensiv	[29] L: ~1:20 h extensiv; [5c] S: ~4 km 2 x 1500 m extensiv	[47] Kpl.: ~4 h R: ~3 h Fahrtspiel extensiv L: ~1 h extensiv	[17] R: ~5 h Fettstoffwechsel	20–22 h
4.	[35a] L: ~1 h 6 x 1000 m extensiv	[8b] S: ~3,8 km Pyramide extensiv	[18] R: ~2 h Fahrtspiel extensiv; [29] L: ~1 h extensiv		[2b] S: ~2,5 km 2000 m DS extensiv	[53] Kpl.: ~2 h Testtriathlon	[17] R: ~4 h Fettstoffwechsel	12–14 h

Wochenpläne D: Training für Leistungssportler: allgemeine Vorbereitung, Langdistanz (Eingewöhnung)

Woche	Montag	Dienstag	Mittwoch	Donnerstag	Freitag	Samstag	Sonntag	Umfang
1.		[2b] S: ~2,5 km 2000 m DS extensiv	[29] L: ~1 h extensiv		[3b] S: ~3 km 400-m-Test	[16] MTB: ~3 h extensiv	[55] CT: ~2 h Inline Skating extensiv	8–10 h
2.	[56] ~0:30 h Aqua-Jogging extensiv	(KT) Circuit [2b] S: ~3 km 2000 m DS extensiv	[55] CT: ~2 h Inline-Skating extensiv		(KT) Circuit [55] CT: ~1 h Aqua Jogging	[16] MTB: ~3 h extensiv	[46] Kpl.: ~2:30 h Run & Bike	10–12 h
3.	[56] ~0:40 h Aqua-Jogging extensiv	(KT) Circuit [4b] S: ~3,5 km 4 x 400 m extensiv	[55] CT: ~2 h Inline-Skating extensiv		(KT) Circuit [55] CT: ~1 h Aqua Jogging	[16] MTB: ~3 h extensiv [32] L: ~1 h Fahrtspiel extensiv	[46] Kpl.: ~3 h Run & Bike	10–12 h

Wochenpläne D: Training für Leistungssportler: allgemeine Vorbereitung, Langdistanz (Schwimmen)

Woche	Montag	Dienstag	Mittwoch	Donnerstag	Freitag	Samstag	Sonntag	Umfang
1.	[3b] S: ~3 km 400-m-Test [28] L: ~0:40 h REKOM	[54a] R: ~0:30 h Ergo/Rolle (KT4) MA-Arme [2c] S: ~3,8 km 3000 m DS extensiv	[5a] S: ~5 km 3 x 800 m extensiv [54a] R: ~0:30 h Ergo/Rolle (KT4) MA-Arme	[29] L: ~1:15 h extensiv (KT2) KA-Arme [8b] S: ~3,8 km Pyramide extensiv	[3c] S: ~4,5 km 30 x 100 m extensiv	[30] L: ~2 h Fettstoffwechsel [54b] R: ~1 h Fahrtspiel Ergo/Rolle	[46] Kpl.: ~3 h Run & Bike	12 – 14 h
2.	[4c] S: ~4,5 km 6 x 400 m extensiv [54] R: ~1 h Fahrtspiel Ergo/Rolle	[54a] R: ~0:30 h Ergo/Rolle (KT4) MA-Arme [7c] S: ~3 km 12 x 100 m intensiv	[5b] S: ~4,6 km 4 x 800 m extensiv [54b] R: ~0:40 h Fahrtspiel Ergo/Rolle (KT2) KA-Arme	[32] L: ~1 h Fahrtspiel extensiv (KT2) KA-Arme [9b] S: ~3,5 km 8 x 300 m Paddles extensiv	[8b] S: ~3,8 km Pyramide extensiv [30] L: ~1:30 h Fettstoffwechsel	[6c] S: ~5 km 2 x 1500 m intensiv [29] L: ~1:15 h extensiv	[46] Kpl.: ~3 h Run & Bike	14 – 16 h
3.	[3d] S: ~4 km 10 x 200 m extensiv [54b] R: ~1 h Fahrtspiel Ergo/Rolle	[54a] R: ~0:30 h Ergo/Rolle (KT2) KA-Arme [8c] S: ~4,5 km Pyramide extensiv	[9c] S: ~4 km 3 x 1000 m Paddles extensiv [54d] R: ~0:30 h Pyramide Ergo/Rolle (KT2) KA-Arme	(KT4) MA-Arme [7c] S: ~4 km 18 x 100 m intensiv [29] L: ~1 h extensiv	[4c] S: ~5 km 8 x 400 m extensiv [32] L: ~1 h Fahrtspiel extensiv	[6d] S: ~4 km Stundentest extensiv [47] Kpl.: ~2:30 h R: ~2 h Fahrtspiel extensiv L: ~0:30 h extensiv	[30] L: ~1:45 h Fettstoffwechsel	14 – 16 h
4.	[4b] S: ~3,5 km 5 x 400 m extensiv	[11d] S: ~4 km 3 x (5 x 100 m) Kurzsprints [54a] R: ~0:40 h Ergo/Rolle (KT5) MA-Beine	[32] L: ~1 h Fahrtspiel extensiv [54b] R: ~0:40 h Fahrtspiel Ergo/Rolle (KT3) KA-Beine	[7c] S: ~3 km 12 x 100 m intensiv	[3c] S: ~2,5 km 1500-m-Test [29] L: ~1:15 h extensiv	[30] L: ~1:45 h Fettstoffwechsel	[46] Kpl.: ~2 h Run & Bike	10 – 12 h

Wochenpläne D: Training für Leistungssportler: allgemeine Vorbereitung, Langdistanz (Radfahren)

Woche	Montag	Dienstag	Mittwoch	Donnerstag	Freitag	Samstag	Sonntag	Umfang
1.	[27★] R: ~2 h Feldstufen-test	[29] L: ~1 h extensiv; (KT4) MA-Arme; [5b] S: ~3 km 8 x 200 m extensiv	[16] R: ~2:30 h extensiv	[18▷] R: ~2:30 h Fahrtspiel extensiv; [9b] S: ~3,5 km 8 x 300 m Paddles extensiv	[32▷] L: ~2 h Fahrtspiel extensiv; [5b] S: ~4,6 km 4 x 800 m extensiv	[47] Kpl.: ~3 h R: ~2 h Fahrtspiel extensiv L: ~1 h extensiv	[17] R: ~4 h Fettstoff-wechsel; [31] L: ~1 h intensiv	16 – 18 h
2.	[18▷] R: ~2 h Fahrtspiel extensiv	[16] R: ~3 h extensiv; (KT5) MA-Beine; [3c] S: ~4 km 20 x 100 m extensiv	[32▷] L: ~1 h Fahrtspiel extensiv	[21◇] R: ~2 h Kraftausdauer extensiv; [6c◇] S: ~5 km 2 x 1500 m Tempowechsel	[20◇] R: ~2 h intensiv; [29] L: ~1 h extensiv	[30] L: ~2 h Fettstoff-wechsel	[17] R: ~5 h Fettstoff-wechsel; [31] L: ~1 h intensiv	18 – 20 h
3.	[16] R: ~2 h extensiv	[37▷] L: ~1 h Fahrtspiel extensiv; (KT3) KA-Beine; [4b] S: ~4 km 5 x 400 m extensiv	[21◇] R: ~2:30 h Kraftausdauer extensiv	[22◇] R: ~2 h Kraftausdauer intensiv; [3d★] S: ~4,5 km 1500-m-Test	[16] R: ~2:30 h extensiv; [32▷] L: ~1 h Fahrtspiel extensiv	[18▷] R: ~3 h Fahrtspiel extensiv	[17] R: ~6 h Fettstoff-wechsel	18 – 20 h
4.	[5b] S: ~3,8 km 3 x 800 m extensiv	[23◇] R: ~2 h 6 x 500 m Stehvermögen; (KT2) KA-Arme; [3d] S: ~4 km 10 x 200 m extensiv	[16] R: ~2 h extensiv; [16] L: ~1:30 h extensiv	[8c◇] S: ~4,5 km Pyramide extensiv	[16] R: ~1:30 h extensiv	[25★] R: ~2 h 20-km-Test oder WK		10 – 12 h

Wochenpläne D: Training für Leistungssportler: allgemeine Vorbereitung, Langdistanz (Laufen)

Woche	Montag	Dienstag	Mittwoch	Donnerstag	Freitag	Samstag	Sonntag	Umfang
1.	[29] L: ~1 h extensiv	[45] L: ~1:15 h Felsstufen-Test [2b] S: ~3,5 km 3000 m DS extensiv	[32] L: ~1:15 h Fahrtspiel extensiv	[16] MTB: ~2 h extensiv (KT5) KA-Arme [3c] S: ~4,5 km 18 x 100 m extensiv	[30] L: ~1:40 h Fettstoffwechsel [8b] S: ~3,8 km Pyramide extensiv	[32] L: ~1:15 h Fahrtspiel extensiv [16] MTB: ~2 h extensiv	[17] R: ~3 h Fettstoffwechsel [29] L: ~1:30 h extensiv	12–14 h
2.	[31] L: ~1 h intensiv	[29] L: ~1 h extensiv (KT5) MA-Beine [7b] S: ~3 km 6 x 200 m intensiv	[32] L: ~1:20 h Fahrtspiel extensiv [16] MTB: ~2 h extensiv	[36] L: ~1 h Kraftausdauer-extensiv (KT3) KA-Beine [5b] S: ~2,7 km 2 x 800 m extensiv	[30] L: ~2 h Fettstoffwechsel [6b] S: ~4,5 km 4 x 800 m intensiv	[32] L: ~1:30 h Fahrtspiel extensiv [16] MTB: ~2 h extensiv	[17] R: ~3 h Fettstoffwechsel [29] L: ~1:30 h extensiv	14–16 h
3.	[31] L: ~1:20 h intensiv	[29] L: ~1:20 h extensiv (KT5) MA-Beine [3a] S: ~3 km 7 x 200 m extensiv	[29] L: ~1:10 h extensiv [33] L: ~1 h Fahrtspiel intensiv	[29] L: ~1:20 h extensiv (KT3) KA-Beine [4b] S: ~3 km 4 x 400 m extensiv	[36] L: ~1:20 h Kraftausdauer extensiv [6c] S: ~5 km 2 x 1500 m Tempo-wechsel	[30] L: ~2 h Fettstoffwechsel [18] MTB: ~2 h Fahrtspiel extensiv	[17] R: ~3 h Fettstoffwechsel [32] L: ~1:30 h Fahrtspiel extensiv	14–16 h
4.	[29] L: ~1:15 h extensiv	[29] L: ~1:15 h extensiv (KT2) KA-Arme [3b] S: ~3 km 8 x 200 m extensiv	[33] L: ~1 h Fahrtspiel intensiv	(KT4) MA-Arme [8b] S: ~3,8 km Pyramide extensiv [18] R: Fahrtspiel extensiv	[2c] S: ~4,5 km 3000 m DS extensiv [28] L: ~0:40 h REKOM	[42] L: ~1:15 h 10-km-Test oder WK	[17] R: ~4 h Fettstoffwechsel	10–12 h

Wochenpläne D: Training für Leistungssportler: allgemeine Vorbereitung, Langdistanz (komplex)

Woche	Montag	Dienstag	Mittwoch	Donnerstag	Freitag	Samstag	Sonntag	Umfang
1.	[27] R: ~2 h Feldstufentest	[29] L: ~1 h extensiv (KT4) MA-Arme [5b] S: ~4 km 3 x 800 m extensiv	[18] R: ~2 h Fahrtspiel extensiv (KT5) MA-Beine	[31] L: ~1 h intensiv (9c) S: ~4 km 3 x 1000 m Paddles extensiv	(21) R: ~2 h Kraftausdauer extensiv (7c) S: ~3 km 18 x 100 m intensiv	[50] Kpl.: ~3 h R: ~2:20 h extensiv L: ~0:40 h TDL intensiv	[17] R: ~4 h Fettstoffwechsel	14–16 h
2.	[32] L: ~1 h Fahrtspiel extensiv	[29] L: ~1:30 h extensiv (KT4) MA-Arme [4b] S: ~3,5 km 5 x 400 m extensiv	[18] R: ~2:30 h Fahrtspiel extensiv (KT5) MA-Beine	[31] L: ~1 h intensiv (9c) S: ~4 km 3 x 1000 m Paddles extensiv	(21) R: ~2:30 h Kraftausdauer extensiv (8b) S: ~3,8 km Pyramide	[47] Kpl.: ~3 h R: ~2 h Fahrtspiel extensiv L: ~1 h extensiv	[17] R: ~4 h Fettstoffwechsel	16–18 h
3.	[32] L: ~1 h Fahrtspiel extensiv	[32] L: ~1 h Fahrtspiel extensiv (KT2) KA-Arme [2c] S: ~3,8 km 3000 m DS extensiv	[51] Kpl.: ~2 h R: ~1 h extensiv L: ~1 h TRF intensiv (KT3) KA-Beine	[29] L: ~1 h extensiv (6d) S: ~4 km Stundenschwimmen	[16] R: ~4 h extensiv	[47] Kpl.: ~4 h R: ~3 h Fahrtspiel extensiv L: ~1 h extensiv	[17] R: ~4 h Fettstoffwechsel	16–18 h
4.	[32] L: ~1:30 h Fahrtspiel extensiv	[16] R: ~3 h extensiv (11c) S: ~2,5 km 8 x 100 m Kurzsprints	[48] Kpl.: ~2:30 h R: ~1:30 h RF intensiv L: ~1 h TDL intensiv		(8b) S: ~2,5 km Pyramide	[17] R: ~3 h Fettstoffwechsel	[53] Kpl.: ~2 h Testduathlon	10–12 h

kontinuierlichen Belastungssteigerung von Trainingsbeginn bis zum Wettkampf zu realisieren. Planen Sie nur ein Trainingslager, darf dieses nicht zu früh in der Vorbereitungsperiode stattfinden. Für den «Ironman» in Roth im Juli wäre ein Trainingslager im Mai optimal.

Spezielle Vorbereitungsperiode

Die spezielle Vorbereitung beginnt etwa 6–8 Wochen vor den ersten Triathlonwettkämpfen. Das Ziel ist die Weiterentwicklung der Grundlagenausdauer sowie die Schaffung spezieller Voraussetzungen für die Wettkampfleistung. Die Gesamtbeanspruchung des Trainings steigt weiter an. In dieser Periode bietet sich ein Trainingscamp mit dem Schwerpunkt Radfahren an. Liegt der Hauptwettkampf nicht am Anfang der Saison, so sollte das Camp am Ende der speziellen Vorbereitung liegen. Der richtige Zeitpunkt eines Trainingslagers hängt von verschiedenen Faktoren ab und wird meist von äußeren Rahmenbedingungen wie Schulferien oder Urlaub bestimmt.

Je näher die Wettkampfsaison rückt, desto spezifischer sind die einzelnen Trainingseinheiten auf die Anforderungen der Triathlonwettkämpfe abgestimmt. Die Intervall- und Wiederholungsmethoden, die in dieser Periode häufiger zur Anwendung kommen, entwickeln die spezielle Leistungsfähigkeit. Damit die Basisausdauer erhalten bleibt, haben wir an den Wochenenden lange Trainingseinheiten nach der Dauermethode im Fettstoffwechselbereich vorgesehen. Das Kopplungstraining wird anspruchsvoller; intensive Mehrfachkopplungen von Laufen und Radfahren kommen hinzu, um ein schnelles Umstellen insbesondere vom Radfahren zum Laufen zu trainieren.

Welche Gemeinsamkeiten und Unterschiede sind in den Wochenplänen der Kurzdistanz, Kurz- und Langdistanz sowie Langdistanz (Wochenpläne B, C und D) hervorzuheben? In allen drei Plänen haben wir in der ersten Woche Leistungstests für die nochmalige Kontrolle der Trainingsbereiche vorgesehen, damit Sie die Intensitäten Ihres Trainings auch weiterhin so exakt steuern können wie bisher. Sie können nun anhand der Vergleichswerte aus den Tests in der allgemeinen Vorbereitungsperiode Ihre Leistung vergleichen und analysieren. Damit eine Beurteilung zulässig ist, sollten am Testtag möglichst ähnliche äußere Bedingungen vorliegen. Extreme Temperaturschwankungen, ungewöhnlich hohe Luftfeuchtigkeit oder unterschiedliche Strecken nehmen Einfluß auf das Testergebnis. Noch stärker wird die Leistung jedoch von Ihrer Tagesform beeinflußt. Am Tag vor dem Test sollte das Training von daher im regenerativen Bereich liegen. Mit einem Testtriathlon oder -duathlon in der letzten Woche können Sie Ihren aktuellen Leistungsstand ermitteln und sich psychisch und emotional auf die Wettkampfperiode einstellen. Der Trainingsumfang steigt von Woche zu Woche und erreicht in der 3. Woche einen Jahreshöhepunkt. Wer ein Trainingscamp zu dieser Zeit durchführt, kann den Umfang um weitere 20–30 % erhöhen. In der letzten Woche der speziellen Vorbereitung haben wir die Trainingsbelastungen erheblich reduziert. Am Wochenende können Sie mit einem ersten Testtriathlon – oder -duathlon – Ihre Form überprüfen.

Die spezielle Vorbereitungsperiode für die Langdistanz unterscheidet sich vom Training für die Kurzdistanz durch höhere Trainingsumfänge, längere Trainingseinheiten und niedrigere Trainingsintensitäten. Achten Sie besonders bei langen Trainingsausfahrten und Dauerläufen auf eine geringe Intensität. Bei zu hoher Intensität kann die Gesamtbeanspruchung des Trainings Ihre aktuelle Belastbarkeit überschreiten und es kommt zum Übertrainingszustand mit der Folge eines nachhaltigen Leistungsabfalls. Bei Trainingseinheiten über 3 Stunden Dauer sollten Sie die Nahrungs- und Flüssigkeitsaufnahme üben und verschiedene Produkte (Energiegetränke und -riegel) auf Verträglichkeit und Wirksamkeit prüfen. Dies gilt auch für den Testwettkampf in der letzten Woche.

Wettkampfperiode

Das Ziel der Wettkampfperiode ist die Ausprägung wettkampfspezifischer Fähigkeiten. Eine erfolgreiche Wettkampfperiode ist vom Training in den Vorbereitungsperioden abhängig. Nur wenn Sie durch hohe Trainingsumfänge im Grundlagenbereich eine hohe Verträglichkeit intensiver Trainings- und Wettkampfbelastungen erworben haben, können Sie eine Leistungsstabilität über die gesamte Wettkampfperiode erwarten.

Für die lange Wettkampfperiode (Mai / Juni bis September / Oktober) stellen wir mehrere Wochen exemplarisch dar, mit denen die Prinzipien der Gestaltung für diese doch sehr lange Phase vermittelt werden. Das Training umfaßt hauptsächlich intensive kurze Trainingseinheiten als Koordinations- und Mobilisationstraining sowie extensive Trainingseinheiten, mit denen das hohe aerobe Leistungsniveau erhalten werden soll. Es ist praktisch nicht möglich, über den gesamten Zeitraum der Wettkampfperiode die Leistungsfähigkeit auf gleichbleibend hohem Niveau zu halten. Also ist es notwendig, daß Sie sich auf wenige Hauptwettkämpfe konzentrieren und Ihrem Organismus nach harten Belastungsphasen genügend Zeit zur Regeneration geben. Die anderen Wettkämpfe sind Aufbauwettkämpfe, die aus dem Training heraus bestritten werden.

Kurzdistanz

Dargestellt werden exemplarische 10 Wochen der Wettkampfsaison. **In der 1. Woche** der Wettkampfperiode werden Sie neben hochintensiven Trainingsprogrammen nochmals ein Fettstoffwechseltraining mittlerer Dauer am Wochenende absolvieren. Am **Ende der 2. Woche** haben wir einen ersten wichtigen Wettkampf geplant. Um vom Effekt der Superkompensation am Wettkampftag zu profitieren, wird in der Wochenmitte eine intensive Kopplungsbelastung durchgeführt. An den folgenden Tagen bis zum Wettkampf hat das Training regenerativen und vorbereitenden Charakter. Vielleicht sind Sie etwas irritiert, daß am Vorwettkampftag nochmals ein Training auf dem Programm steht. Unsere Erfahrung hat gezeigt, daß dies Ihre Wettkampfleistung nicht negativ beeinflußt. Im Gegenteil, Ihre Muskulatur ist am Wettkampftag äußerst leistungsbereit und nicht schlaff. **Zu Beginn der 3. Woche** können Sie sich aktiv vom Wettkampfstreß erholen. Mit einer weiteren langen aeroben Belastung am Wochenende wollen wir Ihre derzeitige Leistungsfähigkeit für den folgenden Wettkampfblock konservieren. Am Beginn dieser Wettkampfserie könnte ein Hauptwettkampf stehen.

Wochenpläne B: Training für Leistungssportler: Kurzdistanz – spezielle Vorbereitung

Woche	Montag	Dienstag	Mittwoch	Donnerstag	Freitag	Samstag	Sonntag	Umfang
1.	3a S: ~2 km 400-m-Test	44 L: ~1 h Conconitest	16 R: ~2:30 h extensiv		5a S: ~2,5 km 2 x 800 m extensiv	29 L: ~1 h extensiv / 26 R: ~1:30 h Hf$_{max}$-Text	17 R: ~4 h Fettstoffwechsel	11 – 12 h
2.	2b S: ~2,5 km 2000 m DS extensiv	38 L: ~1 h 6 x 1000 m intensiv	47 Kpl.: ~2:45 h R: ~2 h Fahrtspiel extensiv L: ~0:45 h extensiv		8b S: ~2,5 km Pyramide	32 L: ~1 h Fahrtspiel extensiv / 23 R: ~1:30 h 8 x 500 m Stehvermögen	17 R: ~5 h Fettstoffwechsel	12 – 13 h
3.	6c S: ~3 km 1500 m Tempowechsel	39 L: ~1 h 8 x 300 m intensiv	48a Kpl.: ~1 h L: ~2 km TDL intensiv R: ~5 km TRF intensiv 3 x wechseln		9c S: ~3,5 km 2 x 1000 m Paddles extensiv	29 L: ~1 h extensiv / 23 R: ~1:30 h 6 x 1000 m Stehvermögen	17 R: ~4 h Fettstoffwechsel	12 – 13 h
4.	7c S: ~3 km 12 x 200 m intensiv	40 L: ~1 h 8 x 200 m intensiv	52c Kpl.: ~2:30 h R: ~0:30 h extensiv S: 3a ~1,5 km 8 x 100 m extensiv R: ~0:30 h intensiv ~0:30 h REKOM	28 R: ~0:40 h REKOM		16 R: ~1:30 h extensiv	53 Testtriathlon – duathlon	7–8 h + Test

Wochenpläne C: Training für Leistungssportler: Kurz- und Langdistanz – spezielle Vorbereitung

Woche	Montag	Dienstag	Mittwoch	Donnerstag	Freitag	Samstag	Sonntag	Umfang
1.	[3b] S: ~3 km 400-m-Test	[45] L: ~1:10 h Feldstufentest [1b] S: ~2 km REKOM	[51] Kpl.: ~2 h R: ~0:45 h TRF intensiv L: ~1:15 h extensiv	[29] L: ~1:15 h extensiv [16] R: ~2 h extensiv	[5b] S: ~4,6 km 4 x 800 m extensiv [33] L: ~1 h Fahrtspiel intensiv	[29] L: ~1:15 h extensiv [26] R: ~2 h Hf$_{max}$-Text	[17] R: ~4 h Fettstoffwechsel	18 – 20 h
2.	[7d] S: ~4,5 km 12 x 200 m intensiv	[4c] S: ~4 km 6 x 400 m extensiv	[47] Kpl.: ~3 h R: ~2 h Fahrtspiel extensiv L: ~1 h extensiv	[32] L: ~1:15 h Fahrtspiel extensiv	[9b] S: ~3 km 6 x 300 m Paddles extensiv [41] L: ~1:15 h 3 x 4000 m Cresendo	[30] L: ~1:45 h Fettstoffwechsel [19] R: ~2 h Fahrtspiel intensiv	[17] R: ~5 h Fettstoffwechsel	20 – 22 h
3.	[5c] S: ~4,5 km 2 x 1500 m extensiv	[8b] S: ~3,8 km Pyramide extensiv	[48] Kpl.: ~2 h L: ~3 km TDL intensiv R: ~8 km TRF intensiv	[29] L: ~1:20 h extensiv [21] R: ~3 h Kraftausdauer extensiv	[10b] S: ~3 km 18 x 50 m Paddles intensiv [33] L: ~1 h Fahrtspiel intensiv	[30] L: ~1:30 h Fettstoffwechsel [23] R: ~2 h 5 x 2000 m Stehvermögen	[17] R: ~6 h Fettstoffwechsel	22 – 24 h
4.	[5a] S: ~2,5 km 2 x 800 m extensiv	[7c] S: ~3 km 12 x 100 m intensiv [1] S: ~2 km REKOM	[51] Kpl.: ~2 h R: ~0:45 h TRF intensiv L: ~1:15 h extensiv		[1c] S: ~2,3 km REKOM	[16] R: ~2:30 h extensiv	[53] Testtriathlon – duathlon	8 – 10 h + Test

Wochenpläne D: Training für Leistungssportler: Langdistanz – spezielle Vorbereitung

Woche	Montag	Dienstag	Mittwoch	Donnerstag	Freitag	Samstag	Sonntag	Umfang
1.	☆13b S: ~3 km 400-m-Test	☆45 L: ~1:15 h Feldstufen-test	▷50c Kpl: ~3:30 h R: ~3 h extensiv L: ~0:20 h TDL intensiv	▷18 R: ~2:30 h Fahrtspiel extensiv	▷32 L: ~1 h Fahrtspiel extensiv	29 L: ~1:30 h extensiv	17 R: ~5 h Fettstoffwechsel	20–22 h
		2c S: ~3,8 km 3000 m DS extensiv		◇10c S: ~4 km 15 x 100 m Paddles intensiv	5b S: ~4,6 km 4 x 800 m extensiv	16 R: ~3 h extensiv	31 L: ~0:40 h intensiv	
2.	5c S: ~6 km 3 x 1500 m extensiv	☆27 R: ~2 h Feldstufen-Test	47 Kpl: ~3 h R: ~2:15 h Fahrtspiel extensiv L: ~0:45 h extensiv	38 L: ~1 h 8 x 1000 m intensiv	21 R: ~3 h Kraftausdauer extensiv	30 L: ~2 h Fettstoffwechsel	17 R: ~5 h Fettstoffwechsel	24–26 h
		2c S: ~3,8 km 3000 m DS extensiv		16 R: ~3 h extensiv	12c S: ~4,5 km 6 x 400 m Langsprints	◇20 R: ~1:30 h intensiv	◇34 L: ~0:40 h Tempodauer-lauf	
3.	◇6c S: ~5 km 2 x 1500 m Tempowechsel	39 L: ~1 h 10 x 300 m intensiv	▷51d Kpl: ~3 h R: ~1 h TRF intensiv L: ~2 h extensiv	▷33 L: ~1 h Fahrtspiel intensiv	21 R: ~3 h Kraftausdauer extensiv	30 L: ~2 h Fettstoffwechsel	17 R: ~7 h Fettstoffwechsel	26–30 h
		◇8c S: ~4,5 km Pyramide		16 R: ~3 h extensiv	12b S: ~4 km 8 x 200 m Langsprints	◇20 R: ~1:30 h intensiv	◇34 L: ~0:40 h Tempodauer-lauf	
4.	☆7d S: ~5 km 12 x 200 m intensiv	40 L: ~1 h 10 x 200 m intensiv	▷52 Kpl: ~3 h R: ~1 h extensiv · 4b S: ~4 km 5 x 400 m extensiv R: ~0:30 h TRF intensiv	29 L: ~1 h extensiv	▷1c S: ~2 km REKOM	17 R: ~3 h Fettstoffwechsel	☆53 Testtriathlon – duathlon	12–14 h + Test
		16 R: ~2 h extensiv						

Wie Sie das Training während einer Phase mit wöchentlich aufeinanderfolgenden Wettkämpfen gestalten können, wird **in den Wochen 4–6** dargestellt. Diese Phase ist besonders kritisch, da die Stabilität Ihrer Leistungsfähigkeit auf dem Spiel steht. Die intensiven Wettkampfbelastungen können sich negativ auf das Niveau der Grundlagenausdauer auswirken, was in der Folge zur Instabilität der Leistung führen kann. Inbesondere dann, wenn Sie in der Phase zwischen den Wettkämpfen Ihren Körper noch mit zusätzlichen langen Trainingseinheiten im hochintensiven Bereich beanspruchen. Leistungsinstabilität bedeutet, daß Sie eher zufällig eine gute Form an einem bestimmten Wettkampf haben. Nach dem Wettkampfblock ist eine Wettkampfpause von 3 Wochen erforderlich, um die physisch und psychisch mentale Ermüdung zu kompensieren und die Voraussetzungen für neue Höchstleistungen zu schaffen. Wie **in den Wochen 7–9** aufgezeigt, haben jetzt extensive Belastungen und das Crosstraining als Kompensation Priorität. Ihr Organismus soll sich von seiner Hauptbeanspruchungsform regenerieren, gleichzeitig aber die Leistungsfähigkeit auf einem hohen Niveau halten. In jedem Fall ist es günstig, die Regeneration durch zusätzliche Maßnahmen zu unterstützen (s. S. 202). Die **Woche 10** zeigt die Vorbereitung auf einen weiteren Hauptwettkampf. Wie man mit einer besonderen Trainings- und Ernährungsgestaltung einen maximalen Superkompensationseffekt erzielen kann, wird unter der Bezeichnung «Tapering» auf Seite 156 erläutert.

Kurz- und Langdistanz

Planen Sie Wettkämpfe über die Kurz- und Langdistanz, so müssen Sie beachten, daß etwa 4 Wochen vor einem «Ironman» kein Hauptwettkampf über die Kurzdistanz erfolgen sollte. Danach sind ebenfalls 3–4 Wochen für Regeneration und Neuaufbau erforderlich. Es ist zwar möglich, auch in kürzerem zeitlichen Abstand (etwa 2 Wochen) sehr gute Leistungen auf der Kurzdistanz zu erbringen, jedoch kann damit die Regeneration so massiv gestört werden, daß die Leistungsfähigkeit im Verlauf der weiteren Saison auf dem Spiel steht. In den Wochenplänen haben wir für **die ersten fünf Wochen** drei Wettkämpfe über die Kurzdistanz und am Ende der Saison ein Start über die Langdistanz vorgesehen. Nach dem Wettkampf über die Kurzdistanz in der 5. Woche sollten Sie sich **in der 6. Woche** sehr gut erholen. Neben regenerativen Maßnahmen stehen Crosstraining und lockeres Schwimmen und Radfahren auf dem Programm. Die wechselnden Beanspruchungsformen unterstützen die Regenerationsprozesse und bringen Motivation für den zweiten Leistungsaufbau mit dem Ziel Langdistanz. **In der 7. und 8. Woche** wird der Trainingsumfang noch mal bis auf etwa 22 Stunden gesteigert. Trotz der hohen Trainingsumfänge soll am Ende der 8. Woche ohne «Tapering» ein Kurztriathlon als Aufbauwettkampf genutzt werden. Er dient der Formüberprüfung, zum Sammeln von Wettkampferfahrung und -routine. Nach dieser Gipfelbelastung werden die Umfänge bis zum «Ironman» reduziert. Die letzte Woche ist eine typische «Tapering»-Woche (s. S. 156).

Wochenpläne B: Training für Leistungssportler: Kurzdistanz – Wettkampfperiode

Woche	Montag	Dienstag	Mittwoch	Donnerstag	Freitag	Samstag	Sonntag	Umfang
1.	[1b] S: ~2 km REKOM	<6c> S: ~3 km 1500 m Tempowechsel	<48> Kpl.: ~2 h L: ~2 km TDL intensiv R: ~10 km RF intensiv 3 x wechseln		<8b> S: ~2,5 km Pyramide	[47] Kpl.: ~2:30 h R: ~1:45 h Fahrtspiel extensiv L: ~0:45 h extensiv	[17] R: ~4 h Fettstoffwechsel	11–12 h
2.	(11c) S: ~2,5 km 8 x 100 m Kurzsprints	[29] L: ~1 h extensiv	(49) Kpl.: ~1:30 h L: ~1 km TL intensiv R: ~4 km TRF intensiv 3 x wechseln	[28] L: ~0:40 h REKOM [1c] S: ~1,5 km REKOM		[16] R: ~2 h extensiv	Triathlon Sprint/Kurzdistanz	9–10 h
3.	[1a] S: ~1,5 km REKOM [15] R: ~1 h REKOM		[16] R: ~2:30 h extensiv	[29] L: ~1 h extensiv		[47] Kpl.: ~3 h R: ~2 h Fahrtspiel extensiv L: ~1 h extensiv	[17] R: ~3 h Fettstoffwechsel	10–11 h
4.	<7a> S: ~2 km 10 x 100 m intensiv	(39) L: ~1 h 8 x 300 m intensiv [16] R: ~1:30 h extensiv	(49) Kpl.: ~1:10 h L: ~1 km TL intensiv R: ~3 km TRF intensiv 2 x wechseln	[28] L: ~0:45 h REKOM	[1c] S: ~1,5 km REKOM	[15] R: ~1 h REKOM	1. Hauptwettkampf Kurzdistanz	9–10 h
5.	[1b] S: ~2,2 km REKOM	[16] R: ~1:30 h extensiv	(40) L: ~1 h 8 x 200 m intensiv		[1c] S: ~1,5 km REKOM	[15] R: ~1 h REKOM	Triathlonwettkampf	7–8 h
6.	<8b> S: ~2,5 km Pyramide	[16] R: ~1:30 h extensiv	[29] L: ~0:50 h extensiv		[1c] S: ~1,5 km REKOM	[15] R: ~1 h REKOM	Triathlonwettkampf	7–8 h

Woche	Montag	Dienstag	Mittwoch	Donnerstag	Freitag	Samstag	Sonntag	Umfang
7.	[1b] S: ~2 km REKOM	[55] CT: ~1 h Inline-Skating extensiv		[55] ~1 h Aqua-Jogging	[16] R: ~2 h extensiv	[55] CT: ~1 h Inline Skating extensiv	[17] R: ~4 h Fettstoffwechsel	10–11 h
8.	[2b] S: ~2,5 km 2000 m DS extensiv		[52a] Kpl.: ~2 h L: ~0:30 h extensiv / [7a] S: ~2 km 10 x 100 m intensiv L: ~0:30 h extensiv	[55] CT: ~1:30 h Inline-Skating extensiv	[9b] S: ~3 km 6 x 300 m Paddles extensiv	[30] L: ~2 h Fettstoffwechsel	[17] R: ~5 h Fettstoffwechsel	12–13 h
9.	[10b] S: ~3 km 15 x 50 m Paddles intensiv	[29] L: ~1 h extensiv	[52c] Kpl.: ~2:30 h R: ~0:30 h extensiv S: ~2,5 km 6 x 200 m extensiv R: ~0:30 h intensiv		[8b] S: ~2,5 km Pyramide extensiv	[33] L: ~1 h Fahrtspiel intensiv	[17] R: ~4 h Fettstoffwechsel	11–12 h
10.	[11c] S: ~2,5 km 8 x 100 m intensiv	[16] R: ~1:30 h extensiv	[49] Kpl.: ~1:10 h L: ~1 km TL intensiv R: ~3 km TRF intensiv 2 x wechseln		[1c] S: ~1,5 km REKOM	[15] R: ~1 h REKOM	2. Hauptwettkampf Kurzdistanz	7–8 h

Wochenpläne C: Training für Leistungssportler: Kurz- und Langdistanz – Wettkampfperiode

Woche	Montag	Dienstag	Mittwoch	Donnerstag	Freitag	Samstag	Sonntag	Umfang
1.	[1a] S: ~2 km REKOM	(7c) S: ~3 km 15 x 100 m intensiv	(48) Kpl.: ~3 h L: ~3 km TDL intensiv R: ~10 km RF intensiv 3 x wechseln	(38) L: ~1:20 h 8 x 1000 m intensiv	(6c) S: ~3,5 km 2 x 1500 m Tempowechsel	[47] Kpl.: ~3 h R: ~2 h Fahrtspiel extensiv L: ~1 h extensiv	[17] R: ~4 h Fettstoffwechsel	18 – 20 h
		[29] L: ~1 h extensiv		[16] R: ~2 h extensiv	(32) L: ~2 h Fahrtspiel extensiv			
2.	(10b) S: ~3 km 15 x 50 m Paddles	[29] L: ~1:10 h extensiv	(49) Kpl.: ~1:30 h L: ~2 km TL intensiv R: ~4 km TRF intensiv 3 x wechseln	[28] L: ~0:45 h REKOM		[16] R: ~2:30 h extensiv	WK Kurztriathlon	12 – 14 h
		(24) R: ~1:45 h 6 x 100 m Sprints		(11c) S: ~2,5 km 6 x 100 m Kurzsprints				
3.	[1a] S: ~1,5 km REKOM		[16] R: ~3 h extensiv	[29] L: ~1:20 h extensiv	(9c) S: ~4 km 3 x 1000 m Paddles	[47] Kpl.: ~4 h R: ~2:30 h Fahrtspiel extensiv L: ~1:30 h extensiv	[17] R: ~5 h Fettstoffwechsel	16 – 18 h
	[15] R: ~1 h REKOM							

Woche	Montag	Dienstag	Mittwoch	Donnerstag	Freitag	Samstag	Sonntag	Umfang
4.	[28] L: ~0:45 h REKOM [4c] S: ~4,5 km 6 x 400 m extensiv	(49a) Kpl.: ~1 h L: ~2 km TL intensiv R: ~4 km TRF intensiv 3 x wechseln	[16] R: ~2 h extensiv		[1c] S: ~2 km REKOM [28] L: ~0:30 h REKOM	[16] R: ~2 h extensiv	Wettkampf Kurztriathlon	10–12 h
5.	[3b] S: ~3 km 8 x 200 m extensiv	[16] R: ~2 h extensiv	(40) L: ~1 h 6 x 200 m intensiv [15] R: ~1:30 h REKOM		[1c] S: ~2 km REKOM [28] L: ~0:30 h REKOM	[15] R: ~1:30 h REKOM	Wettkampf Kurz- oder Mitteltriathlon	10–12 h
6.		(55) CT: ~1:30 h Inline-Skating extensiv	(55) CT: ~0:40 h Aqua-Jogging	[2b] S: ~2,5 km 2000 m DS extensiv		[16] R: ~3 h extensiv	(55) CT: ~2 h Inline-Skating extensiv	8–9 h
7.	[29] L: ~1 h extensiv [8b] S: ~3,8 km Pyramide	[18] R: ~2 h Fahrtspiel extensiv (9c) S: ~4 km 3 x 1000 m Paddles extensiv	[16] R: ~2:30 h extensiv	(55) CT: ~1 h Inline-Skating Fahrtspiel (10b) S: ~3 km 18 x 50 m Paddles intensiv	[21] R: ~2 h Kraftausdauer extensiv	(55) CT: ~2 h Inline-Skating extensiv	(50) Kpl.: ~6 h R: ~5:30 h Fettstoffwechsel L: ~0:30 h intensiv	18–20 h

Woche	Montag	Dienstag	Mittwoch	Donnerstag	Freitag	Samstag	Sonntag	Umfang
8.	[6b] S: ~4 km 3 x 800 m intensiv [37] L: ~1:15 h Fahrtspiel extensiv	[52c] Kpl.: ~3 h R: ~1 h extensiv ~2,5 km 2000 m DS extensiv S: [2b] R: ~0:30 h TRF intensiv [21] R: ~3 h Kraftausdauer extensiv	[39] L: ~1 h 6 x 300 m Tempoläufe	[30] L: ~2:30 h Fettstoffwechsel	[8b] S: ~2,5 km Pyramide extensiv [16] R: ~2 h extensiv	[16] R: ~3 h extensiv	Wettkampf Kurztriathlon Aufbauwettkampf	20–22 h
9.	[9c] S: ~4 km 3 x 800 m Paddles extensiv	[52b] Kpl.: ~3 h R: ~1 h extensiv ~3,8 km Dauerschwimmen S: [2c] R: ~1 h extensiv	[29] L: ~1:15 h extensiv	[39] L: ~1:15 h 8 x 300 m Tempoläufe [16] R: ~2 h extensiv	[12c] S: ~4 km 3 x 400 intensiv	[47] Kpl.: ~2:30 h R: ~1:45 h Fahrtspiel extensiv L: ~0:45 h extensiv	[17] R: ~3 h Fettstoffwechsel	14–16 h
10.	[8b] S: ~3,8 km Pyramide [29] L: ~1 h extensiv	[32] L: ~1 h Fahrtspiel extensiv	[18] R: ~1:30 h Fahrtspiel extensiv [6a] S: ~2 km 2 x 600 m Tempowechsel		[1c] S: ~2 km REKOM [15] R: ~1 h REKOM	[28] L: ~0:30 h REKOM	Wettkampf Langdistanz 'Ironman' [31] L: ~1 h intensiv	6–8 h + Iron-man

Langdistanz

Diese Wochenpläne richten sich an Triathleten, die sich konsequent auf Langtriathlons vorbereiten. Starts über kürzere Distanzen dienen der Abwechslung und haben vorbereitenden Charakter für die Langstrecke. Nach den hohen Trainingsumfängen der speziellen Vorbereitungsperiode wird in diesem Plan eine zweiwöchige «Tapering»-Phase auf den ersten Langdistanz-Triathlon und das weitere Training auf einen Kurztriathlon dargestellt.

Zu Beginn der «Tapering»-Phase **in Wochen 1 und 2** sollen Sie sich ein paar Tage von dem Testtriathlon am Ende der speziellen Vorbereitungsperiode erholen. In der zweiten Wochenhälfte werden in den Teildisziplinen die für den «Ironman» angestrebten Geschwindigkeiten über kürzere Strecken angesprochen. Nach dem Wettkampf müssen Sie sich mindestens zwei Wochen Zeit zur Erholung nehmen. Sportliche Aktivitäten, die Ihnen Spaß bereiten, unterstützen die Regeneration. Fühlen Sie sich wieder leistungsbereit und haben Lust auf das Training, können Sie die Teilnahme an Sprint- und Kurztriathlons vorbereiten. Wie **in den Wochen 5 und 6** dargestellt, müssen Sie durch kurze intensive Einheiten die muskulären Voraussetzungen für höhere Bewegungsgeschwindigkeiten schaffen. Die Bewegungsmonotonie, entstanden durch das umfangreiche aerobe Training in der Vorbereitung auf den Ironman, muß durchbrochen werden.

Für die weitere Gestaltung der Wettkampfperiode haben Sie mehrere Alternativen:

1. Sie planen nach dem Langtriathlon in der 2. Woche und dem Kurztriathlon in der 6. Woche nur noch Starts über die Sprint- und Kurzdistanz. Für diesen Fall orientieren Sie sich an den Wochenplänen B der *Wettkampfperiode / Kurzdistanz* (s. S. 151).
2. Sie wollen vor dem 2. Langtriathlon an weiteren Kurztriathlons teilnehmen. Für diesen Fall können Sie die Wochenpläne C der *Wettkampfperiode / Kurz- und Langdistanz* (s. S. 153) zu Rate ziehen.
3. Sie wollen ausschließlich auf der Langdistanz starten. Für diesen Fall empfehlen wir Ihnen, etwa 6 Wochen vor dem nächsten Langtriathlon wieder mit dem Plan D der *speziellen Vorbereitung* (s. S. 149) zu beginnen, wobei Sie die Umfänge etwas reduzieren sollten. In die Planung der letzten 2 Wochen lassen Sie Ihre Erfahrungen einfließen und orientieren sich an den beiden unmittelbaren Vorbereitungswochen auf den ersten Wettkampf.

Wettkampfwoche (Tapering)

Eine besondere Ernährungs- und Trainingsgestaltung in den letzten Tagen vor einem Hauptwettkampf kann Ihre Wettkampfleistung positiv beeinflussen. Mit der Kombination von Training und spezieller Diät ist es möglich, die Glykogenspeicher von Leber und Muskulatur am Wettkampftag deutlich über das normale Niveau zu erhöhen (Superkompensationseffekt). Dazu wird die Wettkampfwoche in drei Phasen unterteilt: in eine Phase der vermehrten Proteinzufuhr, eine Phase der vermehrten Kohlenhydratzufuhr und in die Phase der Wettkampfernährung.

Die **proteinreiche Phase** (Dauer etwa 3 Tage) beginnt nach einer hochintensiven oder einer sehr langen aeroben Trainingseinheit. Der Anteil der Proteine wird auf

Wochenpläne D: Training für Leistungssportler: Langdistanz – Wettkampfperiode

Woche	Montag	Dienstag	Mittwoch	Donnerstag	Freitag	Samstag	Sonntag	Umfang
1.	[1a] S: ~2 km REKOM		[47] Kpl.: ~3 h R: ~2 h Fahrtspiel extensiv L: ~1 h extensiv	[6c] S: ~5 km 2 x 1500 m Tempowechsel	[31] L: ~1 h intensiv; [8c] S: ~4,5 km Pyramide	[30] L: ~2 h Fettstoffwechsel; [19] R: ~2 h Fahrtspiel intensiv	[50] Kpl.: ~3:30 h R: ~3 h extensiv L: ~0:30 h Tempodauerlauf	14–16 h
2.	[8b] S: ~3,8 km Pyramide; [29] L: ~1 h extensiv	[40] L: ~1 h 8 x 100 m intensiv	[23] R: ~1:30 h 4 x 500 m Stehvermögen		[15] R: ~0:40 h REKOM; [1c] S: ~2 km REKOM	[28] L: ~0:30 h	Wettkampf Langdistanz 'Ironman'	6–8 h + Iron- man
3.			[1b] S: ~1,5 km REKOM		[15] R: ~1 h REKOM	[55] CT: ~1:30 h Inline-Skating extensiv		~3 h
4.	[55] CT: ~1:30 h Inline-Skating extensiv		[3b] S: ~3 km 6 x 200 m extensiv		[55] CT: ~2 h Inline-Skating extensiv	[16] MTB: ~2 h extensiv		6–7 h
5.	[32] L: ~1 h Fahrtspiel	[11b] S: ~3 km 3 x (6 x 50 m) Kurzsprints	[18] R: ~2 h Fahrtspiel extensiv	[39] L: ~1 h 8 x 300 m intensiv		[48] Kpl.: ~2 h L: ~2 km TDL intensiv R: ~10 km RF intensiv 3 x wechseln	[17] R: ~3 h Fettstoffwechsel	9–10 h
6.	[11c] S: ~2,5 km 8 x 100 m Kurzsprints	[40] L: ~1 h 4 x 200 m intensiv	[24] R: ~1:30 h 6 x 50 m Sprinttraining		[1c] S: ~2 km REKOM; [28] L: ~0:30 h REKOM	[15] R: ~1 h REKOM	Wettkampf Kurztriathlon	5–6 h + WK

30–35 % und der der Fette auf 25–30 % der täglichen Energiezufuhr erhöht. Die Kohlenhydrataufnahme wird stark reduziert und sollte maximal 30 % an der Gesamtnährstoffzufuhr betragen. Das Training wird bei mittlerer Belastungsdauer und -intensität fortgeführt, um dadurch eine nahezu völlige Entleerung der Glykogenspeicher in Muskulatur und Leber zu erreichen. Nach einer letzten, etwas intensiveren Trainingseinheit vor dem Wettkampf beginnt die **kohlenhydratreiche Phase** (Dauer etwa 3 Tage), die durch einen relativ hohen Kohlenhydratanteil von 65–70 % an der täglichen Energieaufnahme gekennzeichnet ist. Trainiert wird im regenerativen Bereich. Ziel dieser Maßnahme ist es, die Glykogenspeicher über das Ausgangsniveau hinaus aufzufüllen. Die Verpflegung **am Wettkampftag** vor und während des Wettkampfes hat unmittelbaren Einfluß auf die Wettkampfleistung. Achten Sie vor und während dem Wettkampf auf die Flüssigkeitsaufnahme, und trinken Sie auch ohne Durstgefühl in regelmäßigen Abständen. Die letzte Mahlzeit sollten Sie etwa 2 bis 3 Stunden vor dem Wettkampf zu sich nehmen. Am günstigsten ist es, leicht verdauliche Nahrungsmittel, an die Sie gewohnt sind, zu essen, um Ihren Magendarmtrakt mit der Verdauung nicht zu belasten.

Wettkampf

Es gibt Athleten, die den Streß, der mit einer zeitlich knapp bemessenen Anreise verbunden ist, zu brauchen scheinen. Wir raten Ihnen, rechtzeitig zum Wettkampf anzureisen. Sie müssen hinreichend Zeit haben, zum Kennenlernen der Wettkampfstrecken, zum Abholen der Startunterlagen, zum Einrichten des persönlichen Wechselplatzes, zum Aufwärmen und zur mentalen Vorbereitung. Um Störeinflüsse während des Wettkampfes zu minimieren, sollten Sie die Wechselzone(n) und die Wettkampfstrecken besichtigen und sich deren Aufbau und Verlauf gut einprägen. Sie sollten wissen, welche Streckenabschnitte starker Sonneneinstrahlung ausgesetzt sind, wo es bergauf und bergab geht, wo unebener Straßenbelag (Kopfsteinpflaster) den Fahrrhythmus stört, wo sich Verpflegungsstationen befinden, an welcher Stelle Ihr Partner / Trainer Sie anfeuert u. a. m. Orientierungsprobleme treten häufig in der Wechselzone auf. Insbesondere auf Großveranstaltungen haben Athleten immer wieder Probleme, im Wechselbereich die kürzesten Wege zu nehmen. Aufgeregt und zerstreut suchen Sie Ihren Wechselplatz. Nur wenn Sie über die Anordnung der Wechselzone und über die zu laufenden Wege vom Schwimmen zum Radfahren und vom Radfahren zum Laufen genauste Kenntnisse haben, werden Sie keine wertvollen Sekunden im Wettkampf verschenken.

Bei Wettkämpfen, die in anderen Zeit- oder Klimazonen stattfinden, muß sich der Organismus auf die Zeitverschiebung einstellen und an das neue Klima anpassen. Aus der Flugmedizin ist bekannt, daß Flüge entgegen dem Sonnenverlauf (Ostrichtung) die größten Umstellungsprobleme am Aufenthaltsort verursachen. Als Faustregel gilt, daß für jede Stunde Zeitverschiebung (Vorauszeit) ein Umstellungstag erforderlich ist. Die vom Gehirn gesteuerten Biorhythmen in den einzelnen Funktionssystemen (Schlaf-Wach-Rhythmus, Nahrungsaufnahme-Rhythmus, psycho-physischer Aktivitätsrhythmus u. a.) benötigen relativ lange Umstellungszeiten, um sich auf den neuen Tag-Nacht-Rhythmus einzustellen. Neben der Zeitanpassung benötigen Sie mehrere Tage zur Akklimatisation. An Hitzebedingungen kann sich der Organismus in fünf bis sieben Tagen anpassen. Eine wirksame Akklimatisation erreichen Sie, wenn Sie einige Tage bei heißen Temperaturen etwa 1 – 2 Stunden täglich trainieren. So werden die Schweißdrüsen empfindlicher und sondern pro Zeiteinheit mehr Schweiß ab. Die Umstellung auf Hitze können Sie auch zu Hause durch Saunaaufenthalte oder durch ein Ausdauertraining mit stark wärmender und wenig luftdurchlässiger Bekleidung vorbereiten. Sind Sie hinreichend akklimatisiert, können Sie auch bei extremen Temperaturen eine Topleistung erbringen. Gut beraten sind Sie, wenn Sie z. B. zu den «Ironmans» in Australien, Neuseeland und Hawaii 10 – 12 Tage, in Japan 6 – 8 Tage und in Kanada und Lanzarote 5 – 7 Tage vor dem Wettkampf anreisen.

Eine leichte Nervosität vor dem Wettkampf ist normal, ja sogar wünschenswert. Die zentralnervöse Aktivierung hat eine positive Wirkung auf die Leistungsbereitschaft und beeinflußt die für die Belastung notwendigen Stoffwechselprozesse günstig. Viele Sportler beklagen in der Nacht vor einem bedeutenden Wettkampf einen unruhigen, nervösen Schlaf. Die Erfahrungen zeigen jedoch, daß selbst bei einer schlaflosen Nacht gute Wettkampfleistungen zu erzielen sind, wenn Sie zwei Tage vor dem Wettkampf ausreichend geschlafen haben. Am Wettkampftag sollten Sie auf keinen Fall irgend etwas neues Ungewohntes ausprobieren. Dies gilt insbesondere für Ihre Ernährungsgewohnheiten, die Wahl des Materials und der richtigen Wettkampfbekleidung.

Vor dem Start sollten Sie sich gut aufwärmen, um den aeroben Stoffwechsel zu mobilisieren. Wenn Sie die Möglichkeit haben, fahren Sie etwa 20 Minuten locker ein und führen anschließend leichte Dehnübungen durch. Unmittelbar vor dem Start ist es günstig, sich etwa 5 min einzuschwimmen. Intensive Belastungen, die zu einer Erhöhung des Lactatspiegels führen, sind zu vermeiden. Suchen Sie sich entsprechend Ihrer Schwimmleistung eine gute Position für den Schwimmstart. Es ist wenig sinnvoll, als mäßiger Schwimmer aus der ersten Reihe zu starten.

Für die Renneinteilung gibt es verschiedene taktische Varianten:
1. Sie orientieren sich ausschließlich an der eigenen Leistungsfähigkeit und nutzen als Biofeedback ein Herzfrequenz-Meßgerät.
2. Sie konzentrieren sich mehr auf Konkurrenten und Wettkampfgeschehen. Dazu muß taktisches Verhalten beherrscht werden. Überholmanöver dürfen nicht langsam und zaghaft, sondern müssen energisch ausgeführt werden, um einen psychologischen Nutzen daraus zu erzielen. Schwächephasen nicht zeigen, beispielsweise durch ständiges Umschauen nach den Mitstreitern. Beim Schwimmen, Laufen und Radfahren (sofern erlaubt) den Wasser- bzw. Windschatten ausnutzen, um Kräfte zu schonen.

Die Verpflegung vor und während des Wettkampfes hat einen unmittelbaren Einfluß auf die Wettkampfleistung. Neben einer kohlenhydratbetonten Kost in den letzten Tagen vor dem Wettkampf muß man für eine ausreichende Flüssigkeitszufuhr sorgen, denn durch vermehrtes Transpirieren verliert Ihr Körper neben Wasser auch wichtige Mineralstoffe. Bei sommerlichen Temperaturen kann man beim intensiven Laufen und

Radfahren im Mittel von einem Schweißverlust von 1–1,5 l pro Stunde ausgehen. Ein Flüssigkeitsverlust von 4–5 % während einer Dauerbelastung führt schon zu einer Dehydratation (Austrocknung) und in der Folge zu einer Verminderung der Leistungsfähigkeit. Ihr Körper reagiert erst mit einem Durstgefühl, wenn bereits ein leistungsmindernder Flüssigkeitsverlust eingetreten ist. Achten Sie daher in Training und Wettkampf auf die Flüssigkeitsaufnahme, und trinken Sie auch ohne Durstgefühl in regelmäßigen Abständen (15–20 min). Am Vorabend eines Wettkampfes sollten Sie etwa 2 Liter Flüssigkeit (isoton) zu sich nehmen und während des Wettkampfes möglichst keine Verpflegungsstation auslassen. Die letzte Mahlzeit essen Sie etwa 2–3 Stunden vor dem Wettkampf. Leicht verdauliche Nahrungsmittel, an die Sie gewohnt sind und die den Magendarmtrakt nicht unnötig mit der Verdauung belasten, sind zu wählen.

Nach dem Zieleinlauf ist der erschöpfte Organismus besonders infektanfällig. Wärmende Bekleidung und ein sofortiger Ausgleich des entstandenen Flüssigkeits- und Energiedefizits schützen das Immunsystem vor weiteren Reizeinwirkungen. Warme Bäder, Sauna und Massage helfen darüber hinaus, die Regeneration einzuleiten und zu beschleunigen (s. S. 202). Das Training in den folgenden Wochen hat überwiegend regenerativen Charakter. Obwohl man sich auf einem Leistungshoch befindet, benötigt der Organismus schon nach einem Start über die Kurzdistanz mehrere Tage, bis er die Folgen dieser intensiven Belastung so weit verarbeitet hat, daß Sie sich neuen Herausforderungen stellen können. Nach einem «Ironman» verlängert sich die Regenerationszeit auf mehrere Wochen.

Wettkampfherzfrequenz
Viele Athleten nutzen im Wettkampf ein Herzfrequenz-Meßgerät zur Steuerung und Kontrolle der Belastungsintensität. Je länger die Wettkampfstrecken, desto bedeutsamer wird das Messen der Herzfrequenz. Mit welcher Herzfrequenz Sie die einzelnen Teildisziplinen im Wettkampf bestreiten können, ist von vielen Faktoren abhängig und nicht immer vorherzusagen. Klimatische Bedingungen, Wassertemperatur, Flüssigkeitshaushalt, Art der Energiebereistellung, Trainingszustand und mentale Stärke beeinflussen die Herzfrequenz unter Wettkampfbedingungen. Einen Anhaltspunkt für die Wettkampfherzfrequenz können Sie aus den Tests bzw. aus der maximalen Herzfrequenz erhalten. Analysen vieler Herzfrequenzprotokolle von unterschiedlichen Wettkämpfen haben gezeigt, daß im Kurztriathlon durchschnittlichen Herzfrequenzen von 92–97 %, im Mitteltriathlon von 85–90 % und im Langtriathlon von 80–90 % der Hf_{max} bei guter Leistungsfähigkeit in allen drei Disziplinen erreicht werden können (vgl. Tabelle S. 19). Bei leistungsmäßig unausgeglichenen Athleten können enorme Herzfrequenzabweichungen von einer zur anderen Disziplin auftreten. Die höchsten mittleren Herzfrequenzen werden in der Regel in der leistungsstärksten Disziplin erreicht.

Wenn Sie nicht hinreichend erholt oder Ihre Energiedepots nicht vollständig aufgefüllt sind, werden Sie im Wettkampf keine hohen Herzfrequenzen erreichen. Wir verdeutlichen das am Beispiel eines Altersklassensportlers, der nach einem Mitteltriathlon am folgenden Tag über die Kurzdistanz startete. Die durchschnittlichen Herzfrequenzen über die Mitteldistanz bei einer Gesamtzeit von 4:14 Stunden betragen 162 Schläge/min, über die Kurzdistanz bei einer Gesamtzeit von 2:05 Stunden nur 156 Schläge/min. Beide Herzfrequenzkurven weisen einen ähnlichen Verlauf auf. Im Schwimmen werden die niedrigsten Werte und im Laufen, seiner stärksten Disziplin, die höchsten Hf-Werte erreicht. Im Radfahren nimmt die Herzfrequenz in der zweiten Radhälfte als Ausdruck zunehmender Erschöpfung ab.

Mitteltriathlon

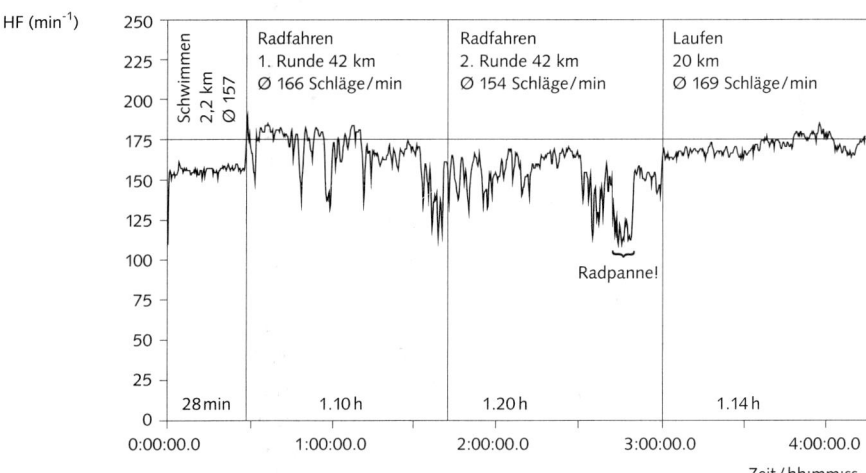

Kurztriathlon

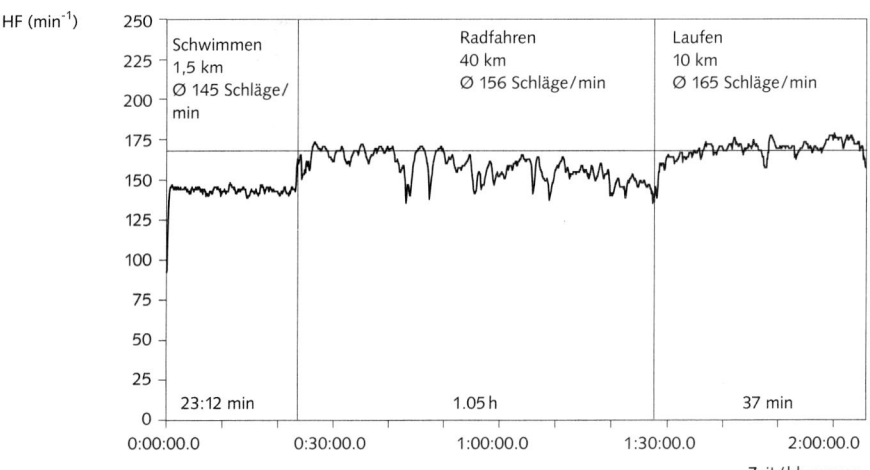

Herzfrequenzverlauf während eines Mitteltriathlons (oben) und Kurztriathlons (unten) eines 35jährigen Sportlers. Die Wettkämpfe wurden an zwei aufeinanderfolgenden Tagen absolviert.

Das Trainingscamp

Ein Trainingscamp bzw. Trainingslager ist bei vielen Triathleten fester Bestandteil im Jahrestrainingsplan. Die im Vergleich zu anderen Sportarten relativ hohen Trainings- umfänge, die weiter zunehmende Leistungsdichte, die vielversprechenden Angebote in der kalten Jahreszeit im Schnee oder unter südlicher Sonne zu trainieren, aber auch die Freude und Gesellkeit beim Gruppentraining haben dazu geführt, daß nicht nur Hochleistungssportler, sondern Triathleten aller Leistungs- und Altersklassen in Trai- ningscamps reisen. Dabei wird der gewählte Trainingsort längst nicht mehr allein von optimalen Trainingsbedingungen bestimmt. Heute messen Sportler einem attraktiven Umfeld, das auch freizeitrelevante Bedürfnisse mitberücksichtigt, eine größere Bedeu- tung bei. Die Motive sind von daher sehr vielfältig: das Trainingscamp als «Aktiv- urlaub», als Motivationsschub für das alltägliche Training, zum Abbau von Alltags- streß, zum Erleben besonderer Eindrücke, zum Knüpfen neuer Bekanntschaften, aber vor allem zur Leistungssteigerung.

Die Dauer von Trainingscamps kann sehr unterschiedlich sein und sich von drei Tagen am Wochenende mit dem Schwerpunkt auf nur einer Teildisziplin bis zum mehrwöchigen Camp erstrecken. Die Belastungsgestaltung eines kurzen Camps ist re- lativ unproblematisch. Je länger ein Trainingslager dauert, desto wichtiger wird die Trainingsplanung und -steuerung. Abgesehen vom Hochleistungssportler, der mehr- mals im Jahr ein Trainingslager durchführt, macht es für das Gros der Triathleten Sinn, einmal im Jahr ein Trainingslager in der Vorbereitungsphase durchzuführen oder einen Skilanglauf-Aktivurlaub zu planen. Das vorrangige Ziel ist die Verbesse- rung der Grundlagen- und Kraftausdauerfähigkeit.

Sprunghafte Leistungszuwächse erwarten meist jene, die aufgrund von beruflichen, schulischen und sozialen Verpflichtungen nicht viel Zeit in das Training zu Hause in- vestieren können. Ein Trainingscamp bedeutet für Sie, endlich einmal genügend Zeit für das Training zu haben. Nach wenigen Tagen harter Trainingsarbeit will man an sei- ne alte Form anknüpfen, und am Ende soll sogar eine deutlich verbesserte Leistung stehen. Dies gelingt erfahrungsgemäß nicht immer. Der Körper rebelliert, manchmal schon im Trainingscamp, meist in den Wochen danach, wenn er die zu hohen Trai- ningsbelastungen nicht verarbeiten kann. Infektanfälligkeit, Müdigkeit, Unlust («burn-out») und Leistungsabfall können mögliche Folgen sein. Damit es Ihnen nicht so ergeht, werden nachfolgend Tips und Erfahrungen zur Vorbereitung und Gestal- tung eines Trainingslagers vermittelt.

Trainingsort

Der Erfolg eines Trainingscamps wird entscheidend von der rechtzeitigen Planung, der Auswahl des Trainingsortes und der sportlichen Vorbereitung geprägt. Deshalb sollten Sie sich möglichst früh auf den genauen Zeitpunkt und das Ziel des Camps festlegen. Neben dem sportlichen Angebot, wie guter Trainingsbetreuung, dem Ange- bot eines nach Leistungsstärke differenzierten Gruppentrainings, sportmedizinischer und physiotherapeutischer Betreuung und eventuell einen Radservice, spielt der Trainingsort als «Urlaubsparadies» eine große Rolle. Denn hohe Trainingsbelastungen bedürfen eines guten Umfeldes, um auch der Psyche genügend Raum zur Regeneration zu bieten. Dies wirkt sich positiv auf Ihre Trainingsarbeit und Ihr Immunsystem aus.

Bei kürzeren Trainingscamps sollten Sie möglichst in der mitteleuropäischer Zeitzone bleiben, um die Anpassungszeit so kurz wie möglich zu halten. Man kann davon ausgehen, daß für jede Stunde Zeitverschiebung ein Tag zur Akklimatisation nötig ist. Das Training an diesen Tagen dürfte nur regenerierenden Charakter haben, so daß Ihre effektiven Trainingstage auf wenige zusammenschrumpfen würden. Nach der Rückkehr würden sich ähnliche Probleme beim Wiedereinfinden in den Alltag inklusive «Jetlag» ergeben. Die wichtige Phase der Regeneration wäre erheblich gestört. Ein- bis zweiwöchige Trainingscamps in Südeuropa oder Südafrika scheinen aus diesem Gesichtspunkt sinnvoller zu sein als Camps in Übersee wie Flagstaff (Arizona) oder Boulder (Colorado).

Optimale Bedingungen für einen Trainingsort:

- keine zu weite Anreise und damit auch keine zu große Verschiebung der Zeitzone,
- ein trockenes, aber nicht zu heißes oder zu kaltes Klima,
- eine Unterkunft in landschaftlich reizvoller Gegend,
- in Menge und Qualität dem Sport angepaßte Ernährung,
- eine sportliche Betreuung und Beratung (z. B. Feldtests mit Lactatmessung),
- Trainingsangebote in verschiedenen Leistungsgruppen,
- Erfahrungsaustausch, Tips und Hinweise (Vorträge, Seminare),
- organisatorischer Service (z. B. Transfer zu den Trainingsstätten),
- ein Physiotherapeut, Arzt, Masseur,
- attraktive alternative Sportangebote und
- kulturelle Angebote.

Vorbereitung

Ein Trainingslager muß durch ein mehrwöchiges regelmäßiges Training vorbereitet werden, um eine hohe organische Belastbarkeit herzustellen. Besonderes Augenmerk gilt dabei dem Stütz- und Bewegungssystem, um typische Überlastungssymptome wie Sehnenscheiden- und Schleimbeutelentzündungen, Reizungen an den Sehnenansätzen sowie muskuläre Verspannungen und Verhärtungen zu vermeiden. Je belastbarer Ihr Organismus ist, desto umfangreicher können Sie im Trainingslager trainieren und desto geringer ist die Wahrscheinlichkeit, daß Sie das Training aufgrund von Überbelastungsreaktionen unterbrechen müssen. Sie sollten Ihre Trainings- und Ernährungsgewohnheiten nicht völlig verändern. Die plötzlich umfangreich zur Verfügung stehende Trainingszeit und die veränderten Trainingsangebote im Camp können Sie leicht dazu verleiten, Ihre Trainingsgewohnheiten völlig aufzugeben. Dies ist nicht ganz unproblematisch. Muskuläre Anpassungsschwierigkeiten und Überbelastungsreaktionen können entstehen, wenn ungewohnte Trainingsmittel, wie Kraftraum, Laufen auf der Tartanbahn oder steile, lange Bergfahrten übermäßig genutzt werden, die nicht Bestandteil Ihres Heimtrainings sind. Auch eine starke Veränderung der Ernährungsgewohnheiten kann in Verbindung mit den hohen Trainingsbelastungen zu Umstellungsproblemen (Verdauungstrakt) führen. Genügend Schlaf (8–10 h), eine bedarfsangepaßte Ernährung und Regenerationsmaßnahmen sind erforderlich, um die Erholungsprozesse zu beschleunigen. Fühlen Sie sich trotz dieser Maßnahmen äußerst müde, dann sollten Sie einen oder mehrere Tage pausieren oder ein lockeres Kompensationstraining durchführen. Ignorieren Sie die starke Ermüdung, kann sich ein Übertrainingszustand über mehrere Wochen manifestieren, und Sie hätten keinen Vorteil aus dem Trainingslager. Der Erfolg der gesamten Saison steht auf dem Spiel.

Trainingsstruktur und Belastungsgestaltung

Die Belastungsgestaltung Ihres Trainingslagers ist abhängig von Ihrer aktuellen Belastbarkeit, der Dauer und der Höhenlage des Trainingsortes und der zeitlichen Einordnung im Trainingsjahr. Die sportliche Belastbarkeit wird bestimmt vom gesundheitlichen Zustand, der Höhe des Jahrestrainingsumfangs und dem Trainingsalter. Spitzentriathleten mit über 1500 Trainingsstunden im Jahr können folglich im Trainingslager längere Belastungszeiträume wählen als weniger gut trainierte Athleten oder Nachwuchssportler.

Die freie Zeit, die guten äußeren Bedingungen und ein motivierendes Gruppentraining können zu übertriebenem Trainingseifer, ja geradezu zu einer «Trainingseuphorie» führen. Die Selbsteinschätzung der eigenen Leistungsfähigkeit kann beeinträchtigt werden. Überbeanspruchungen werden dann meist gar nicht oder zu spät wahrgenommen. Überbeanspruchungen können aber auch aus einem falschen Trainingskonzept resultieren, wenn die Trainingsbelastungen sich nicht an Ihrem aktuellen Trainingszustand orientieren und die wichtigsten Trainingsprinzipien wie beispielsweise Zyklisierung, Belastung und Erholung oder progressiv ansteigende Trainingsbelastungen außer acht gelassen werden. Deshalb ist es gerade auch im Trainingslager wichtig, Ihre Belastungsintensität mittels Lactat- und Herzfrequenzmessungen zu kontrollieren und Ihre persönlichen Trainingsbereiche einzuhalten.

Training in der Höhe

Der Einsatz des Höhentrainings zur Leistungssteigerung ist erst sinnvoll, wenn Sie seit mehreren Jahren regelmäßig mindestens 10 Stunden pro Woche trainieren und über eine stabile aerobe Leistungsfähigkeit verfügen. Ein besonderer Vorteil eines Höhentrainings ergibt sich aus dem mit ansteigender Höhe sinkenden Sauerstoffpartialdruck. Aufgrund der erschwerten Sauerstoffaufnahme erhöht sich die Reizwirksamkeit der Trainingsbelastungen mit der Folge, daß der Organimus zur erhöhten Produktion der sauerstoffbindenden roten Blutkörperchen (Erythrozyten) angeregt wird. Für Höhentrainingslager sind mittlere Höhen von 1800 m – 2500 m ideal. Größere Höhen sind für ein Ausdauertraining riskant. Zu Beginn sollten Sie sich mit lockerem Training an die Höhe gewöhnen und die letzten zwei bis drei Tage die Belastungen wieder reduzieren, um den Klimawechsel und den bevorstehenden Reisestreß besser zu verkraften. Trainieren Sie in der Höhe zu intensiv, kann die Entwicklung der aeroben Leistungsfähigkeit behindert werden. Wegen der tiefgreifenderen Umstellungsreaktionen des Organismus in der Höhenlage sollten Sie sich für ein Höhencamp mindestens zwei, optimal drei Wochen Zeit nehmen. Der Effekt eines Höhenaufenthaltes entwickelt sich im Flachland nach etwa 12–16 Tagen zu einem Höhepunkt der Leistungsfähigkeit.

Erhöhte Infektionsgefahr nach dem Trainingscamp

Wissenschaftliche Studien belegen, daß es bei sehr hohen sportlichen Belastungen zu einer Beeinträchtigung des Immunsystems (Immunsupression) kommt. Die Anzahl der T-Lymphozyten und Killerzellen ist deutlich reduziert. Ein Trainingslager stellt enorme Anforderungen an den Organismus, die Abwehrkräfte können deutlich abnehmen, was sich in einer erhöhten Infektanfälligkeit niederschlägt. Akute Infektionsgefahr besteht jedoch meist erst nach dem Trainingslager, wenn die Regenerationsphase in der folgenden Woche beispielsweise durch Alltagsbelastungen gestört ist oder wenn die klimatischen Bedingungen zu Hause sehr schlecht sind. Das bereits geschwächte Immunsystem ist dann überfordert und kann seine Aufgaben nicht mehr voll wahrnehmen. Deshalb empfehlen wir Ihnen die prophylaktische Einnahme von Immunstimulantien sowie Vitaminen, Mineralien und Spurenelementen, um den Mehrbedarf frühzeitig zu decken.

DEHNUNGSGYMNASTIK

Für eine geschmeidige, elastische und leistungsfähige Muskulatur müssen Sie diese regelmäßig dehnen. Ein Muskel ist nur dann voll funktionsfähig, wenn die erforderliche Bewegungsamplitude ohne muskulären Widerstand ausgeführt werden kann. Nur durch ein gezieltes Dehnungsprogramm nach jeder Trainingseinheit können Sie die einseitigen Beanspruchungen Ihrer Muskulatur kompensieren. Darüber hinaus stellt das Dehnen eine Prophylaxe gegen chronische muskuläre Verhärtungen und Verspannungen dar.

Generell unterscheidet man beim Dehnen bzw. Stretching zwischen aktiv statischem und passiv statischem Dehnen. Beim aktiv statischen Dehnen führen Sie die Dehnung ohne fremde Hilfe, d. h., nur durch die Muskelkraft des Gegenspielers (Antagonist z. B. aus Übung 16, S. 175). Beim passiv statischen Dehnen erfolgt die Dehnung durch äußere Kräfte. Beiden Methoden ist gemeinsam, daß Sie die Bewegungen langsam und nicht ruckartig ausführen. Dehnen Sie so weit, bis Sie ein leichtes Ziehen im Muskel verspüren. In dieser Position verharren Sie etwa 10–20 Sekunden. Wiederholen Sie diesen Vorgang 2–3mal. Dehnungsgymnastik nimmt immer Einfluß auf den Muskeltonus, deshalb sollten Sie vor Wettkämpfen oder intensiven Intervallbelastungen nur kurzzeitig passiv dehnen oder sehr vorsichtig in die Dehnposition hineinfedern, um den Muskeltonus nicht zu stark herabzusetzen.

Es ist sinnvoll, wenn Sie, bezogen auf den Körper, eine Reihenfolge der Übungen von «unten nach oben» oder von «oben nach unten» einhalten. Nach dem Dehnen einer Muskelgruppe (Agonisten) sollten Sie die jeweiligen Gegenspieler (Antagonisten) dehnen. Atmen Sie bei allen Übungen ruhig und gleichmäßig, und achten Sie auf eine korrekte Übungsausführung. Konzentrieren Sie sich stets auf die zu dehnende Muskelgruppe, um eine volle Wirksamkeit zu erzielen.

Übungen

Bein- und Hüftmuskulatur
Wadenmuskulatur (M. triceps surae)

Übung 1:
Schollenmuskel (M. soleus)
Beugen Sie in Schrittstellung das hintere
Bein im Kniegelenk so weit, daß die Ferse
gerade noch den Boden berührt.

Übung 2:
Zwillingswadenmuskel (M. gastrocnemius)
In Schrittstellung wird das hintere Bein im
Kniegelenk gestreckt, lassen Sie dabei
die Ferse am Boden. Dann wird die Hüfte
nach vorn geschoben.

Schienbeinmuskulatur

Übung 3:
*Vorderer Schienbeinmuskel und langer
Zehenstrecker (M. tibialis anterior,
M. extensor digitorum longus)*
Im Fersensitz stützen Sie sich mit den
Händen neben den Knien auf und heben
die Knie bei gestreckten Füßen vom
Boden ab.

Vordere Oberschenkelmuskulatur
(M. quadriceps femoris)

Übung 4:
In aufrechtem Einbeinstand greifen Sie
einen Fuß, wenn möglich mit beiden
Händen, und ziehen ihn langsam in
Richtung Gesäß. Das Becken muß durch
eine angespannte Gesäßmuskulatur
aufgerichtet und der Rumpf durch
Bauch- und Rückenmuskulatur stabili-
siert sein (keine Ausweichbewegung des
Beckens).

Alternativ: Greifen Sie in Bauchlage
einen Fuß mit den Händen, und
ziehen Sie ihn langsam in Richtung
Gesäß. Das Becken muß durch
Anspannen der Gesäßmuskulatur auf
der Unterlage fixiert werden. Vermeiden Sie ein Hohlkreuz.

Hintere Oberschenkelmuskulatur
(ischiocrurale Muskulatur)

Übung 5:
Zweiköpfiger Schenkelmuskel
(M. biceps femoris), Halbsehnenmuskel (M. semitendi-
nosus), Plattsehnenmuskel (M. semimembranosus)
«Setzen» Sie sich aus mittlerer Schrittstellung leicht
nach hinten ab, wobei das hintere Bein gebeugt und
das vordere gestreckt bleibt. Die Oberschenkel bleiben
nebeneinander. Nun den geraden Oberkörper durch
eine Kippung des Beckens nach vorn beugen. Um
jeweils andere Anteile der Ischiocruralmuskulatur zu
dehnen, können Sie den Fuß des gestreckten Beines
wahlweise etwas nach innen bzw. nach außen drehen.
Alternativ: Suchen Sie sich eine Erhöhung, auf die Sie
ein gestrecktes Bein mit der Ferse auflegen können.

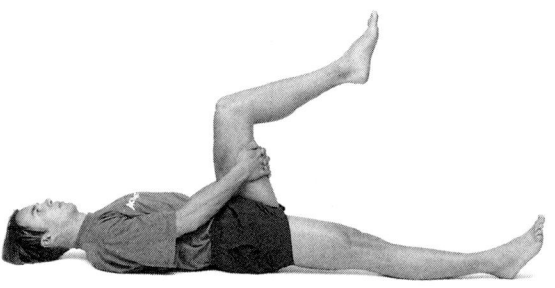

Alternativ aktiv statisches Dehnen: Greifen Sie in Rückenlage ein Bein im Kniegelenk, und ziehen Sie es gebeugt mit den Händen zur Brust, wo Sie es fixieren. Anschließend versuchen Sie das Bein durch die Kraft des Kniestreckers (Gegenspieler) zu strecken. Dabei müssen Sie die Bauch- und Gesäßmuskulatur anspannen und die Lendenwirbelsäule auf den Boden drücken.

Hintere Hüftstreckmuskulatur

Übung 6:
Großer Gesäßmuskel
(M. glutaeus maximus)

In leicht gebeugtem Einbeinstand umgreifen Sie das Knie und ziehen es zur Brust. Dann strecken Sie das Standbein und richten das Becken und den Rumpf unter Anspannung von Bauch-, Rücken- und Gesäßmuskulatur aktiv auf.

Alternativ:
Dehnung der Gesäß- und Rückenmuskulatur: Im Strecksitz stellen Sie den rechten
Fuß auf die Außenseite des linken Knies,
umgreifen das rechte Knie mit den Händen und ziehen es in Richtung linke
Schulter vor die Brust. Heben Sie das
Brustbein an und richten Sie das Becken
auf. Zur Dehnungsverstärkung können
Sie das rechte Sitzbein etwas nach hinten
schieben.

*Dehnung der
vorderen Hüftbeugemuskulatur*

Übung 7:
Lendendarmbeinmuskel (M. iliopsoas)
In weitem Ausfallschritt schieben Sie die
Hüfte nach vorn unten, und fixieren Sie
sie im tiefsten Punkt. Dann strecken Sie
das hintere Bein langsam im Kniegelenk,
wobei die Hüfte nicht nach oben ausweichen soll.

*Innere Schenkelmuskulatur
(Adduktoren)*

Übung 8:
Im Seitgrätschstand gehen Sie
so in die Hocke, daß Sie ein
Bein zur Seite spreizen können. Damit Sie alle Adduktoren erreichen, wird in drei
Stellungen gedehnt: 1. Sie
stellen den Fuß des gestreckten Beines auf die Ferse, oder
2. Sie legen den Fuß auf die
Innenkante oder 3. auf den
Spann. Eine zusätzliche
Dehnungsverstärkung erreichen Sie, wenn Sie das ge-
beugte Bein mit dem Ellenbogen nach außen drücken.

Alternativ:
Setzen Sie sich in aufrechter Körperhaltung
auf den Boden (Brustbein anheben, Becken
aufrichten), und stellen Sie die Fußsohlen
aneinander, dann greifen Sie die Fersen von
unten und heben diese leicht an. Gleichzeitig drücken Sie mit den Ellenbogen die Knie
noch weiter nach außen.

Schultergürtel-, Brust- und Armmuskulatur

Oberarm- und
Schulterblattmuskulatur

Übung 9:
Deltamuskel (M. deltoideus)
Greifen Sie den Oberarm des zu
dehnenden Muskels von unten,
und ziehen Sie den gestreckten
Arm in Schulterhöhe zur Gegenseite. Zur Dehnung der vorderen
Anteile greifen Sie den gestreckten Arm am Unterarm hinter
dem Rücken und ziehen ihn zur
Gegenseite.

Schulterblattmuskulatur
und Armbeuger

Übung 10:
Deltamuskel (vorderer Teil),
zweiköpfiger Oberarmmuskel
(M. biceps brachii), Schulterblatt-
muskulatur
Überkreuzen Sie in aufrechtem
Stand die Hände auf dem Po,
und neigen dann den Oberkörper nach vorn, wobei Sie mit den
gestreckten Armen kräftig über
Kopf in Richtung Boden ziehen.

Brustmuskulatur

Übung 11:
Großer Brustmuskel (M. pectoralis major)
Stellen Sie sich seitlich so zu einer Wand, daß Sie
einen Arm in Schulterhöhe hinter dem Körper an
der Wand fixieren und den Oberkörper nach vorn
drehen können.

Alternativ:
Fixieren Sie den Arm über und unter der
Schulterhöhe an der Wand.

Armstrecker

Übung 12:
*Dreiköpfiger
Oberarmmuskel
(M. triceps brachii)*
Nehmen Sie die Arme in
Hochhalte, und lassen Sie
den rechten Unterarm
hinter den Kopf «fallen».
Greifen Sie nun mit der
linken Hand den rechten
Ellenbogen und ziehen
den Arm nach hinten
unten.

Übung 13:
*Dehnung der Handbeuger
(M. flexor carpi radialis et ulnaris)*
Greifen Sie die Finger des gestreckten Armes, und überstrecken
Sie gefühlvoll die Hand.

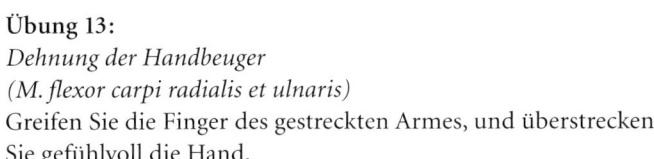

Rumpf- und Halsmuskulatur

Halsmuskulatur

Übung 14:

Seitliche Halsmuskeln
Lassen Sie aus dem aufrechten Stand die Schultern entspannt nach unten hängen, neigen Sie dann den Kopf
ohne zu drehen zur Seite. Sie können die Dehnung unterstützen, wenn Sie die Gegenschulter aktiv nach unten
ziehen. Haben Sie den Kopf zur Seite geneigt, können Sie
das Kinn zusätzlich nach oben drehen.

Hintere Halsmuskeln
Greifen Sie den Kopf halb schräg von hinten, und ziehen
Sie den Kopf vorsichtig diagonal nach vorne unten. Auch
jetzt können Sie wieder, um die Dehnung zu verstärken,
die Gegenschulter nach unten ziehen.

Kopfwender
Drehen Sie den Kopf weit über die Schultern nach
hinten.

Übung 15:
Mobilisation der Wirbelsäule
Gehen Sie in den Kniestand und stützen Sie sich mit den Händen dicht vor den
Knien auf. Dann spannen Sie das Gesäß an, legen das Kinn auf die Brust und schie-
ben die Brustwirbelsäule rund nach oben (Katzenbuckel). Danach nehmen Sie den
Kopf ins Genick, strecken das Gesäß raus und lassen den Rücken entspannt nach
unten ‹durchhängen›.

Übung 16:

Gerader Rückenstrecker (M. erector spinae)
Aus dem aufrechten Stand rollen Sie den Oberkörper Wirbel für Wirbel ein. Lassen Sie dabei Kopf und Arme entspannt nach unten hängen. Zur Dehnungsverstärkung können Sie den Kopf dosiert in Richtung Hüfte ziehen.

**Alternativ aktiv
statisches Dehnen:**
Bei leicht gebeugten Beinen neigen Sie den Oberkörper mit geradem Rücken nach vorn. Dabei sollten Sie die Arme aktiv so weit nach vorn strecken, daß Arme, Kopf und Rücken eine Linie bilden.

Bauchmuskulatur

Übung 17:

*Gerader Bauchmuskel (M. rectus abdominis),
großer Brustmuskel (M. pectoralis major)*

In Rückenlage die Beine strecken und die Arme gestreckt über Kopf nehmen. Dann räkeln, recken und strecken Sie sich, wobei Sie das Brustbein nach hinten oben schieben.

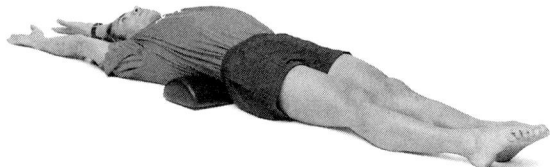

Übung 18:
Seitliche Rumpfmuskulatur und Abduktoren
Im Seitstand halten Sie die Arme gestreckt über
den Kopf. Stellen Sie dann den rechten Fuß
über Kreuz vor den linken Fuß, neigen den
Rumpf so weit wie möglich nach rechts und
drücken die Hüfte nach links. Dabei verlagern
Sie das Körpergewicht auf das rechte Bein. Ein
Nach-vorne-Kippen des Beckens sollte vermieden werden. Danach wechseln Sie die Seite:
links vor rechts stellen, Oberkörper nach links
neigen und Hüfte nach rechts rausschieben
und das Gewicht aufs linke Bein verlagern.

Alternativ:
Rumpfverwringung. In Rückenlage legen Sie den linken Arm gestreckt im rechten
Winkel neben den Körper. Dann stellen Sie das linke Bein auf und umfassen das
linke Knie mit der rechten Hand. Zur Dehnung ziehen Sie nun das linke Knie nach
rechts und drehen den Kopf nach links. Die Schultern sollten sich während der
Verwringung nicht von der Unterlage abheben.

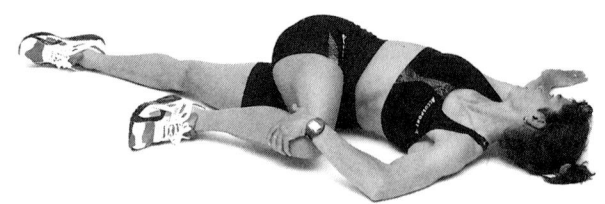

Entspannungsübungen

Übung 19:
Entlastung der Wirbelsäule:
Hängen Sie sich an eine Reckstange.

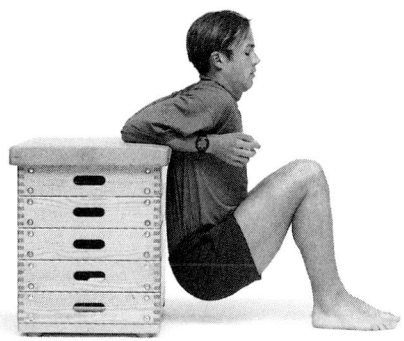

Alternativ:
Stützen Sie sich mit den Ellenbogen auf einem Stuhl oder ähnlichem ab und lassen dann das Gesäß bei gebeugten Beinen entspannt nach unten hängen.

Übung 20:
Droschkenkutschersitz:
Nehmen Sie eine entspannte Sitzposition ein, und lassen Sie die Arme und den Kopf locker hängen.

Übung 21:
Entspanntes Liegen:
Legen Sie sich entspannt auf den Rücken, wobei Hände und Füße locker nach außen «fallen». Zur besseren Entspannung können Sie die Augen schließen.

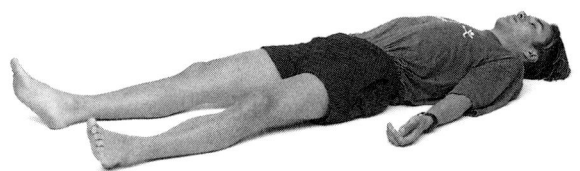

KRAFTTRAINING

Das Krafttraining sollte auch bei Ausdauersportlern fester Bestandteil des Trainings sein. Es dient dem Leistungsaufbau, der Kompensation und Prävention von Verletzungen und beugt muskulären Dysbalancen vor. Für Triathleten aller Leistungsklassen bietet es eine Leistungsreserve. Je höher die Leistungsfähigkeit eines Athleten ist, desto bedeutsamer wird Krafttraining zur weiteren Leistungssteigerung. Neben dem Krafttraining der vortriebswirksamen Bein- und Armmuskulatur ist besonderer Wert auf die Ausprägung einer kräftigen Rumpf- und Beckengürtelmuskulatur zu legen, um in allen Bewegungszyklen eine optimale Kraftübertragung zu gewährleisten. Kraft ist die Basis für eine auch mit zunehmender Belastungsdauer noch gute Technik in allen drei Teildisziplinen. Eine kräftige Ganzkörpermuskulatur trägt zudem während der ganzen Saison zu einer stabilen Leistungsfähigkeit bei. Am effektivsten können Sie Kraft durch ein gezieltes mehrwöchiges Krafttraining mit unterschiedlichen Trainingsmitteln erwerben.

Ein Kurzstrecken-Spezialist benötigt andere Kraftfähigkeiten als ein «Ironman». Je länger die Wettkampfstrecke, desto bedeutsamer wird die Ausdauer- und Kraftausdauerfähigkeit. Kraftausdauer ist die Ermüdungswiderstandsfähigkeit der Muskulatur bei lang andauernden Kraftleistungen, bei denen der Krafteinsatz 30 % der Maximalkraft übersteigt. Leistungsbestimmende Komponenten der Kraftausdauer sind demzufolge die Maximalkraft und die Ausdauer. Maximalkraft, als höchstmögliche Kraft, die das Nerv-Muskel-System willkürlich entwickeln kann, stellt die Basis für die anderen Erscheinungsformen der Kraft dar.

Das Ziel des Krafttrainings ist es nicht, eine maximale Kraftausdauer zu erwerben, sondern eine optimale Kraftausdauer, die sich an den spezifischen Anforderungen des Triathlons und Ihren konstitutionellen Voraussetzungen orientiert. Das Kraftausdauertraining ist von daher in erster Linie ein aerobes und anaerobes Ausdauertraining gegen mittlere Widerstände (Schwimmen mit Paddles, Bergfahren mit großer Übersetzung oder Berg- und Strandläufe). Sie können die Kraftausdauerfähigkeit auch durch ein Training an Geräten wirkungsvoll verbessern.

Bedenken Sie aber, daß ein zu hoher Anteil an Maximalkraft sich negativ auf die Ausdauerleistungsfähigkeit auswirken kann. Nimmt beispielsweise der Muskelquerschnitt durch Krafttraining stark zu, kann dies zu einem ungünstigen Last-Kraft-Verhältnis, einer Einschränkung der Beweglichkeit, einer verschlechterten Bewegungskoordination und in der Folge zu schlechterer Ausdauerleistungsfähigkeit führen.

Um die Kraftfähigkeiten zu erhöhen, stehen Ihnen prinzipiell zwei Möglichkeiten zur Verfügung:

1. Vergrößerung des **Muskelquerschnitts (MQ-Training)**: Hierbei wird über den Eiweißanbau eine Dickenzunahme der einzelnen Muskelfasern erreicht. Ein dicker Muskel kann zwar eine höhere Kraftleistung im Einzelzyklus entfalten, die maximale aerobe Stoffwechselrate nimmt jedoch ab, d. h., der kräftige Muskel ist nicht mehr so ausdauernd.
2. Verbesserung der **inter- bzw. intramuskulären Koordination (IK-Training)**, d. h., Sie sind in der Lage, möglichst viele Muskelfasern synchron an einer Kontraktion zu beteiligen.

Die Graphik verdeutlicht die unterschiedliche Wirkung eines IK- und MQ-Trainings. Sie sehen, daß der Untrainierte trotz großer Anstrengung nur etwa 65 % seiner Fasern an der Kontraktion beteiligen kann, ein auf Kraft trainierter Sportler dagegen bis zu 95 % seiner Fasern einsetzt. Eine weitere Erhöhung der Kraftfähigkeit kann durch ein aufbauendes MQ-Training erzielt werden. Dabei nimmt der Querschnitt der einzelnen Fasern zu.

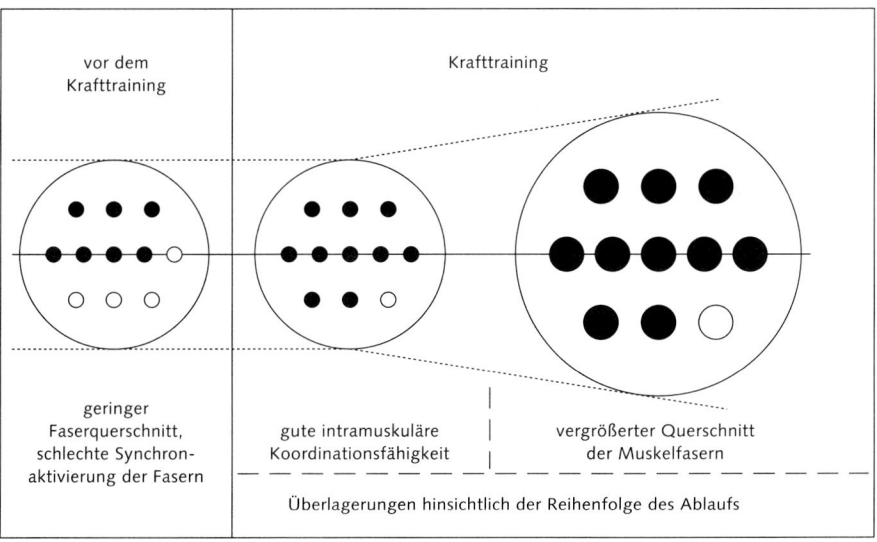

Wirkungen des IK- und MQ-Trainings. Schwarze Punkte stehen für kontrahierte Muskelfasern (aus Frey / Hildenbrandt 1994).

Die Ansprechbarkeit der Muskulatur auf Krafttrainingsreize ist bei jedem Sportler unterschiedlich und hängt u. a. von der Muskelfaserverteilung (Anteil an schnell und langsam kontrahierenden Fasern) oder dem hormonellen Status des Sportlers ab. So reagiert der eine auf ein Muskelaufbautraining mit einer starken Hypertrophie (Muskeldickenwachstum), der andere hingegen bei vergleichbarem Training mit geringerer.

Übungen

Bei der Ausführung der Übungen ist die Arbeitsweise der Muskulatur unterschiedlich. Der Muskel arbeitet:

- *dynamisch konzentrisch* (überwindend), wenn z. B. der vordere Oberschenkelmuskel (M. quadriceps femoris) bei der Kniebeuge (Übung 9, S. 184) das Gewicht durch eine Kniestreckung nach oben drückt,
- *dynamisch exzentrisch* (nachgebend), wenn z. B. der vordere Oberschenkelmuskel (M. quadriceps femoris) bei der Kniebeuge das Gewicht wieder langsam und dosiert in die Beugestellung zurückführt, und
- *statisch isometrisch* (haltend), wenn keine überwindende und nachgebende Arbeit geleistet wird (Übungen zur Rumpfkräftigung).

Die Bein- und Armkraft wird überwiegend dynamisch konzentrisch und dynamisch exzentrisch entwickelt, die Rumpfkraft dagegen statisch isometrisch. Im folgenden stellen wir Ihnen die wichtigsten Übungen für das Krafttraining des Läufers vor:

Beinkräftigung

Übung 1:
Zehengreifen und Balancieren
(Fuß- und Zehenmuskulatur)
Greifübungen: Greifen Sie mit den Zehen einen Bleistift, ein Handtuch oder ähnliches. Balanceübungen: Stehen Sie barfuß im Einbeinstand auf weichem Untergrund (z. B. Sand oder Weichbodenmatte), und halten Sie die Balance. Schwieriger wird die Übung, wenn Sie in den Zehenstand gehen oder die Augen schließen.

Übung 2:
Fußstreckung (Plantarflexion)
(Wadenmuskulatur / M. triceps surae)
Stellen Sie sich mit den Fußballen auf
einen Absatz (Treppenstufe oder ähnliches), und senken Sie die Fersen langsam nach unten ab. Drücken Sie sich
dann explosiv in den (Hoch-)
Zehenstand. Damit Sie das Gleichgewicht besser halten können, suchen Sie
sich etwas zum Festhalten.

Variationen:
Üben Sie einbeinig oder mit Zusatzge-
wichten wie Gymnastik-Sandsack,
Gewichtsweste, Lang- oder Kurzhantel.

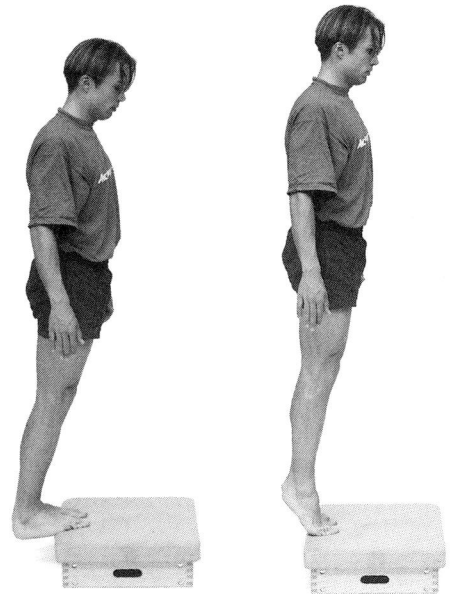

Übung 3:
Fußbeugung (Dorsalflexion)
(Schienbeinmuskulatur / M. tibialis anterior)
Setzen Sie sich auf einen Stuhl und legen vorsichtig eine Hantelscheibe als Wider-
stand auf die Fußspitze. Dann beugen Sie das Fußgelenk in Richtung Schienbein.

Variation:
Sie können auch im Strecksitz am Boden ein Zugseil / Deuserband / Theraband in
Höhe der Zehengrundgelenke unter Spannung fixieren. Beugen und strecken Sie im
Wechsel das Fußgelenk.

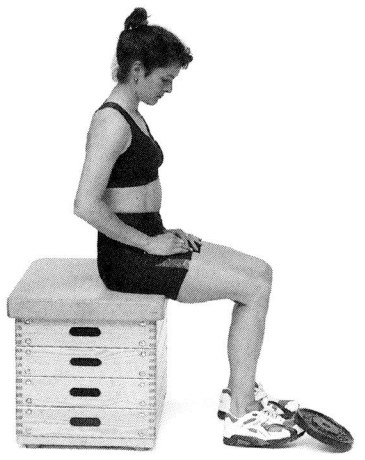

Übung 4:
Kniestrecken am Beincurl
(Vordere Oberschenkelmuskulatur / M. quadriceps femoris)

Isolierte Kniestreckübung am Beincurlgerät. Achten Sie darauf, daß die Kniekehle direkt vorn an der Sitzfläche anliegt, sich also die Drehpunkte von Gerät und Knie decken. In der Ausgangsstellung bilden Oberschenkel und Kniegelenk etwa einen 90-Grad-Winkel. Strecken Sie zügig Ihr Kniegelenk bis in die Waagerechte, und führen Sie danach das Gewicht langsam, kontrolliert und unter Muskelspannung in die Ausgangsstellung zurück.

Variation: Einbeinige Ausführung.

Übung 5:
Kniebeugen am Beincurl
(Hintere Schenkelmuskulatur / Mm. ischiocruralis)

Legen Sie sich mit dem Bauch so auf das Beincurlgerät, daß der obere Rand der Kniescheibe vorn an der Auflagefläche anliegt, sich also Drehpunkt von Kniegelenk und Gerät decken. Beim Beugen des Unterschenkels müssen Sie die Hüfte aktiv auf der Unterlage fixieren (keine Hohlkreuzhaltung!). Beugen Sie zügig die Unterschenkel in Richtung Gesäß, und führen Sie in der Entspannungsphase die Last langsam, kontrolliert und unter Muskelspannung bis zu einer leichten Beugestellung im Kniegelenk zurück.

Variation: Einbeinige Ausführung.

Übung 6:
Beinstrecken in der liegenden Beinpresse
(Beinstrecker / M. quadriceps femoris)

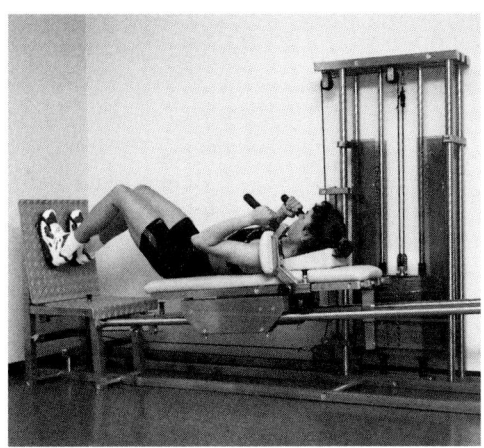

Vor der Übung müssen Sie die Beinpresse so einstellen, daß das Kniegelenk in der Ausgangsposition etwa rechtwinklig gebeugt ist. Während der zügigen Streckung der Beine können Sie bei niedrigen Gewichten den Fuß zusätzlich auf die Zehen stellen. Achten Sie in der Endstellung darauf, daß es zu keiner vollständigen Streckung im Kniegelenk kommt (Verletzungsgefahr der Kreuzbänder). Danach führen Sie das Gewicht langsam und kontrolliert in die Ausgangsstellung zurück.

Übung 7:
Hüftstrecken an der Kraftmaschine
(Hüftstrecker / M. glutaeus,
Mm. ischiocruralis)

Bei dieser Übung müssen Sie einen Widerstand im Bereich der unteren Wade fixieren. Dann das gestreckte Bein langsam bis zur vollständigen Streckung der Hüfte nach hinten führen. Bei einer zügig-schwungvollen Ausführung besteht die Gefahr einer Überstreckung im Bereich der Lendenwirbelsäule. Eine stabile Rumpfposition können Sie durch Festhalten unterstützen. Diese Übung können Sie auch mit einem Zugseil / Deuserband / Theraband ausführen.

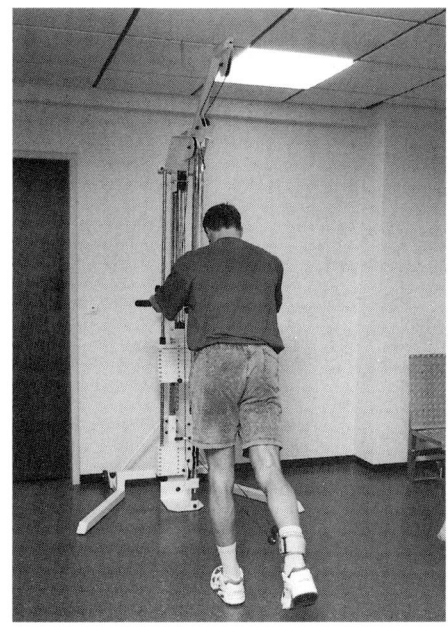

Übung 8:
Steigeskippings auf der Bank
(Beinstreckschlinge und Hüftbeuger)
Stellen Sie den rechten Fuß auf einen Kasten
oder ähnliches, und drücken Sie sich kräftig
nach oben in die Streckung. Das linke Bein
wird als Schwungbein mit hohem Kniehub
nach oben geführt und im Anschluß wieder
unten abgesetzt. Die Arme werden gegen-
gleich zu den Beinen geschwungen. Führen
Sie diese Übung erst mehrmals mit dem einen
dann mit dem anderen Bein aus. Zusatzge-
wichte (Gewichtsweste, Kurzhanteln) sollten
erst zum Einsatz kommen, wenn der Bewe-
gungsablauf sicher beherrscht wird.

Übung 9:
Kniebeuge mit der Langhantel
(Streck- und Beugeschlinge)
Für diese Übung brauchen Sie Erfahrung und
eine starke Rumpfkraft. Ausgangsstellung: In
schulterbreitem Stand drehen Sie die Füße leicht
nach außen. Zur Entlastung der Achillessehne
sollte ein Keil unter den Fersen liegen. Dann
gehen Sie langsam und kontrolliert unter Muskelspannung in die Hocke. Dabei die Fersen
nicht abheben. Je nach Leistungsfähigkeit und
Erfahrung mit der Übung können Sie den
Kniewinkel variieren. Bei der halben Kniebeuge
beträgt der Kniewinkel etwa 90 Grad, bei einem
kleineren Kniewinkel spricht man von tiefer

Kniebeuge mit hohen Belastungen auf die Patellarsehne. Beachten Sie unbedingt,
daß die Knie exakt über den Zehen nach vorn gebeugt werden und daß der Rücken
während des gesamten Übungsverlaufes geradegehalten wird. Aus der Beugestellung
strecken Sie zügig die Beine.

Übung 10:

Beinanziehen (Adduktoren)
Spreizen Sie ein Bein seitlich ab und führen es dann gegen einen Widerstand (Deuser- oder Theraband) zügig an das Standbein heran. Stabilisieren Sie die Hüfte und vermeiden Sie Ausgleichsbewegungen. Diese Übung können Sie auch mit einem Krafttrainingsgerät durchführen.

Übung 11:

Beinabspreizen (Abduktoren)
Spreizen Sie ein Bein bis etwa 45 Grad seitlich gegen einen Widerstand (Deuser- oder Theraband) ab. Sie müssen das Standbein, die Hüfte und den Rumpf stabilisieren, um Ausgleichsbewegungen zu vermeiden. Auch diese Übung können Sie an einem Krafttrainingsgerät durchführen.

Arm- und Schultergürtelkräftigung
Übung 12:

Klimmzüge (Rücken, Schulter, Armmuskulatur)
Klimmzüge sollten Sie frei hängend mit Ganzkörperspannung ausführen. Die Unterschenkel können gegebenenfalls gebeugt und überkreuzt werden. Im Ristgriff (Handflächen zeigen vom Körper weg) ziehen Sie sich bis in Kinnhöhe nach oben.
Variation: Klimmzüge können in unterschiedlich breiten Griffhaltungen ausgeführt werden. Eine enge Griffhaltung kräftigt vor allem die Arme, ein weiter Griff vor allem den Trapezius.
Variation: Klimmzüge im Kammgriff (Handflächen zeigen zum Körper) ausführen.

Übung 13:
Armbeugen beim Bankziehen:

(Armbeuge- und Schultergürtelmuskulatur)
Legen Sie sich bäuchlings so auf eine Bank, daß Sie eine Langhantelstange mit gestreckten Armen schulterbreit greifen können. Beugen Sie dann die Unterschenkel an, und fixieren Sie die Hüfte auf der Unterlage, indem das Gesäß angespannt wird. Halten Sie den Kopf in Verlängerung der Wirbelsäule; die Nasenspitze zeigt nach unten. Das Gewicht während des Ausatmens bis unter die Bank ziehen. Dann das Gewicht langsam, kontrolliert unter Muskelspannung wieder nach unten absenken.

Übung 14:
Armstrecken beim Bankdrücken
(Schulter-, Brustmuskulatur,
Armstrecker)
Legen Sie sich rücklings auf eine Bank
(vorzugsweise eine Hantelbank mit
Auflagevorrichtung für die Hantelstan-
ge). Heben Sie die Beine rechtwinklig
an, oder stellen Sie die Füße auf eine
am Fußende quergestellte Bank seitlich
auf. So werden unphysiologische Belastungen im Bereich der Lendenwirbelsäule vermieden. Dann senken Sie
das Gewicht langsam, kontrolliert unter
Muskelspannung bis zur Brust ab. Nach
einer kurzen Pause (< 0,5 s) drücken Sie
das Gewicht bei gleichzeitiger Aus-
atmung zügig nach oben, wobei das
Ellenbogengelenk nicht ganz durchgestreckt wird.

Variation:
Übung mit Kurzhanteln ausführen.

Übung 15:
Kinnziehen mit der Langhantel
(Schulter, Trapezius, Armbeuger)
Ziehen Sie im aufrechten Stand eine
Langhantel in enger Griffhaltung
und mit hohem Ellenbogen zum
Kinn. Atmen Sie in die Anstrengung aus,
vermeiden Sie Ausgleichsbewegungen des
Oberkörpers durch konstante Rumpfspan-
nung. Danach führen sie das Gewicht unter
Muskelspannung langsam wieder in die
Ausgangsstellung zurück. Halten Sie dabei
die Spannung im Rücken, damit kein «Rund-
rücken» entsteht.

Variation:
Führen Sie die Übung am Seilzuggerät aus.

Übung 16:
Überkopfzieher
(Sägemuskel, Schulter-, Brustmuskulatur,
Armstrecker)
Legen Sie sich rücklings auf eine Bank, und heben Sie die
Beine rechtwinklig an, um möglichen
Belastungen im Bereich der
Lendenwirbelsäule vorzubeugen.
Eine Kurzhantel wird hinter dem
Kopf mit gebeugten Armen
gehalten. Im Ausatmen werden
die Arme gestreckt und über die
Brust nach vorn gezogen. Da-
nach führen Sie das Gewicht
kontrolliert über denselben Weg
wieder in die Ausgangsstellung
zurück.

Übung 17:
Butterfly
(Brustmuskulatur)
Legen Sie sich in Rückenlage auf eine
Bank bzw. Schrägbank. Drücken Sie
die Lendenwirbelsäule auf die Unterlage. Fassen Sie mit jeder Hand eine
Kurzhantel so an, daß die Handflächen nach innen zeigen und die
Ellenbogengelenke leicht gebeugt sind.
Die Arme werden im Ausatmen aus
der Seithalte zügig über die Brust nach
oben genommen und dann wieder
kontrolliert in die seitliche Ausgangsstellung zurückgeführt.

Variation:
Übung am Butterflygerät. Die Sitz-
höhe muß so eingestellt werden, daß
der Rumpf und die Oberarme einen
rechten Winkel ergeben. Die Hände sind geöffnet zu halten, wobei Sie nur mit den
Unterarmen drücken sollen. Gehen Sie unter Muskelspannung langsam und kontrolliert in die Ausgangsstellung zurück.

Übung 18:
Butterfly-rückwärts
(Rückenmuskulatur, Deltoideus,
M. trapezius, M.romboideus)
Legen Sie sich in Bauchlage auf eine
Bank bzw. Schrägbank. Halten Sie in
jeder Hand eine Kurzhantel, wobei die
Handflächen nach innen zeigen und die
Ellenbogengelenke leicht gebeugt sind.
Den Kopf sollten Sie nicht in den
Nacken nehmen, sondern Sie können
die Stirn eventuell auf ein Handtuch
auflegen. Die Arme werden in Schulter-
höhe in die Seithalte hoch geführt.
Danach führen Sie kontrolliert die
Hanteln in die Ausgangsstellung zurück.

Variation:
Führen Sie die Arme leicht nach vorne oben oder nach hinten oben.

Übung 19:
Liegestütz bäuchlings
(Brust, Schulter, Armstrecker)
In Bauchlage setzen Sie die Hände in Schulterhöhe auf dem Boden auf. Erzeugen Sie
von Kopf bis Fuß Ganzkörperspannung. Stützpunkte sind nur die Zehen und die
Hände. Drücken Sie sich im Ausatmen nach oben, wobei die Ellenbogengelenke
nicht ganz durchgestreckt werden sollten.

Variation: Wollen Sie den Schwerpunkt der Übung auf die Kräftigung der Arm-
streckmuskulatur legen, müssen sie die Hände eng nebeneinander aufsetzen und
beim Absenken des Körpers die Ellenbogen dicht am Körper anlegen. Liegt der
Schwerpunkt auf einer Kräftigung der Brustmuskulatur, so müssen die Hände weiter
auseinander genommen werden und die Ellenbogen beim Absenken des Körpers zur
Seite zeigen.

Variation: Bei mangelnder
Rumpfstabilität oder -kraft
können Sie die Liegestütz
auch als Knieliegestütze
ausführen. Die Stützpunkte
sind dann Hände und Knie.
Versuchen Sie während der
ganzen Übung den Hüftwin-
kel nicht zu verändern.

Übung 20:
Liegestütz rücklings
(Armstrecker)
Stützen Sie sich
rücklings auf einer
Bank/Stuhl etc. mit
den Handballen auf,
wobei die Finger nach
vorn zeigen. Die Füße
werden bei leicht
gebeugten Beinen auf
die Ferse gestellt.
Beugen und strecken
Sie die Arme, wobei

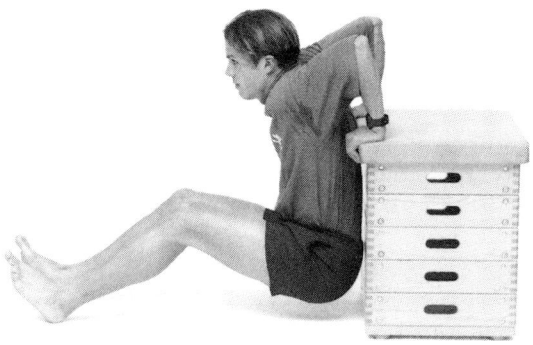

während der Armstreckung ausgeatmet wird. Achten Sie darauf, daß die Ellenbogengelenke nicht ganz durchgestreckt werden. Die Bewegung soll nur aus den Armen
ausgeführt und nicht durch Beine oder Rumpf unterstützt werden.

Übung 21:
Einarmiges Trizepsdrücken
hinter dem Kopf
(Armstrecker)
Halten Sie eine Kurzhantel mit
gestrecktem Arm über den Kopf,
wobei Sie mit der anderen Hand das
Ellenbogengelenk fixieren können.
Senken Sie das Gewicht (im Einatmen) hinter dem Kopf ab, und
strecken Sie dann den Unterarm im
Ausatmen. Überstrecken Sie das
Ellenbogengelenk nicht! Die Übung
kann im Stehen oder im Sitzen
durchgeführt werden. In jedem Fall
ist der Rücken geradezuhalten.

Übung 22:
Kurzhantelcurls im
Sitzen
(Bizeps, Armbeuger)
Setzen Sie sich mit
geradem Rücken so
hin, daß Sie Ihre
Arme eng an Körper
und Sitz vorbei
beugen können.
Nehmen Sie die
Kurzhantel so, daß
die Handflächen
nach hinten zeigen,
und fixieren Sie die
Oberarme am Rumpf.
Während der Beuge-
bewegung beschreibt
die Hand eine Außen-
rotation, so daß die

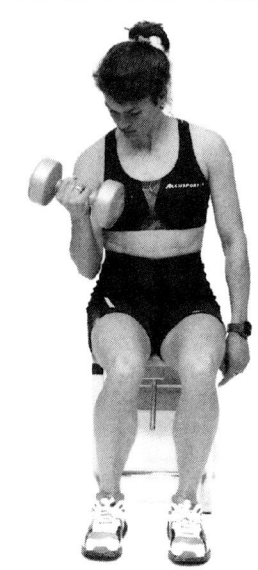

Handflächen in der Beugestellung ebenfalls nach hinten zeigen. Während der zügigen Beugebewegung wird ausgeatmet. Dann führen Sie die Hanteln langsam und
kontrolliert wieder in die Ausgangsstellung zurück. Die Arme können nacheinander,
gleichzeitig oder abwechselnd trainiert werden.

Übung 23:
Handbeugetraining
(Handbeuger)
Setzen oder stellen Sie sich so, daß
Ihre Unterarme bei frei überhängen-
den Händen aufgelegt werden können. Die Handflächen zeigen nach
oben. Senken Sie das Gewicht nach
unten ab (Handgelenk überstrek-
ken), um es anschließend wieder
nach oben zu führen, indem Sie das
Handgelenk beugen.

Übung 24:
Handstrecktraining
(Handstrecker)
Siehe Übung 24, die Unterarme müssen jedoch so aufgelegt werden, daß die Hand-
flächen nach unten zeigen.

Übung 25:
Schulter-Arm-Rotationsübung
(Deltoideus, Trapezius, Rückenmuskulatur)
Auf dem Rücken liegend werden die Beine angewinkelt. Halten Sie eine Langhantel
mit im Ellenbogengelenk rechtwinklig gebeugten Armen über Kopf (die Hände offen
halten, die Hantel auf dem Daumengrundgelenk auflegen). Die Hantel wird mit
aufliegenden Oberarmen durch eine Rotationsbewegung über die Brust gezogen,
dabei atmen Sie aus. Dann setzen Sie das Gewicht langsam unter Muskelspannung
wieder hinter dem Kopf ab.

Übung 26:
Zugseiltraining
(Lattisimus, Armbeuger und Armstrecker)

Das Training am Zugseilgerät, auf dem Schlitten oder mit dem einfachen Gummizugseil sind die klassischen Schwimmerübungen. Trainieren Sie am Zugseilgerät, ist es vorteilhaft, in den Kniestand zu gehen, um durch Gesäßanspannung den Rücken geradezuhalten und um einen vollständigen Armzug durchführen zu können. Greifen Sie die Stange schulterbreit und ziehen Sie mit ‹hohem› Ellbogen.

Variation:
Training mit dem Gummizugseil:
Bei vielen Zugseilgeräten ist der zusätzliche Krafteinsatz in der Entspannungsphase beim Zurückgehen in die Ausgangsposition nachteilig. Um Überbeanspruchungen im Lendenbereich zu vermeiden und um die Bewegung besser kontrollieren zu können, empfehlen wir das Training mit dem Gummizugseil auf dem Rücken liegend auszuführen. Bei gestreckt über dem Kopf gehaltenen Armen muß das Zugseil leicht gespannt sein. Halten Sie das Zugseil mit geöffneten Händen (keine Faust). In der Zugphase bis zur Schulterhöhe müssen Sie auf eine hohe Ellenbogenhaltung achten. In der Druckphase ab der Schulterhöhe bis zum Oberschenkel drücken. Ziel ist es, die Schwimmbewegung so gut wie möglich zu imitieren.

Rumpfkräftigung
Die Rumpfmuskulatur hat vielfältige Funktionen zu erfüllen:
- Widerlagerfunktion, d. h., die Rumpfmuskulatur stabilisiert das Becken, um Ausweichbewegungen zu reduzieren.
- Kraftübertragungs- und Kopplungsfunktion, d. h., die Rumpfmuskulatur koppelt und überträgt die in den Armen und Beinen entwickelte Kraft über Muskelschlingen vortriebswirksam.
- Schutzfunktion, d. h., eine kräftige Rumpfmuskulatur entlastet das passive Bewegungssystem, insbesondere die Wirbelsäule, und schützt im Sinne eines Muskelkorsetts vor Fehl- und Überbeanspruchungen.

Ihre Rumpfmuskulatur muß so kräftig und ermüdungswiderstandsfähig sein, daß sie die genannten Aufgaben und Funktionen über die gesamte Belastungsdauer einer Trainingseinheit oder eines Wettkampfes wahrnehmen kann. Kräftigungsübungen sollten Sie deshalb ganzjährig in Ihr Training integrieren. Im folgenden stellen wir Ihnen Kräftigungsübungen vor, die die besonderen Anforderungen beim Laufen berücksichtigen. Diese Übungen können vor und nach einer Trainingseinheit durchgeführt werden. Bei allen Übungen ist eine achsengerechte Belastung der Wirbelsäule sicherzustellen. Die Übungen werden statisch isometrisch (haltend) ausgeführt, d. h., die Spannung im Muskel nimmt bei der Kontraktion zu, während die Länge des Muskels unverändert bleibt. Die Dauer der Kontraktion beträgt maximal 60 Sekunden bzw. nur so lange, wie Sie die korrekte Position halten können. Nach einer kurzen Entspannung werden die Übungen 3–6mal wiederholt. In den ersten Wochen eines Rumpfkrafttrainings sollte der Schwerpunkt auf der Beuge- und Streckmuskulatur von Bauch und Rücken liegen. Erst danach werden Kraftübungen zur Kreuzkoordination in das Übungsprogramm aufgenommen. Verfügen Sie über eine gute Rumpfkraft, können Sie auch koordinativ anspruchsvolle dynamische Übungen in Ihr Programm aufnehmen. Der Schwierigkeitsgrad der gewählten Übung darf maximal so hoch sein, daß immer eine korrekte Bewegungsausführung und Haltung sichergestellt sind.

Übung 27:
Gerade Bauchmuskulatur
Legen Sie sich auf den Rücken, und stellen Sie die Füße auf. Fixieren Sie die Lendenwirbelsäule durch Anspannung der Bauchmuskulatur auf dem Boden, und ziehen

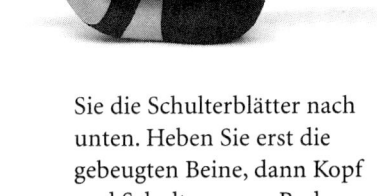

Sie die Schulterblätter nach unten. Heben Sie erst die gebeugten Beine, dann Kopf und Schultern vom Boden ab.

Variation:
Den Oberkörper am Boden fixieren und die Hüfte ohne Schwungbewegung der Beine vom Boden abheben.

Übung 28:

Schräge Bauchmuskulatur

Ausgangsstellung wie bei der Übung für
die geraden Bauchmuskeln. Schieben Sie
die gestreckten Arme an einer Seite des
Oberschenkels vorbei, oder drücken Sie
mit der linken Hand kräftig gegen das
rechte Knie und umgekehrt.

Übung 29:

*Seitliche Rumpf-
muskulatur*

Heben Sie in Seitlage
und Unterarmstütz die
Hüfte so weit vom
Boden ab, daß der
Körper durch Anspan-
nung der Rumpf-,
Gesäß- und Beinmusku-
latur eine Gerade bildet.
Füße anziehen und auf
den äußeren Rand des
unteren Fußes stützen.

Variation:

Das obere oder untere
Bein gestreckt absprei-
zen.

Übung 30:

Rücken- und Hüftstrecker

Legen Sie sich mit gestreckten Armen und Beinen auf den Boden. Heben Sie die
gestreckten Beine oder den in Verlängerung der Wirbelsäule gehaltenen Kopf und die
Arme wenige Zentimeter vom Boden ab. Halten Sie die Spannung für mehrere
Sekunden!

Variation:
Heben Sie diagonal den linken Arm und das rechte Bein vom Boden ab. Durch Anspannung der Gesäßmuskulatur müssen Sie die Hüfte auf der Unterlage fixieren.

Übung 31:
*Rumpfmuskulatur und
Hüftstreckmuskulatur*
Legen Sie sich auf den
Rücken, und stützen Sie
sich auf die Unterarme.
Schieben Sie das Brust-
bein nach oben, spannen
Sie das Gesäß an, und
heben Sie den Körper so
weit vom Boden ab, daß er
eine Gerade bildet.

Variation:
Während der Ganzkörperspannung rechtes und linkes Bein im Wechsel wenige
Zentimeter vom Boden abheben.

Übung 32:
*Rumpfmuskulatur und
Hüftstreckmuskulatur*
In Bauchlage die Zehen auf
den Boden stellen und aus
dem Unterarmstütz das
Becken so weit vom Boden
abheben, bis der Körper

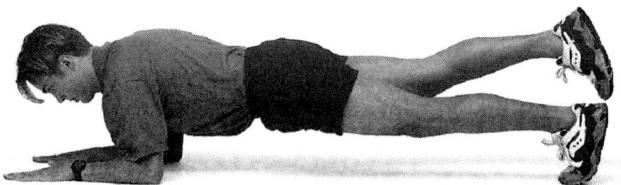

gestreckt ist. Heben Sie dann wechselseitig das rechte und das linke Bein wenige
Zentimeter vom Boden ab.

Variation:
Diagonal rechten Arm, linkes Bein und umgekehrt vom Boden abheben.

Übung 33:

Rücken- und Gesäßmuskulatur
Legen Sie sich mit dem Oberkörper
auf einen Kasten oder eine Bank, und
halten Sie sich mit den Händen fest.
Dann werden die Beine nach hinten
oben bis in die Horizontale gestreckt.
Ziehen Sie die Füße an, und achten Sie
darauf, daß der Rücken nicht über-
streckt ist.

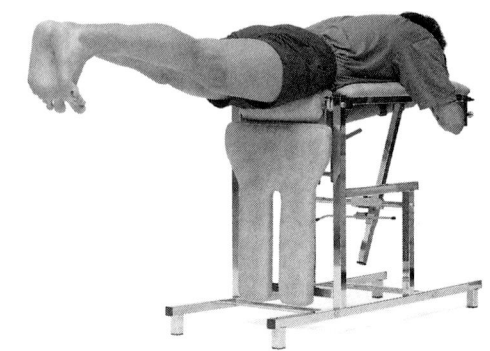

Variation:

Wechselseitig rechtes und linkes
Bein nach hinten strecken.

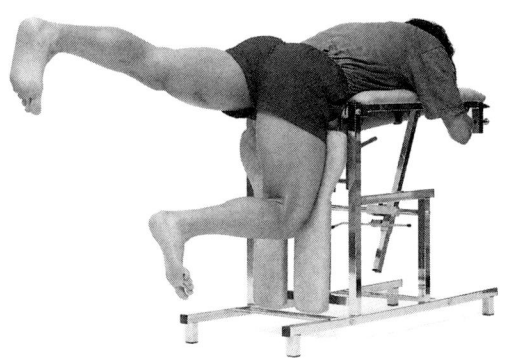

Übung 34:

Hintere Schenkel-, Gesäß- und Rückenmuskulatur
Bäuchlings Becken und Beine auf einen Kasten legen. Die Füße / Unterschenkel
fixieren, eventuell von einem Partner festhalten lassen. Rollen Sie dann den nach
unten hängenden Oberkörper Wirbel für Wirbel bis in die Waagerechte auf. Halten
Sie den Kopf in Verlängerung der Wirbelsäule, d. h., die Nasenspitze zeigt nach
unten. Überstrecken Sie nicht den
Rücken. Die Arme werden in U-Halte
(die Arme rechtwinklig im Ellbogengelenk gebeugt) seitlich neben dem
Körper gehalten. Drücken Sie die
Schulterblätter zusammen. Zusätzlich
kann man den Rumpf langsam und
kontrolliert um seine Längsachse
(Wirbelsäule) rotieren. Bei gutent-
wickelter Rumpfkraft können Sie die
Belastung durch leichte Zusatzge-
wichte, die in den Händen gehalten
werden, erhöhen.

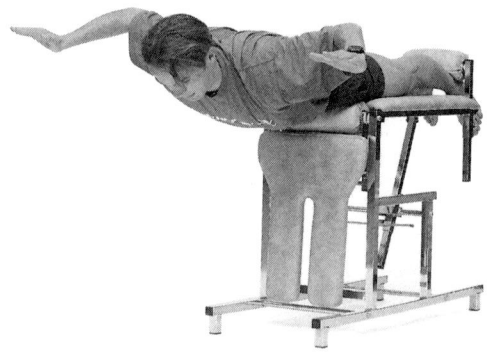

Übung 35:

Rückenmuskulatur
Setzen Sie sich mit gestreck-
ten Beinen auf den Boden,
und nehmen Sie die Arme in
Hochhalte. Heben Sie das
Brustbein an und versuchen
Sie das Becken aufzurichten
(Becken nach vorn kippen).
Bei gleichmäßiger Atmung
halten Sie die Spannung.

Übung 36:

Ganzkörperspannung
Bauen Sie in Rückenlage eine Ganzkörperspannung auf, indem Sie die Zehen gegen
den Widerstand eines Partners nach unten drücken.

Übung 37:
Rücken- und Gesäßmuskulatur

Gehen Sie in die Bankstellung und
strecken Sie rechten Arm und linkes
Bein horizontal aus. Halten Sie bei
fixiertem Becken die Spannung!
Zur Entspannung bzw. Dehnung
führen Sie Knie und Kinn zusammen und drücken den Rücken rund
nach oben.

Übung 38:
Rücken- und Schultergürtelmuskulatur
Aus der Bankstellung stützen Sie sich mit den Händen so weit vorn auf, daß Arme
und Rücken eine Linie bilden. Heben Sie dann wechselseitig eine Hand wenige
Zentimeter vom Boden ab.

Krafttrainingsprogramme

Für das Krafttraining an Geräten haben wir Ihnen exemplarisch fünf Trainingsprogramme mit unterschiedlicher Zielsetzung zusammengestellt:

KT$_1$: Kreis- bzw. Circuittraining für die allgemeine Fitneß und Kraftausdauer
Durchlaufen Sie diesen Parcours mit 8–12 Stationen 2–4mal. An jeder Station üben Sie anfangs 30 Sekunden und nach der Eingewöhnungsphase bis zu 2 Minuten mit einer Last, die etwa 30–50 % Ihrer Maximalkraft entspricht. Die Pause nach jeder Übung beträgt maximal 60 Sekunden, nach jeder Runde machen Sie eine Serienpause von etwa 5 Minuten. Zur Gewöhnung an das Krafttraining sind zwei Durchgänge ausreichend.
Übungsbeispiel 27, 32, 8, 12, 6, 5, 29, 20, 21, 18

Stationstraining für die Kraftausdauer (KA-Training)
Je nach Zielsetzung können Sie an bis zu 10 Stationen trainieren. Im Unterschied zum Kreistraining führen Sie an einer Station erst alle Sätze aus, bevor Sie zur nächsten Station wechseln. Bei 3–8 Sätzen sollten Sie das Gewicht so wählen, daß Sie mindestens 20 Wiederholungen bei zügiger Bewegungsausführung realisieren können. Dies entspricht etwa 30–50 % Ihrer Maximalkraft. Die Satzpause beträgt 2–3 Minuten.

KT$_2$: Beispiel für den Schwerpunkt Schwimmen
Station 1: Übung 27: Gerade Bauchmuskulatur
Station 2: Übung 14: Armstrecken beim Bankdrücken
Station 3: Übung 13: Armbeugen beim Bankziehen
Station 4: Übung 33: Rücken- und Gesäßmuskulatur
Station 5: Übung 15: Kinnziehen mit der Langhantel
Station 6: Übung 16: Überkopfzieher
Station 7: Übung 29: Seitliche Rumpfmuskulatur
Station 8: Übung 25: Schulter-Arm-Rotationsübung
Station 9: Übung 23: Handbeugertraining
Station 10: Übung 26: Zugseiltraining

KT$_3$: Beispiel für den Schwerpunkt Radfahren und Laufen
Station 1: Übung 8: Steigeskippings auf der Bank
Station 2: Übung 27: Gerade Bauchmuskulatur
Station 3: Übung 9: Kniebeuge mit der Langhantel
Station 4: Übung 5: Kniebeugen am Beincurl
Station 5: Übung 33: Rücken- und Gesäßmuskulatur
Station 6: Übung 2: Fußstreckung
Station 7: Übung 3: Fußbeugung
Station 8: Übung 29: Seitliche Rumpfmuskulatur
Station 9: Übung 14: Armstrecken beim Bankdrücken
Station 10: Übung 13: Armbeugen beim Bankziehen

Stationstraining für den Muskelaufbau (MA-Training)
Vor dem speziellen Muskelaufbautraining für Bein- und Armmuskulatur sollten Sie
die Rumpfmuskulatur kräftigen (z. B.):

Übung 27:   Gerade Bauchmuskulatur
Übung 29:   Seitliche Rumpfmuskulatur
Übung 34:   Ischiocrural-, Gesäß- und Rückenmuskulatur.

Das Muskelaufbautraining wird nach der gleichen Organisationsform wie das Stationstraining für die Kraftausdauer durchgeführt. Sie erhöhen jedoch das Gewicht auf 65–85 % Ihrer Maximalkraft und reduzieren die Anzahl der Wiederholungen auf 8–15 bei zügiger Bewegungsausführung. Pro Station trainieren Sie eine Muskelgruppe 3–6 mal, wobei Sie die Pausenzeit auf 3–5 Minuten verlängern.

KT_4: Beispiel für den Schwerpunkt Schwimmen
Station 1:   Übung 14:   Armstrecken beim Bankdrücken
Station 2:   Übung 25:   Schulter-Arm-Rotation
Station 3:   Übung 17:   Butterfly
Station 4:   Übung 22:   Kurzhantelcurls im Sitzen
Station 5:   Übung 23:   Handbeugertraining
Station 6:   Übung 26:   Zugseiltraining

KT_5: Beispiel für den Schwerpunkt Radfahren und Laufen
Station 1:   Übung 8:   Hüft- und Beinstrecken als Steigeskipping
Station 2:   Übung 9:   Kniebeuge mit der Langhantel
Station 3:   Übung 6:   Beinstrecken in der liegenden Beinpresse
Station 4:   Übung 5:   Kniebeugen am Beincurl
Station 5:   Übung 2:   Fußstreckung
Station 6:   Übung 3:   Fußbeugung

Auf einen Maximalkrafttest können Sie verzichten. Die optimale Last läßt sich nicht nur aus dem maximalen Krafteinsatz, sondern auch anhand der Wiederholungen bei einer bestimmten Last ermitteln. Beim Anfänger geht man davon aus, daß bei 10 möglichen Wiederholungen eine Intensität von 50 % der Maximalleistung vorliegt. Jede Wiederholung weniger bedeutet eine etwa 5 %ige Intensitätssteigerung (Grosser 1989, 60).

Hinweise für die Trainingspraxis

Für das Krafttraining an Geräten sollten Sie einige wichtige Punkte beachten:
• Jede Krafttrainingseinheit an Geräten beginnen Sie am besten mit einer allgemeinen Erwärmung, einer Dehnungsgymnastik sowie Übungen zur Rumpfkräftigung. Nach dem Krafttraining können Sie die beanspruchten Muskelgruppen dehnen.
• Die Kraftgeräte sind auf die Körperproportionen so einzustellen, daß die Drehpunkte der Geräte mit denen der Körpergelenke übereinstimmen.

- Machen Sie sich durch Gewöhnungs- und Imitationsübungen mit leichten Gewichten mit den Geräten und Techniken vertraut.
- Achten Sie immer darauf, daß Sie die Übungen achsengerecht ausführen, d. h., daß Sie die Gelenke nur in ihrer funktionellen Bewegungsrichtung belasten. Bsp.: Bei der Kniebeuge mit der Langhantel dürfen beim Beugen der Beine die Knie nicht nach innen oder außen ausweichen, sondern müssen exakt über die Zehen nach vorn gebeugt werden.
- Vermeiden Sie maximale Gelenkendstellungen (Knie- oder Ellbogengelenke nicht durchstrecken).
- Vermeiden Sie eine Rundrücken- oder Hohlkreuzhaltung. Entlasten Sie stets die Wirbelsäule, d. h., trainieren Sie nach Möglichkeit mit geradem Rücken unter aktiver Anspannung der Bauch-, Gesäß- und Rückenmuskulatur.
- Gerätetraining sollten Sie mit einem Partner durchführen. Der Partner hat zum einen die Aufgabe, bei schweren Lasten zu helfen und zu sichern, zum anderen kann er Ihre Haltung und die Bewegungsausführung beobachten und auf eventuelle Haltungsfehler hinweisen. Zur Haltungskontrolle kann auch ein Spiegel hilfreich sein.
- Keine Preßatmung beim Überwinden des Widerstandes! Konzentrieren Sie sich besonders auf eine ruhige und gleichmäßige Atmung. So vermeiden Sie extreme Blutdruckanstiege.
- Die Trainingsgewichte, Wiederholungszahlen und Serien, mit denen Sie trainieren, müssen sich immer an Ihrer aktuellen Belastbarkeit orientieren. Nur so ist gewährleistet, daß Bänder, Sehnen, Gelenke und Knochen des passiven Bewegungssystems vor Überlastungen sowie die Muskulatur vor Verletzungen geschützt ist.
- Es ist empfehlenswert, daß Sie die Muskelgruppen von Agonist und Antagonist in einem funktionell ausgewogenen Verhältnis trainieren, um muskuläre Dysbalancen zu vermeiden.
- Ein Gerätetraining sollte nicht nach einer ermüdenden Trainingseinheit durchgeführt werden. Die Muskulatur und die passiven Strukturen (Bänder, Sehnen und Gelenke) sind in ermüdetem Zustand verletzungsanfälliger.
- Sie können die Wirkrichtung Ihres Krafttrainings beeinflussen. Folgt nach einer Krafttrainingseinheit eine passive Regenerationsphase, wirkt der Kraftreiz am stärksten. Folgt unmittelbar auf das Gerätetraining ein kurzes Lauftraining mit intensiven Antritten, können positive Transfereffekte dazu beitragen, daß die Bewegungskoordination durch den Kraftzuwachs nicht negativ beeinflußt wird. Wird nach der Krafteinheit im REKOM-Bereich trainiert, ist die Regeneration beschleunigt. So stört Sie das Krafttraining nicht bei folgenden Trainingseinheiten, büßt jedoch an Effektivität ein.

REGENERATION

Regeneration ist ein aktiver Prozeß, der sich gleichermaßen auf Körper und Geist auswirkt. Wie Sie die Regeneration gestalten, ist abhängig von der Art der vorausgehenden sportlichen Belastung, vom Trainingszustand, von Ihrem Alter, vom psychisch-emotionalen Zustand und Ihrem sozialen Umfeld. Regeneration hat nicht nur zum Ziel, die Müdigkeit nach Training und Wettkampf zu beseitigen, sondern die funktionelle Ausgangslage im psychisch-physischen Bereich zu verbessern. Die Qualität der Regenerationsgestaltung entscheidet über die Art der Reizverarbeitung und über die Dauer der Wiederherstellung. Je schneller Sie regenerieren, desto früher können Sie sich einem neuen Belastungsreiz aussetzen.

Regenerative Maßnahmen gewinnen mit zunehmendem Alter an Bedeutung. Ältere Athleten regenerieren nicht mehr so schnell wie jüngere. Dies müssen Sie in der Trainings- und Wettkampfplanung ebenso berücksichtigen wie in der Gestaltung der Regeneration.

Im folgenden wollen wir Ihnen einige Möglichkeiten zur Entspannung und Regeneration vorstellen. Je nach persönlicher Neigung und geistig-körperlicher Verfassung sollten Sie unterschiedliche Verfahren einsetzen. Diese sind nicht unabhängig voneinander, sondern beeinflussen sich gegenseitig, und dürfen nicht wahllos nach dem Motto mehr ist besser angewendet werden. Vielfach ist es auch wichtig, dem Organismus Zeit zu geben, auf den Trainingsreiz zu reagieren. So kann beispielsweise der Reiz eines Krafttrainings durch Maßnahmen, die den Muskeltonus zu stark herabsetzen, gemindert werden.

Cool-down mit Lockerungs- und Dehnungsgymnastik

Am Ende einer jeden Trainingseinheit wird die Regeneration durch Abwärmen (Cool-down) eingeleitet. Ihre erhöhten Körperfunktionen werden beruhigt und Stoffwechselendprodukte abgebaut. Dazu schwimmen, fahren oder laufen Sie mit niedriger Intensität im REKOM-Bereich (Programme 1, 15 oder 28) und lockern und dehnen die stark beanspruchten Muskelgruppen (Dauer: mindestens 10 Minuten).

Ausgleich des Flüssigkeits- und Energiedefizits

Sofort im Anschluß an die körperliche Aktivität sollten Sie das entstandene Flüssigkeits- und Energiedefizit, auch ohne Durst- oder Hungergefühl, ausgleichen. Wir empfehlen Ihnen kalte isotonische und mineralhaltige Getränke (Apfelsaftschorle), die schnell vom Körper aufgenommen werden können. Alkoholische Getränke als primäre Durstlöscher sind zu vermeiden, da Alkohol die anabolen (aufbauenden)

Prozesse in der Erholungsphase beeinträchtigt und dadurch die Leistungsentwicklung hemmt. Zum Auffüllen der Energiespeicher sollten Sie eine kohlenhydratreiche Kost zu sich nehmen.

Wärmeanwendungen

Alle hier vorgestellten Wärmeanwendungen sollten Sie nur bis zwei Tage vor einem Wettkampf anwenden. Der gesenkte Muskeltonus und die Form der Stoffwechselbeanspruchung hätten einen negativen Einfluß auf Ihre Leistungsfähigkeit. Bei akuten Erkrankungen mit Fieber und Entzündungen oder grippalen Infekten dürfen Sie keine Wärme anwenden.

Entmüdungsbäder

Entmüdungsbäder, als Teil- oder auch Vollwasserbäder, beeinflussen die Regeneration positiv. Sogar relativ heiße Bäder, die den Kreislauf zusätzlich belasten, sind entspannend für Körper und Geist. Die durchdringende Wärme hilft Ihrem Körper bei der Verarbeitung von Stoffwechselendprodukten und steigert die allgemeine Durchblutung. Bei einer Wassertemperatur von unter 40 °C sollte ein Vollbad etwa 20 Minuten dauern. Nach dem Bad packen Sie sich warm ein, und ruhen Sie sich für etwa 30 Minuten aus.

Entspannungsduschen

Für den Kreislauf weniger belastend, aber gleichermaßen sehr entspannend ist ein heißes Duschbad. Sie können auch je nach Wohlbefinden im Wechsel heiß und kalt duschen. Neben der spürbar entspannenden Wirkung sagt man dem Wechselduschen auch noch einen Abhärtungseffekt nach.

Sauna

Sauna ist aus dem Sportleralltag nicht mehr wegzudenken. Nicht Anzahl oder Dauer der Durchgänge, sondern einzig persönliches Wohlbefinden ist beim Saunieren entscheidend. Ein Saunabesuch kann 3–4 Durchgänge mit je 8–15 Minuten betragen. Nach jedem Durchgang sollten Sie sich an der frischen Luft abkühlen, erst danach kalt abduschen oder in kaltes Wasser eintauchen. Es folgt eine Erholungsphase im Ruheraum. Den entstehenden Wasserverlust durch das Schwitzen müssen Sie unmittelbar danach ausgleichen. Wollen Sie direkt nach dem Training in die Sauna gehen, sollten Sie sich mit einem Durchgang begnügen.

Fangopackungen und Moorbäder

Diese Warmanwendungen über 15–20 Minuten haben einen stark hyperämisierenden (durchblutungsfördernden) Effekt durch ihre Eigenschaft, viel Wärme auf einen lokal begrenzten Bereich zu übertragen. Die Wärmebildung löst muskuläre Verspannungen und beschleunigt den Stoffwechsel. Stoffwechselendprodukte werden so schneller abgebaut.

Massage

Für alle Leistungssportler ist der Gang zum Masseur/Physiotherapeuten eine Selbstverständlichkeit. Aber auch jeder Sportler, der regelmäßig trainiert und an Wettkämpfen teilnimmt, sollte eine Massage nutzen, um seine volle persönliche Leistungsfähigkeit zu erhalten. Weiterhin unterstützt die Massage den Regenerationsprozeß und kann bei regelmäßiger Anwendung prophylaktisch vor muskulären Dysbalancen, Überlastungen, Muskelverhärtungen und -verspannungen schützen.

Die Wirkungsbreite einer Massage ist äußerst groß. Muskulatur, Sehnen, Bänder, Gelenke und das Blut- und Lymphsystem werden positiv beeinflußt. Die nicht selten schmerzhaft verspannte Muskulatur wird gelockert, der Muskeltonus des erschlafften Muskels deutlich verbessert. Im Bereich der Sehnen, Bänder und Gelenke wird der geringe und langsam verlaufende Stoffwechsel angeregt. Auch Flüssigkeitsansammlungen (Schwellungen) im Bereich der Gelenke können sich zurückbilden. Der Blutkreislauf wird beschleunigt und der Stoffwechsel aktiviert.

Auf das Nervensystem wirkt eine Massage mit einer Änderung der Erregungs- und Hemmungsprozesse. Direkt im Anschluß an eine Massage ist das Erregungsniveau gehemmt, nach einigen Stunden jedoch deutlich erhöht, so daß Ihre Leistungsbereitschaft und -fähigkeit deutlich gesteigert sind.

Allgemein unterscheidet man die Trainingsmassage von der Vorwettkampfmassage. Die Vorwettkampfmassage hat ausschließlich lockernden Charakter für die Muskulatur und soll die Elastizität und den Tonus erhöhen. Günstig ist es, nach dem Aufwärmen, eine halbe Stunde vor dem Start, die Muskulatur für 5–10 Minuten zu lockern. Zwischen Ganzkörpermassage und Wettkampf sollten mindestens 8 Stunden liegen. Bei starker Beinbehaarung sollten Sie die Beine rasieren, um einer möglichen Haarwurzelentzündung vorzubeugen. Für die Massage verwenden Sie Öle, die die Poren der Haut nicht verstopfen. Wählen Sie für die Vorwettkampfmassage einen erfahrenen und einfühlsamen Masseur, dann hat die Massage neben den zahlreichen physischen Wirkungen auch eine positive Wirkung auf Ihre Psyche. Nervosität und psychische Spannungszustände, wie sie beispielsweise vor Wettkämpfen nicht selten sind, können reduziert oder abgebaut werden, sei es auch nur, weil die Seele ein wenig mit«gestreichelt» wurde.

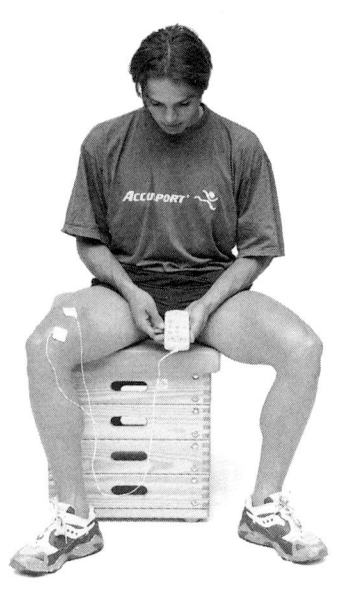

Massagegerät
im Taschenkalenderformat.

Elektronische Massagegeräte

Zur ‹Selbstbehandlung› sehr geeignet sind Massagegeräte, die im TENS- (Transcutane elektrische Nervenstimulation) und Schwellstrombereich arbeiten. Dabei werden rhythmische Impulse mit unterschiedlichen Frequenzen und Amplituden auf einzelne Nerven- und Muskelfasern gegeben. Modernste Elektronik erlaubt es, elektrische Signale so zu formen, daß der Eindruck von Klopfen und Kneten der Muskulatur entsteht. Damit können Sie Ihre Muskulatur lockern, eine verbesserte Durchblutung von Haut und Muskulatur erreichen und bei Muskelschmerzen diese deutlich lindern.

Kälte- und Eisanwendungen

Der Kältereiz kurzer Teilbäder in lauwarmem oder kaltem Wasser hilft dem Körper, vor allem bei hohen Temperaturen, Wärme abzugeben. Außerdem wirkt der Kältereiz abschwellend auf belastete Gelenke. Nach dem Bad sollten Sie sich in Decken warm einpacken und etwa 30 Minuten ruhen.

Eisanwendungen können Sie nutzen, um Schwellungen im Bereich der Gelenke zu reduzieren und die Regeneration stark belasteter Muskelgruppen zu beschleunigen. Dazu werden auf die betroffenen Körperpartien Eispackungen aufgelegt, oder sie werden mit Eis abgerieben. Die Dauer einer Eisbehandlung darf 7 Minuten nicht überschreiten. Mit der Kälteanwendung weicht das Blut aus der Haut wieder in die Muskulatur zurück, Stoffwechselendprodukte werden schneller beseitigt und die Regeneration beschleunigt. Bei punktuellem Eiskontakt sollten Sie ein feuchtes Tuch zwischen Haut und Eis legen, um Hautschädigungen zu vermeiden.

Solarium

Bei Nutzung eines Solariums sind die Herstellerempfehlungen zu beachten. Tägliches «Braten» auf der Sonnenbank sollten Sie wegen des erhöhten Hautkrebsrisikos vermeiden. Etwa 30 Solariumbesuche im Jahr scheinen der Haut nicht zu schaden. Im Gegenteil: Besonders in der sonnenarmen Zeit sind Sonnenbäder zu empfehlen. Als positive Wirkungen der ‹künstlichen Sonne› sind die Bildung des Vitamins D3 in der Haut und der Gehalt von Kalzium und Phosphor sowie der Leukozyten und des Hämoglobins im Blut hervorzuheben (Troer 1995). Außerdem wirkt es stimmungsaufhellend und bereitet Sie auf intensive Sonneneinstrahlung wie beispielsweise bei langen Wettkämpfen in sonnigen Gefilden vor. Die Gefahr eines Sonnenbrandes kann vermindert werden, und ‹Sonnenstreß› wird besser verkraftet. Sonnenanwendungen dürfen jedoch bei Infektionskrankheiten (auch grippalen Infekten) nicht erfolgen.

Ausreichend Schlaf

Ausreichender Nachtschlaf ist besonders wichtig zur Erholung. Wachstumshormone, die für Zellwachstum und Regeneration wichtig sind, werden vorwiegend im Schlaf ausgeschüttet. Wieviel Stunden Schlaf der einzelne benötigt, läßt sich nicht verallgemeinern. Für Sportler sind mindestens 7 Stunden zu empfehlen. Wenn Sie es sich leisten können, ist das kurze «Mittagsschläfchen» (etwa 30 Minuten) regenerationsfördernd, insbesondere nach anstrengenden Trainingseinheiten.

Regenerations- und Kompensationstraining (REKOM)

Das REKOM-Training ist gekennzeichnet durch kurze Belastungen in niedriger Intensität, vorzugsweise in einer anderen (nicht völlig ungewohnten) Sportart. Es wirkt sich besonders günstig auf die Wiederherstellungsprozesse und die Leistungsbereitschaft aus, vor allem nach intensiven Trainings- und Wettkampfbelastungen.

Progressive Muskelrelaxation (PMR) und muskuläres Tiefentraining (mtt)

Die **progressive Muskelrelaxation** wurde in den 20er Jahren von dem Arzt Edmund Jacobson entwickelt und ist eine Methode, die über den Wechsel von Entspannung und Anspannung bestimmter Muskelgruppen einen Zustand der Entspannung herbeiführt. Das muskuläre Tiefentraining, frei von philosophischen und meditativen Ansprüchen, ist die einfachste Form der progressiven Muskelrelaxation und zielt ebenfalls auf die Entspannung einzelner Muskelgruppen ab.

Das **muskuläre Tiefentraining** (mtt) kann ohne Vorerfahrung sofort wirksam angewendet werden. Sind einzelne Muskelgruppen besonders belastet, wird die Spannung der betroffenen Muskelpartien durch kontinuierliches isometrisches Anspannen so weit erhöht, bis die Muskulatur zu zittern anfängt. Danach lösen Sie schlagartig die Spannung. Darauf reagiert der Organismus mit vermehrter Durchblutung und die Muskulatur mit einer tiefen Entspannung.

Naive Entspannungstechniken

Zu den naiven Entspannungstechniken zählt alles, was Sie gerne und mit Muße tun und was Ihre Entspannung unterstützt. Für den einen ist es der Spaziergang mit dem Hund, für den anderen der Kinobesuch, Fernsehen, Musik hören, das Zusammensein mit dem Partner oder anderes. Sie sind nicht erlernbar und werden meist nicht planmäßig eingesetzt, berücksichtigen jedoch in der Regel sehr individuell die persönlichen Bedürfnisse.

ANHANG

Tabelle: Herzfrequenzwerte für das Training

Hf$_{max}$	95 %	90 %	85 %	80 %	75 %	70 %	65 %	60 %
210	200	189	179	168	158	147	137	126
208	198	187	177	166	156	146	135	125
206	196	185	175	165	155	144	134	124
204	194	184	173	163	153	143	133	122
202	192	182	172	162	152	141	131	121
200	190	180	170	160	150	140	130	120
198	188	178	168	158	149	139	129	119
196	186	176	167	157	147	137	127	118
194	184	175	165	155	146	136	126	116
192	182	173	163	154	144	134	125	115
190	181	171	162	152	143	133	124	114
188	179	169	160	150	141	132	122	113
186	177	167	158	149	140	130	121	112
184	175	166	156	147	138	129	120	110
182	173	164	155	146	137	127	118	109
180	171	162	153	144	135	126	117	108
178	169	160	151	142	134	125	116	107
176	167	158	150	141	132	123	114	106
174	165	157	148	139	131	122	113	104
172	163	155	146	138	129	120	112	103
170	162	153	145	136	128	119	111	102
168	160	151	143	134	126	118	109	101
166	158	149	141	133	125	116	108	100
164	156	148	139	131	123	115	107	98
162	154	146	138	130	122	113	105	97
160	152	144	136	128	120	112	104	96
158	150	142	134	126	119	111	103	95
156	148	140	133	125	117	109	101	94
154	146	139	131	123	116	108	100	92
152	144	137	129	122	114	106	99	91
150	143	135	128	120	113	105	98	90

Tabelle:
Trainingsintensitäten im Schwimmen, abgeleitet vom 400-m-Maximaltest

Test	WSA-Training				KA 2-Training		GA 2-Training	
400 m	50 m	100 m	200 m	400 m	50 m	100 m	100 m	200 m
100 m	min : sec	min : sec	min : sec	min : sec	min : sec	min : sec	min : sec	min : sec
8:30,0	**0:55,4**	**2:01,4**	**4:15,0**	**8:51,3**	**0:58,0**	**2:00,3**	**2:15,6**	**4:34,2**
2:07,5	*1:50,9*	*2:01,4*	*2:07,5*	*2:12,8*	*1:55,9*	*2:00,3*	*2:15,6*	*2:17,1*
8:25,0	**0:54,9**	**2:00,2**	**4:12,5**	**8:46,0**	**0:57,4**	**1:59,1**	**2:14,3**	**4:31,5**
2:06,3	*1:49,8*	*2:00,2*	*2:06,3*	*2:11,5*	*1:54,8*	*1:59,1*	*2:14,3*	*2:15,8*
8:20,0	**0:54,3**	**1:59,0**	**4:10,0**	**8:40,8**	**0:56,8**	**1:57,9**	**2:13,0**	**4:28,8**
2:05,0	*1:48,7*	*1:59,0*	*2:05,0*	*2:10,2*	*1:53,6*	*1:57,9*	*2:13,0*	*2:14,4*
8:15,0	**0:53,8**	**1:57,9**	**4:07,5**	**8:35,6**	**0:56,3**	**1:56,7**	**2:11,6**	**4:26,1**
2:03,8	*1:47,6*	*1:57,9*	*2:03,8*	*2:08,9*	*1:52,5*	*1:56,7*	*2:11,6*	*2:13,1*
8:10,0	**0:53,3**	**1:56,7**	**4:05,0**	**8:30,4**	**0:55,7**	**1:55,6**	**2:10,3**	**4:23,4**
2:02,5	*1:46,5*	*1:56,7*	*2:02,5*	*2:07,6*	*1:51,4*	*1:55,6*	*2:10,3*	*2:11,7*
8:05,0	**0:52,7**	**1:55,5**	**4:02,5**	**8:25,2**	**0:55,1**	**1:54,4**	**2:09,0**	**4:20,8**
2:01,2	*1:45,4*	*1:55,5*	*2:01,2*	*2:06,3*	*1:50,2*	*1:54,4*	*2:09,0*	*2:10,4*
8:00,0	**0:52,2**	**1:54,3**	**4:00,0**	**8:20,0**	**0:54,5**	**1:53,2**	**2:07,7**	**4:18,1**
2:00,0	*1:44,3*	*1:54,3*	*2:00,0*	*2:05,0*	*1:49,1*	*1:53,2*	*2:07,7*	*2:09,0*
7:55,0	**0:51,6**	**1:53,1**	**3:57,5**	**8:14,8**	**0:54,0**	**1:52,0**	**2:06,3**	**4:15,4**
1:58,8	*1:43,3*	*1:53,1*	*1:58,8*	*2:03,7*	*1:48,0*	*1:52,0*	*2:06,3*	*2:07,7*
7:50,0	**0:51,1**	**1:51,9**	**3:55,0**	**8:09,6**	**0:53,4**	**1:50,8**	**2:05,0**	**4:12,7**
1:57,5	*1:42,2*	*1:51,9*	*1:57,5*	*2:02,4*	*1:46,8*	*1:50,8*	*2:05,0*	*2:06,3*
7:45,0	**0:50,5**	**1:50,7**	**3:52,5**	**8:04,4**	**0:52,8**	**1:49,7**	**2:03,7**	**4:10,0**
1:56,3	*1:41,1*	*1:50,7*	*1:56,3*	*2:01,1*	*1:45,7*	*1:49,7*	*2:03,7*	*2:05,0*
7:40,0	**0:50,0**	**1:49,5**	**3:50,0**	**7:59,2**	**0:52,3**	**1:48,5**	**2:02,3**	**4:07,3**
1:55,0	*1:40,0*	*1:49,5*	*1:55,0*	*1:59,8*	*1:44,5*	*1:48,5*	*2:02,3*	*2:03,7*
7:35,0	**0:49,5**	**1:48,3**	**3:47,5**	**7:54,0**	**0:51,7**	**1:47,3**	**2:01,0**	**4:04,6**
1:53,8	*1:38,9*	*1:48,3*	*1:53,8*	*1:58,5*	*1:43,4*	*1:47,3*	*2:01,0*	*2:02,3*
7:30,0	**0:48,9**	**1:47,1**	**3:45,0**	**7:48,8**	**0:51,1**	**1:46,1**	**1:59,7**	**4:01,9**
1:52,5	*1:37,8*	*1:47,1*	*1:52,5*	*1:57,2*	*1:42,3*	*1:46,1*	*1:59,7*	*2:01,0*
7:25,0	**0:48,4**	**1:46,0**	**3:42,5**	**7:43,5**	**0:50,6**	**1:45,0**	**1:58,4**	**3:59,2**
1:51,3	*1:36,7*	*1:46,0*	*1:51,3*	*1:55,9*	*1:41,1*	*1:45,0*	*1:58,4*	*1:59,6*
7:20,0	**0:47,8**	**1:44,8**	**3:40,0**	**7:38,3**	**0:50,0**	**1:43,8**	**1:57,0**	**3:56,6**
1:50,0	*1:35,7*	*1:44,8*	*1:50,0*	*1:54,6*	*1:40,0*	*1:43,8*	*1:57,0*	*1:58,3*
7:15,0	**0:47,3**	**1:43,6**	**3:37,5**	**7:33,1**	**0:49,4**	**1:42,6**	**1:55,7**	**3:53,9**
1:48,8	*1:34,6*	*1:43,6*	*1:48,8*	*1:53,3*	*1:38,9*	*1:42,6*	*1:55,7*	*1:56,9*
7:10,0	**0:46,7**	**1:42,4**	**3:35,0**	**7:27,9**	**0:48,9**	**1:41,4**	**1:54,4**	**3:51,2**
1:47,5	*1:33,5*	*1:42,4*	*1:47,5*	*1:52,0*	*1:37,7*	*1:41,4*	*1:54,4*	*1:55,6*

KA 1-Training		GA 1-Training				
300 m	800 m	100 m	200 m	400 m	800 m	1500 m
min : sec	min : sec	min : sec	min : sec	min : sec	min : sec	min : sec
7:24,8	20:14,3	2:30,0	5:03,6	10:22,0	20:43,9	38:52,3
2:28,3	2:31,8	2:30,0	2:31,8	2:35,5	2:35,5	2:35,5
7:20,4	20:02,4	2:28,5	5:00,6	10:15,9	20:31,7	38:29,5
2:26,8	2:30,3	2:28,5	2:30,3	2:34,0	2:34,0	2:34,0
7:16,0	19:50,5	2:27,1	4:57,6	10:09,8	20:19,5	38:06,6
2:25,3	2:28,8	2:27,1	2:28,8	2:32,4	2:32,4	2:32,4
7:11,7	19:38,6	2:25,6	4:54,6	10:03,7	20:07,3	37:43,7
2:23,9	2:27,3	2:25,6	2:27,3	2:30,9	2:30,9	2:30,9
7:07,3	19:26,7	2:24,1	4:51,7	9:57,6	19:55,1	37:20,9
2:22,4	2:25,8	2:24,1	2:25,8	2:29,4	2:29,4	2:29,4
7:03,0	19:14,8	2:22,6	4:48,7	9:51,5	19:42,9	36:58,0
2:21,0	2:24,3	2:22,6	2:24,3	2:27,9	2:27,9	2:27,9
6:58,6	19:02,9	2:21,2	4:45,7	9:45,4	19:30,7	36:35,1
2:19,5	2:22,9	2:21,2	2:22,9	2:26,3	2:26,3	2:26,3
6:54,2	18:51,0	2:19,7	4:42,7	9:39,3	19:18,5	36:12,3
2:18,1	2:21,4	2:19,7	2:21,4	2:24,8	2:24,8	2:24,8
6:49,9	18:39,0	2:18,2	4:39,8	9:33,2	19:06,3	35:49,4
2:16,6	2:19,9	2:18,2	2:19,9	2:23,3	2:23,3	2:23,3
6:45,5	18:27,1	2:16,8	4:36,8	9:27,1	18:54,1	35:26,5
2:15,2	2:18,4	2:16,8	2:18,4	2:21,8	2:21,8	2:21,8
6:41,2	18:15,2	2:15,3	4:33,8	9:21,0	18:42,0	35:03,7
2:13,7	2:16,9	2:15,3	2:16,9	2:20,2	2:20,2	2:20,2
6:36,8	18:03,3	2:13,8	4:30,8	9:14,9	18:29,8	34:40,8
2:12,3	2:15,4	2:13,8	2:15,4	2:18,7	2:18,7	2:18,7
6:32,4	17:51,4	2:12,4	4:27,9	9:08,8	18:17,6	34:17,9
2:10,8	2:13,9	2:12,4	2:13,9	2:17,2	2:17,2	2:17,2
6:28,1	17:39,5	2:10,9	4:24,9	9:02,7	18:05,4	33:55,1
2:09,4	2:12,4	2:10,9	2:12,4	2:15,7	2:15,7	2:15,7
6:23,7	17:27,6	2:09,4	4:21,9	8:56,6	17:53,2	33:32,2
2:07,9	2:11,0	2:09,4	2:11,0	2:14,1	2:14,1	2:14,1
6:19,4	17:15,7	2:07,9	4:18,9	8:50,5	17:41,0	33:09,3
2:06,5	2:09,5	2:07,9	2:09,5	2:12,6	2:12,6	2:12,6
6:15,0	17:03,8	2:06,5	4:16,0	8:44,4	17:28,8	32:46,5
2:05,0	2:08,0	2:06,5	2:08,0	2:11,1	2:11,1	2:11,1

Test	WSA-Training				KA 2-Training		GA 2-Training	
400 m	50 m	100 m	200 m	400 m	50 m	100 m	100 m	200 m
100 m	*min : sec*	*min : sec*	*min : sec*	*min : sec*	*min : sec*	*min : sec*	*min : sec*	*min : sec*
7:05,0	**0:46,2**	**1:41,2**	**3:32,5**	**7:22,7**	**0:48,3**	**1:40,2**	**1:53,0**	**3:48,5**
1:46,3	*1:32,4*	*1:41,2*	*1:46,3*	*1:50,7*	*1:36,6*	*1:40,2*	*1:53,0*	*1:54,2*
7:00,0	**0:45,7**	**1:40,0**	**3:30,0**	**7:17,5**	**0:47,7**	**1:39,1**	**1:51,7**	**3:45,8**
1:45,0	*1:31,3*	*1:40,0*	*1:45,0*	*1:49,4*	*1:35,5*	*1:39,1*	*1:51,7*	*1:52,9*
6:55,0	**0:45,1**	**1:38,8**	**3:27,5**	**7:12,3**	**0:47,2**	**1:37,9**	**1:50,4**	**3:43,1**
1:43,8	*1:30,2*	*1:38,8*	*1:43,8*	*1:48,1*	*1:34,3*	*1:37,9*	*1:50,4*	*1:51,6*
6:50,0	**0:44,6**	**1:37,6**	**3:25,0**	**7:07,1**	**0:46,6**	**1:36,7**	**1:49,0**	**3:40,4**
1:42,5	*1:29,1*	*1:37,6*	*1:42,5*	*1:46,8*	*1:33,2*	*1:36,7*	*1:49,0*	*1:50,2*
6:45,0	**0:44,0**	**1:36,4**	**3:22,5**	**7:01,9**	**0:46,0**	**1:35,5**	**1:47,7**	**3:37,7**
1:41,3	*1:28,0*	*1:36,4*	*1:41,3*	*1:45,5*	*1:32,0*	*1:35,5*	*1:47,7*	*1:48,9*
6:40,0	**0:43,5**	**1:35,2**	**3:20,0**	**6:56,7**	**0:45,5**	**1:34,3**	**1:46,4**	**3:35,1**
1:40,0	*1:27,0*	*1:35,2*	*1:40,0*	*1:44,2*	*1:30,9*	*1:34,3*	*1:46,4*	*1:47,5*
6:35,0	**0:42,9**	**1:34,0**	**3:17,5**	**6:51,5**	**0:44,9**	**1:33,2**	**1:45,1**	**3:32,4**
1:38,8	*1:25,9*	*1:34,0*	*1:38,8*	*1:42,9*	*1:29,8*	*1:33,2*	*1:45,1*	*1:46,2*
6:30,0	**0:42,4**	**1:32,9**	**3:15,0**	**6:46,3**	**0:44,3**	**1:32,0**	**1:43,7**	**3:29,7**
1:37,5	*1:24,8*	*1:32,9*	*1:37,5*	*1:41,6*	*1:28,6*	*1:32,0*	*1:43,7*	*1:44,8*
6:25,0	**0:41,8**	**1:31,7**	**3:12,5**	**6:41,0**	**0:43,8**	**1:30,8**	**1:42,4**	**3:27,0**
1:36,3	*1:23,7*	*1:31,7*	*1:36,3*	*1:40,3*	*1:27,5*	*1:30,8*	*1:42,4*	*1:43,5*
6:20,0	**0:41,3**	**1:30,5**	**3:10,0**	**6:35,8**	**0:43,2**	**1:29,6**	**1:41,1**	**3:24,3**
1:35,0	*1:22,6*	*1:30,5*	*1:35,0*	*1:39,0*	*1:26,4*	*1:29,6*	*1:41,1*	*1:42,2*
6:15,0	**0:40,8**	**1:29,3**	**3:07,5**	**6:30,6**	**0:42,6**	**1:28,4**	**1:39,7**	**3:21,6**
1:33,8	*1:21,5*	*1:29,3*	*1:33,8*	*1:37,7*	*1:25,2*	*1:28,4*	*1:39,7*	*1:40,8*
6:10,0	**0:40,2**	**1:28,1**	**3:05,0**	**6:25,4**	**0:42,0**	**1:27,3**	**1:38,4**	**3:18,9**
1:32,5	*1:20,4*	*1:28,1*	*1:32,5*	*1:36,4*	*1:24,1*	*1:27,3*	*1:38,4*	*1:39,5*
6:05,0	**0:39,7**	**1:26,9**	**3:02,5**	**6:20,2**	**0:41,5**	**1:26,1**	**1:37,1**	**3:16,2**
1:31,3	*1:19,3*	*1:26,9*	*1:31,3*	*1:35,1*	*1:23,0*	*1:26,1*	*1:37,1*	*1:38,1*
6:00,0	**0:39,1**	**1:25,7**	**3:00,0**	**6:15,0**	**0:40,9**	**1:24,9**	**1:35,7**	**3:13,5**
1:30,0	*1:18,3*	*1:25,7*	*1:30,0*	*1:33,8*	*1:21,8*	*1:24,9*	*1:35,7*	*1:36,8*
5:55,0	**0:38,6**	**1:24,5**	**2:57,5**	**6:09,8**	**0:40,3**	**1:23,7**	**1:34,4**	**3:10,9**
1:28,8	*1:17,2*	*1:24,5*	*1:28,8*	*1:32,4*	*1:20,7*	*1:23,7*	*1:34,4*	*1:35,4*
5:50,0	**0:38,0**	**1:23,3**	**2:55,0**	**6:04,6**	**0:39,8**	**1:22,5**	**1:33,1**	**3:08,2**
1:27,5	*1:16,1*	*1:23,3*	*1:27,5*	*1:31,1*	*1:19,5*	*1:22,5*	*1:33,1*	*1:34,1*
5:45,0	**0:37,5**	**1:22,1**	**2:52,5**	**5:59,4**	**0:39,2**	**1:21,4**	**1:31,8**	**3:05,5**
1:26,3	*1:15,0*	*1:22,1*	*1:26,3*	*1:29,8*	*1:18,4*	*1:21,4*	*1:31,8*	*1:32,7*
5:40,0	**0:37,0**	**1:21,0**	**2:50,0**	**5:54,2**	**0:38,6**	**1:20,2**	**1:30,4**	**3:02,8**
1:25,0	*1:13,9*	*1:21,0*	*1:25,0*	*1:28,5*	*1:17,3*	*1:20,2*	*1:30,4*	*1:31,4*
5:35,0	**0:36,4**	**1:19,8**	**2:47,5**	**5:49,0**	**0:38,1**	**1:19,0**	**1:29,1**	**3:00,1**
1:23,8	*1:12,8*	*1:19,8*	*1:23,8*	*1:27,2*	*1:16,1*	*1:19,0*	*1:29,1*	*1:30,1*
5:30,0	**0:35,9**	**1:18,6**	**2:45,0**	**5:43,8**	**0:37,5**	**1:17,8**	**1:27,8**	**2:57,4**
1:22,5	*1:11,7*	*1:18,6*	*1:22,5*	*1:25,9*	*1:15,0*	*1:17,8*	*1:27,8*	*1:28,7*

KA 1-Training		GA 1-Training				
300 m	800 m	100 m	200 m	400 m	800 m	1500 m
min : sec	min : sec	min : sec	min : sec	min : sec	min : sec	min : sec
6:10,6	16:51,9	2:05,0	4:13,0	8:38,3	17:16,6	32:23,6
2:03,5	2:06,5	2:05,0	2:06,5	2:09,6	2:09,6	2:09,6
6:06,3	16:40,0	2:03,5	4:10,0	8:32,2	17:04,4	32:00,7
2:02,1	2:05,0	2:03,5	2:05,0	2:08,0	2:08,0	2:08,0
6:01,9	16:28,1	2:02,1	4:07,0	8:26,1	16:52,2	31:37,9
2:00,6	2:03,5	2:02,1	2:03,5	2:06,5	2:06,5	2:06,5
5:57,6	16:16,2	2:00,6	4:04,0	8:20,0	16:40,0	31:15,0
1:59,2	2:02,0	2:00,6	2:02,0	2:05,0	2:05,0	2:05,0
5:53,2	16:04,3	1:59,1	4:01,1	8:13,9	16:27,8	30:52,1
1:57,7	2:00,5	1:59,1	2:00,5	2:03,5	2:03,5	2:03,5
5:48,8	15:52,4	1:57,6	3:58,1	8:07,8	16:15,6	30:29,3
1:56,3	1:59,0	1:57,6	1:59,0	2:02,0	2:02,0	2:02,0
5:44,5	15:40,5	1:56,2	3:55,1	8:01,7	16:03,4	30:06,4
1:54,8	1:57,6	1:56,2	1:57,6	2:00,4	2:00,4	2:00,4
5:40,1	15:28,6	1:54,7	3:52,1	7:55,6	15:51,2	29:43,5
1:53,4	1:56,1	1:54,7	1:56,1	1:58,9	1:58,9	1:58,9
5:35,8	15:16,7	1:53,2	3:49,2	7:49,5	15:39,0	29:20,7
1:51,9	1:54,6	1:53,2	1:54,6	1:57,4	1:57,4	1:57,4
5:31,4	15:04,8	1:51,8	3:46,2	7:43,4	15:26,8	28:57,8
1:50,5	1:53,1	1:51,8	1:53,1	1:55,9	1:55,9	1:55,9
5:27,0	14:52,9	1:50,3	3:43,2	7:37,3	15:14,6	28:34,9
1:49,0	1:51,6	1:50,3	1:51,6	1:54,3	1:54,3	1:54,3
5:22,7	14:41,0	1:48,8	3:40,2	7:31,2	15:02,4	28:12,1
1:47,6	1:50,1	1:48,8	1:50,1	1:52,8	1:52,8	1:52,8
5:18,3	14:29,0	1:47,4	3:37,3	7:25,1	14:50,2	27:49,2
1:46,1	1:48,6	1:47,4	1:48,6	1:51,3	1:51,3	1:51,3
5:14,0	14:17,1	1:45,9	3:34,3	7:19,0	14:38,0	27:26,3
1:44,7	1:47,1	1:45,9	1:47,1	1:49,8	1:49,8	1:49,8
5:09,6	14:05,2	1:44,4	3:31,3	7:12,9	14:25,9	27:03,5
1:43,2	1:45,7	1:44,4	1:45,7	1:48,2	1:48,2	1:48,2
5:05,2	13:53,3	1:42,9	3:28,3	7:06,8	14:13,7	26:40,6
1:41,7	1:44,2	1:42,9	1:44,2	1:46,7	1:46,7	1:46,7
5:00,9	13:41,4	1:41,5	3:25,4	7:00,7	14:01,5	26:17,7
1:40,3	1:42,7	1:41,5	1:42,7	1:45,2	1:45,2	1:45,2
4:56,5	13:29,5	1:40,0	3:22,4	6:54,6	13:49,3	25:54,9
1:38,8	1:41,2	1:40,0	1:41,2	1:43,7	1:43,7	1:43,7
4:52,2	13:17,6	1:38,5	3:19,4	6:48,5	13:37,1	25:32,0
1:37,4	1:39,7	1:38,5	1:39,7	1:42,1	1:42,1	1:42,1
4:47,8	13:05,7	1:37,1	3:16,4	6:42,4	13:24,9	25:09,1
1:35,9	1:38,2	1:37,1	1:38,2	1:40,6	1:40,6	1:40,6

Test	WSA-Training				KA 2-Training		GA 2-Training	
400 m	50 m	100 m	200 m	400 m	50 m	100 m	100 m	200 m
100 m	*min : sec*	*min : sec*	*min : sec*	*min : sec*	*min : sec*	*min : sec*	*min : sec*	*min : sec*
5:25,0	0:35,3	1:17,4	2:42,5	5:38,5	0:36,9	1:16,7	1:26,4	2:54,7
1:21,3	*1:10,7*	*1:17,4*	*1:21,3*	*1:24,6*	*1:13,9*	*1:16,7*	*1:26,4*	*1:27,4*
5:20,0	0:34,8	1:16,2	2:40,0	5:33,3	0:36,4	1:15,5	1:25,1	2:52,0
1:20,0	*1:09,6*	*1:16,2*	*1:20,0*	*1:23,3*	*1:12,7*	*1:15,5*	*1:25,1*	*1:26,0*
5:15,0	0:34,2	1:15,0	2:37,5	5:28,1	0:35,8	1:14,3	1:23,8	2:49,4
1:18,8	*1:08,5*	*1:15,0*	*1:18,8*	*1:22,0*	*1:11,6*	*1:14,3*	*1:23,8*	*1:24,7*
5:10,0	0:33,7	1:13,8	2:35,0	5:22,9	0:35,2	1:13,1	1:22,4	2:46,7
1:17,5	*1:07,4*	*1:13,8*	*1:17,5*	*1:20,7*	*1:10,5*	*1:13,1*	*1:22,4*	*1:23,3*
5:05,0	0:33,2	1:12,6	2:32,5	5:17,7	0:34,7	1:11,9	1:21,1	2:44,0
1:16,3	*1:06,3*	*1:12,6*	*1:16,3*	*1:19,4*	*1:09,3*	*1:11,9*	*1:21,1*	*1:22,0*
5:00,0	0:32,6	1:11,4	2:30,0	5:12,5	0:34,1	1:10,8	1:19,8	2:41,3
1:15,0	*1:05,2*	*1:11,4*	*1:15,0*	*1:18,1*	*1:08,2*	*1:10,8*	*1:19,8*	*1:20,6*
4:55,0	0:32,1	1:10,2	2:27,5	5:07,3	0:33,5	1:09,6	1:18,5	2:38,6
1:13,8	*1:04,1*	*1:10,2*	*1:13,8*	*1:16,8*	*1:07,0*	*1:09,6*	*1:18,5*	*1:19,3*
4:50,0	0:31,5	1:09,0	2:25,0	5:02,1	0:33,0	1:08,4	1:17,1	2:35,9
1:12,5	*1:03,0*	*1:09,0*	*1:12,5*	*1:15,5*	*1:05,9*	*1:08,4*	*1:17,1*	*1:18,0*
4:45,0	0:31,0	1:07,9	2:22,5	4:56,9	0:32,4	1:07,2	1:15,8	2:33,2
1:11,3	*1:02,0*	*1:07,9*	*1:11,3*	*1:14,2*	*1:04,8*	*1:07,2*	*1:15,8*	*1:16,6*
4:40,0	0:30,4	1:06,7	2:20,0	4:51,7	0:31,8	1:06,0	1:14,5	2:30,5
1:10,0	*1:00,9*	*1:06,7*	*1:10,0*	*1:12,9*	*1:03,6*	*1:06,0*	*1:14,5*	*1:15,3*
4:35,0	0:29,9	1:05,5	2:17,5	4:46,5	0:31,3	1:04,9	1:13,1	2:27,8
1:08,8	*0:59,8*	*1:05,5*	*1:08,8*	*1:11,6*	*1:02,5*	*1:04,9*	*1:13,1*	*1:13,9*
4:30,0	0:29,3	1:04,3	2:15,0	4:41,3	0:30,7	1:03,7	1:11,8	2:25,2
1:07,5	*0:58,7*	*1:04,3*	*1:07,5*	*1:10,3*	*1:01,4*	*1:03,7*	*1:11,8*	*1:12,6*
4:25,0	0:28,8	1:03,1	2:12,5	4:36,0	0:30,1	1:02,5	1:10,5	2:22,5
1:06,3	*0:57,6*	*1:03,1*	*1:06,3*	*1:09,0*	*1:00,2*	*1:02,5*	*1:10,5*	*1:11,2*
4:20,0	0:28,3	1:01,9	2:10,0	4:30,8	0:29,5	1:01,3	1:09,1	2:19,8
1:05,0	*0:56,5*	*1:01,9*	*1:05,0*	*1:07,7*	*0:59,1*	*1:01,3*	*1:09,1*	*1:09,9*
4:15,0	0:27,7	1:00,7	2:07,5	4:25,6	0:29,0	1:00,1	1:07,8	2:17,1
1:03,7	*0:55,4*	*1:00,7*	*1:03,7*	*1:06,4*	*0:58,0*	*1:00,1*	*1:07,8*	*1:08,5*
4:10,0	0:27,2	0:59,5	2:05,0	4:20,4	0:28,4	0:59,0	1:06,5	2:14,4
1:02,5	*0:54,3*	*0:59,5*	*1:02,5*	*1:05,1*	*0:56,8*	*0:59,0*	*1:06,5*	*1:07,2*
4:05,0	0:26,6	0:58,3	2:02,5	4:15,2	0:27,8	0:57,8	1:05,2	2:11,7
1:01,3	*0:53,3*	*0:58,3*	*1:01,3*	*1:03,8*	*0:55,7*	*0:57,8*	*1:05,2*	*1:05,9*
4:00,0	0:26,1	0:57,1	2:00,0	4:10,0	0:27,3	0:56,6	1:03,8	2:09,0
1:00,0	*0:52,2*	*0:57,1*	*1:00,0*	*1:02,5*	*0:54,5*	*0:56,6*	*1:03,8*	*1:04,5*

KA 1-Training		GA 1-Training				
300 m	800 m	100 m	200 m	400 m	800 m	1500 m
min : sec	min : sec	min : sec	min : sec	min : sec	min : sec	min : sec
4:43,4	12:53,8	1:35,6	3:13,5	6:36,3	13:12,7	24:46,3
1:34,5	1:36,7	1:35,6	1:36,7	1:39,1	1:39,1	1:39,1
4:39,1	12:41,9	1:34,1	3:10,5	6:30,2	13:00,5	24:23,4
1:33,0	1:35,2	1:34,1	1:35,2	1:37,6	1:37,6	1:37,6
4:34,7	12:30,0	1:32,6	3:07,5	6:24,1	12:48,3	24:00,5
1:31,6	1:33,8	1:32,6	1:33,8	1:36,0	1:36,0	1:36,0
4:30,3	12:18,1	1:31,2	3:04,5	6:18,0	12:36,1	23:37,7
1:30,1	1:32,3	1:31,2	1:32,3	1:34,5	1:34,5	1:34,5
4:26,0	12:06,2	1:29,7	3:01,5	6:12,0	12:23,9	23:14,8
1:28,7	1:30,8	1:29,7	1:30,8	1:33,0	1:33,0	1:33,0
4:21,6	11:54,3	1:28,2	2:58,6	6:05,9	12:11,7	22:52,0
1:27,2	1:29,3	1:28,2	1:29,3	1:31,5	1:31,5	1:31,5
4:17,3	11:42,4	1:26,8	2:55,6	5:59,8	11:59,5	22:29,1
1:25,8	1:27,8	1:26,8	1:27,8	1:29,9	1:29,9	1:29,9
4:12,9	11:30,5	1:25,3	2:52,6	5:53,7	11:47,3	22:06,2
1:24,3	1:26,3	1:25,3	1:26,3	1:28,4	1:28,4	1:28,4
4:08,5	11:18,6	1:23,8	2:49,6	5:47,6	11:35,1	21:43,4
1:22,8	1:24,8	1:23,8	1:24,8	1:26,9	1:26,9	1:26,9
4:04,2	11:06,7	1:22,4	2:46,7	5:41,5	11:22,9	21:20,5
1:21,4	1:23,3	1:22,4	1:23,3	1:25,4	1:25,4	1:25,4
3:59,8	10:54,8	1:20,9	2:43,7	5:35,4	11:10,7	20:57,6
1:19,9	1:21,8	1:20,9	1:21,8	1:23,8	1:23,8	1:23,8
3:55,5	10:42,9	1:19,4	2:40,7	5:29,3	10:58,5	20:34,8
1:18,5	1:20,4	1:19,4	1:20,4	1:22,3	1:22,3	1:22,3
3:51,1	10:31,0	1:17,9	2:37,7	5:23,2	10:46,3	20:11,9
1:17,0	1:18,9	1:17,9	1:18,9	1:20,8	1:20,8	1:20,8
3:46,7	10:19,0	1:16,5	2:34,8	5:17,1	10:34,1	19:49,0
1:15,6	1:17,4	1:16,5	1:17,4	1:19,3	1:19,3	1:19,3
3:42,4	10:07,1	1:15,0	2:31,8	5:11,0	10:22,0	19:26,2
1:14,1	1:15,9	1:15,0	1:15,9	1:17,7	1:17,7	1:17,7
3:38,0	9:55,2	1:13,5	2:28,8	5:04,9	10:09,8	19:03,3
1:12,7	1:14,4	1:13,5	1:14,4	1:16,2	1:16,2	1:16,2
3:33,7	9:43,3	1:12,1	2:25,8	4:58,8	9:57,6	18:40,4
1:11,2	1:12,9	1:12,1	1:12,9	1:14,7	1:14,7	1:14,7
3:29,3	9:31,4	1:10,6	2:22,9	4:52,7	9:45,4	18:17,6
1:09,8	1:11,4	1:10,6	1:11,4	1:13,2	1:13,2	1:13,2

Geschwindigkeitstabelle für den Feldstufentest (Laufen)

Strecke	10,0 km/h	11,5 km/h	13,0 km/h	14,5 km/h	16,0 km/h	17,5 km/h	19,0 km/h	20,5 km/h
100	0:36	0:31	0:28	0:25	0:23	0:21	0:19	0:18
200	1:12	1:03	0:55	0:50	0:45	0:41	0:38	0:35
300	1:48	1:34	1:23	1:14	1:08	1:02	0:57	0:53
400	2:24	2:05	1:51	1:39	1:30	1:22	1:16	1:10
500	3:00	2:37	2:18	2:04	1:53	1:43	1:35	1:28
600	3:36	3:08	2:46	2:29	2:15	2:03	1:54	1:45
700	4:12	3:39	3:14	2:54	2:38	2:24	2:13	2:03
800	4:48	4:10	3:42	3:19	3:00	2:45	2:32	2:20
900	5:24	4:42	4:09	3:43	3:23	3:05	2:51	2:38
1000	6:00	5:13	4:37	4:08	3:45	3:26	3:09	2:56
1100	6:36	5:44	5:05	4:33	4:08	3:46	3:28	3:13
1200	7:12	6:16	5:32	4:58	4:30	4:07	3:47	3:31
1300	7:48	6:47	6:00	5:23	4:53	4:27	4:06	3:48
1400	8:24	7:18	6:28	5:48	5:15	4:48	4:25	4:06
1500	9:00	7:50	6:55	6:12	5:38	5:09	4:44	4:23
1600	9:36	8:21	7:23	6:37	6:00	5:29	5:03	4:41
1700	10:12	8:52	7:51	7:02	6:23	5:50	5:22	4:59
1800	10:48	9:23	8:18	7:27	6:45	6:10	5:41	5:16
1900	11:24	9:55	8:46	7:52	7:08	6:31	6:00	5:34
2000	12:00	10:26	9:14	8:17	7:30	6:51	6:19	5:51

Geschwindigkeitstabelle für den Conconi-Test (Laufen)

		0 bis 1000 m	1000 bis 2000 m	2000 bis 3000 m	3000 bis 4000 m
50 m		0:15	4:49,6	8:40,6	11:59,4
		0:30	5:02.2	8:51,2	12:08,6
		0:45	5:14,5	9:01,7	12:17,8
200 m		1:00,0	5:27,0	9:12,3	12:27,1
		1:14,4	5:38,9	9:22,6	12:36,1
		1:28,8	5:50,9	9:32,9	12:45,1
		1:43,1	6:02,9	9:43,1	12:54,1
400 m		1:57,5	6:15,0	9:53,4	13:03,1
		2:11,3	6:28,5	10:03,4	13:11,9
		2:25,1	6:38,1	10:13,4	13:20,7
		2:38,8	6:49,7	10:23,4	13:29,5
600 m		2:52,5	7:01,4	10:33,4	13:38,2
		3:05,8	7:12,7	10:43,1	13:46,8
		3:19,1	7:24,0	10:52,8	13:55,4
		3:32,4	7:35,2	11:02,6	14:03,9
800 m		3:45,8	7:46,4	11:12,3	14:12,5
		3:58,6	7:57,3	11:21,8	14:20,9
		4:11,5	8:08,2	11:31,1	14:29,3
		4:24,3	8:19,1	11:40,8	14:37,6
1000 m		4:37,2	8:30,0	11:50,2	14:46,0

Tabelle:
Windkühlungseffekt

Kühlstärke des Windes auf der Haut, ausgedrückt als Temperaturäquivalent bei Windstille.

Windgeschwindigkeit		Aktuelle Temperatur (Celsius)											
m/s	km/h	20	15	10	5	0	−5	−10	−15	−20	−25	−30	−35
		Äquivalent des Windkühlungseffekts (Celsius)											
0	0	20	15	10	5	0	−5	−10	−15	−20	−25	−30	−35
2	7	20	15	10	5	−1	−6	−11	−16	−21	−26	−31	−36
4	14	18	12	6	0	−6	−12	−18	−24	−30	−36	−42	−48
6	22	16	10	3	−4	−10	−17	−23	−30	−36	−43	−49	−56
8	29	15	8	1	−6	−13	−20	−27	−34	−41	−48	−55	−62
10	36	14	7	0	−7	−15	−22	−29	−37	−44	−51	−58	−66
12	43	14	6	−1	−9	−16	−24	−31	−39	−46	−54	−61	−69
14	50	13	6	−2	−10	−17	−25	−33	−40	−48	−56	−64	−71
16	58	13	5	−3	−11	−18	−26	−34	−42	−50	−57	−65	−73
18	65	13	5	−3	−11	−19	−27	−35	−43	−51	−59	−66	−74
20	72	13	5	−3	−11	−19	−27	−35	−43	−51	−59	−67	−75
22	79	12	4	−4	−12	−20	−28	−36	−44	−52	−60	−68	−76
24	86	12	4	−4	−12	−20	−28	−36	−44	−52	−60	−68	−76
26	94	12	4	−4	−12	−20	−28	−36	−44	−52	−60	−68	−76
28	101	12	4	−4	−12	−20	−28	−36	−44	−52	−60	−68	−76
30	108	12	5	−3	−11	−19	−27	−35	−43	−51	−59	−67	−75

Muskelskelett (von vorne)

Hals und Schultergürtel
1 Kopfwender (M. sternocleidomastoideus)
2 Kapuzenmuskel (M. trapezius)
3 Deltamuskel (M. deltoideus)
4 Großer Brustmuskel (M. pectoralis major)
5 Sägemuskel (M. serratus)

Bauch
6 schräge Bauchmuskeln (M. obliqus abdominis)
7 gerade Bauchmuskeln (M. rectus abdominis)

Arm
8 zweiköpfiger Armbeuger – kurzer Kopf (M. bizeps brachii)
9 zweiköpfiger Armbeuger – langer Kopf (M. bizeps brachii)
10 dreiköpfiger Oberarmstrecker – langer Kopf (M. trizeps brachii)
11 dreiköpfiger Oberarmstrecker – mittlerer Kopf (M. trizeps brachii)
12 dreiköpfiger Oberarmstrecker – seitlicher Kopf (M. trizeps brachii)
13 Ellenbogen- bzw. Armbeuger (M. brachialis)
14 Speichen-Handgelenkdreher mit Sehne
15 Speichen-Handgelenkbeuger mit Sehne
16 Beuger des Handgelenks mit Sehne
17 Ellenhandgelenkbeuger mit Sehne

Bein
18 Oberschenkelanzieher (Adduktoren)
19 Schneidermuskel (M. satorius)
20 Gerader Oberschenkelstrecker (M. rectus femoris)
21 äußerer Oberschenkelstrecker (M. vastus lateralis)
22 innerer Oberschenkelstrecker (M. vastus medialis)
23 Sehenplattenspanner des Oberschenkels (M. tensor fasciae latae)
24 Vorderer Schienbeinmuskel (M. tibialis anterior)
25 Dreiköpfiger Fußbeuger (M. trizeps surae)
26 Heber des äußeren Fußrandes (M. peroneus longus)
27 Schollenmuskel (M. gastrocnemius)

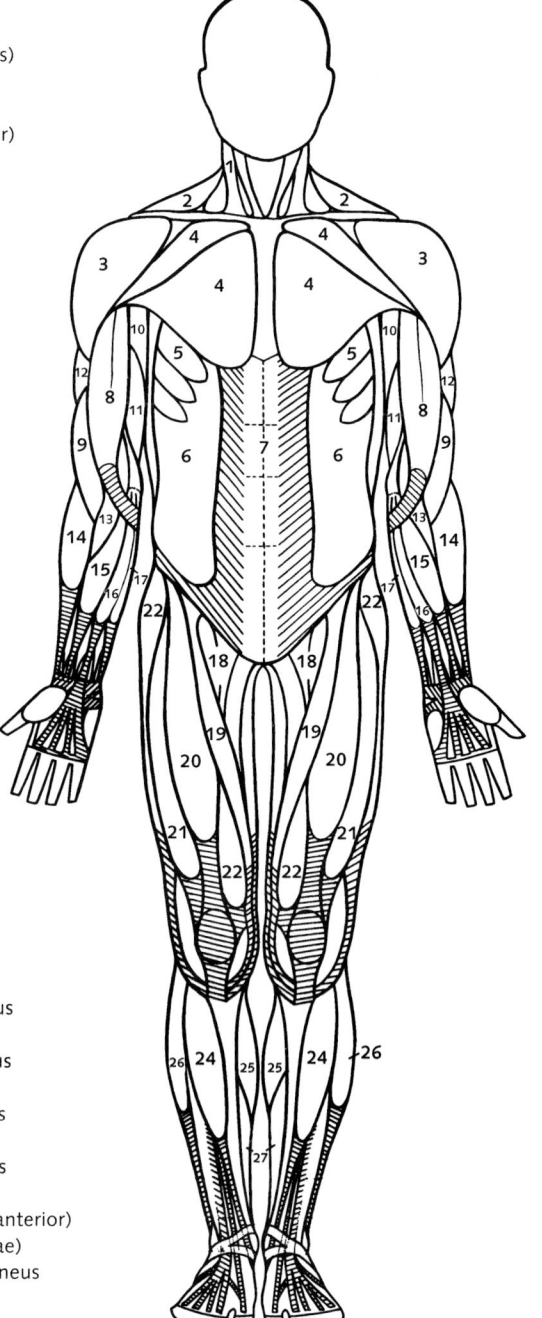

Muskelskelett (von hinten)

Hals und Schultergürtel

1   Tiefe Nackenmuskeln
2   Kapuzenmuskel (M. trapezius)
3a Kleiner Rundmuskel (M. teres minor)
3b Großer Rundmuskel (M. teres major)
4   Breiter Rückenmuskel (M. lattissimus dorsi)

Arm

5   Deltamuskel (M. deltoideus)
6   Dreiköpfiger Oberarmstrecker
    (M. triceps)
7   Beuger des Handgelenks (M. flexor
    carpi radialis)
8   Strecker des Handgelenks
    (M. extensor carpi radialis)

Beckengürtel und Bein

9   Querer Bauchmuskel (M. transversus
    abdominis)
10 Kleiner Gesäßmuskel (M. gluteus
    medius)
11 Großer Gesäßmuskel (M. gluteus
    maximus)
12 Sehenplattenspanner des Ober-
    schenkels (M. tensor fasciae latae)
13 Zweiköpfiger Kniegelenkbeuger,
    kurzer Kopf (M. bizeps femoris, caput
    brevis)
14 Zweiköpfiger Kniegelenkbeuger, langer
    Kopf (M. bizeps femoris, caput longum)
15 Plattsehnenmuskel (M. semitentinosus)
16 Dreiköpfiger Fußbeuger (M. triceps)
17 Schollenmuskel (M. gastrocnemius)

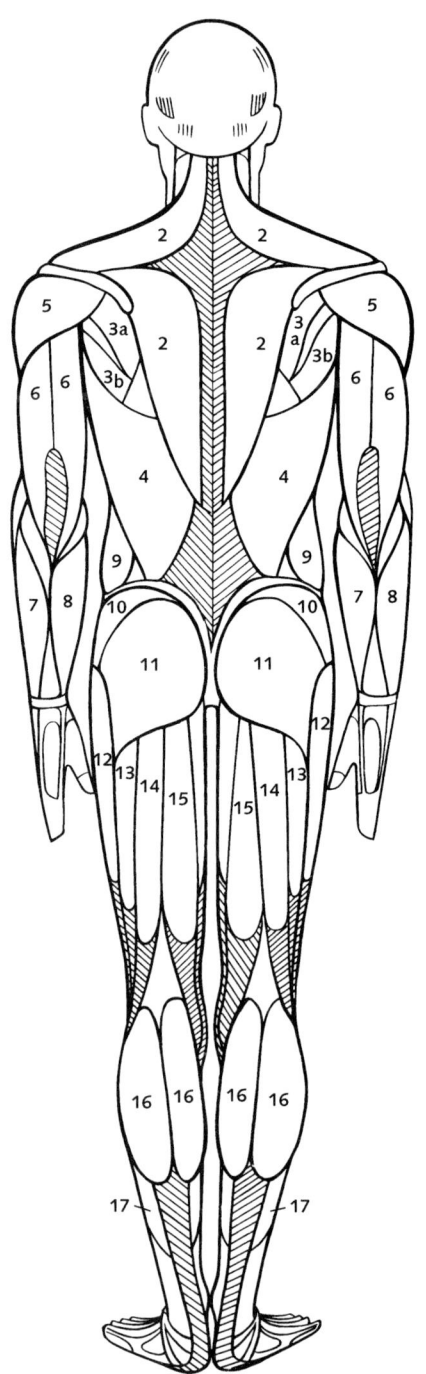

Literatur

Badtke, G. et al.: *Lehrbuch der Sportmedizin.* Stuttgart 1987, 71.

Brechtel, C.: *Muskuläres Tiefentraining. Neue Wege zur Entspannung.* Durbach 1988.

Engelhardt, M. (Hrsg.): *Erfolgreiches Triathlontraining.* München 1994.

Freiwald, J.: *Aufwärmen im Sport.* Reinbek 1991.

Frey, G. / Hildenbrandt, E.: *Einführung in die Trainingslehre. Teil 1: Grundlagen.* Schorndorf 1994.

Grosser, M.: *Training der konditionellen Fähigkeiten.* Schorndorf 1989.

Hellemans, J.: *A complete guide for training and racing.* New Zealand 1993.

Hottenrott, K.: *Duathlontraining.* Aachen 1995.

Hottenrott, K. / Zülch, M.: *Ausdauerprogramme.* Reinbek 1995.

Hottenrott, K. / Urban, V.: *Handbuch für Skilanglauf.* Aachen 1996.

Jacobson, E.: *Entspannung als Therapie.* München 1993.

Jakowlew, N. N.: *Ermüdung im Sport: Grundlagen und Bedeutung.* In: Leistungssport 8 (1978) 6, 513–516.

Jonath, U. / Krempel, R. / Haag, E. / Müller, H.: *Leichtathletik 1.* Reinbek 1995.

Kunz, H.-R. / Schneider, W. / Spring, H. / Tritschler, T. / Inauen, E. U.: *Krafttraining.* Stuttgart, New York 1990.

McArdle W. D. / Katch, F. I. / Katch, V. L.: *Exercise Physiology: Energy Nutrition and Human Performance.* Philadelphia 1985.

Neumann, G. / Pfützner, A. / Hottenrott, K.: *Alles unter Kontrolle. Ausdauertraining.* Aachen 1993.

Neumann, G.: *Ernährung im Sport.* Aachen 1996.

Rieder, H. / Riffelt, D. / Vierneisel, S.: *Regeneration nach sportlicher Belastung.* In: Leistungssport 18 (1988) 4, 8–15.

Schöllhorn, W.: *Schnelligkeitstraining.* Reinbek 1995.

Schriftenreihe Triathlon und Sportwissenschaft. Ahrensburg 1987–1994.

Sommer, H. M. / Rohrscheidt, Ch. v. / Arza, D.: *Leistungssteigerung und Prophylaxe von Überlastung und Verletzung des Haltungs- und Bewegungsapparates im Sport durch alternative Gymnastik.* In: Leichtathletik 51 / 52 (1987), 1763–1766.

Troer, T.: *Wirkung der selektiven Ultraviolettherapie auf einige funktionelle Laborwerte.* In: Phys. Rehab. Kur Med 5 (1995), 159–160.

Unger, E.: *Handbuch für Muskeltraining.* Aachen 1995.

Weiß, C. (Red.): *Handbuch Radsport.* München, Wien, Zürich 1996.

Fotonachweis

Bongarts Sportfotografie S. 16
Tony Cheng (AP Photo) S. 7
Kuno Hottenrott S. 15, 16, 21, 32, 33, 36, 42, 60, 64, 69, 78, 90, 101, 115, 165
Polar Electro GmbH (Klein Gerau) S. 24
Danny Strasser S. 102
Katja Lenz S. 31, 41, 56, 76, 122

Die Autoren

Priv.-Doz. Dr. Kuno Hotten-rott, Jahrgang 1959, ist Sport-wissenschaftler am Institut für Sportwissenschaft und Moto-logie der Philipps-Universität Marburg und lehrt in den Berei-chen Sportmedizin, Trainings-und Bewegungswissenschaft. In der Deutschen Triathlon Union war er fünf Jahre erfolgreicher Bundestrainer der Junioren und betreute viele der heutigen Toptriathleten wie Nicole und Lothar Leder, Thomas Hellriegel, Ralf Eggert, Normann Stadler u. a. Er ist Verfasser zahlreicher Bücher und Publikationen zum Ausdauersport.

Martin Zülch, Jahrgang 1962, ist Diplomsportlehrer und arbeitet als Lehrer in der Ju-genddorf-Christopherus Schule in Oberurff. Er ist DSV-Skilehrer und hat Trainer-lizenzen in den Sportarten Fußball, Schwimmen und Triathlon. Außerdem ist er Lan-destrainer im Triathlon.

Die Autoren, selbst aktive Ausdauersportler, arbeiten seit vielen Jahren in der profes-sionellen Betreuung von Ausdauersportlern. Sie haben namhafte Athleten auf Europa-und Weltmeisterschaften vorbereitet. Ihre langjährigen Erfahrungen geben sie mit der Buchserie «Ausdauertrainer» an ambitionierte Sportlerinnen und Sportler weiter.

Die Buchserie «Ausdauertrainer» wird auch im Internet vorgestellt: http://home.t-online.de/home/K.Hottenrott

Unser besonderer Dank gilt Annette Zülch, Ralf Eggert, Normann Stadler und Carsten Wember, die bei den Demonstrationen aktiv mitgewirkt und ihre Erfahrungen beige-steuert haben.

Bücher zum Thema

Ausdauerprogramme (rororo 19440)
Ausdauertrainer Inline-Skating (rororo 19467)
Ausdauertrainer Laufen (rororo 19454)
Ausdauertrainer Radsport (rororo 19473)
Ausdauertrainer Mountainbiking (rororo 19455)
Ironman (rororo 19471)
Der Körper des Sportlers (rororo 19449)
Marathon (rororo 19437)
Marathon. Das 4-Stunden-Programm (rororo 19486)
Runner's World. Das Laufbuch (rororo 19465)
So einfach ist Laufen (rororo 19457)
Lifepower – das Anti-Aging-Programm (rororo 61000)
Die Herzschule (rororo 61009)
Laufen und Walking (rororo 19488)
Runner's World: Marathon – die besten Programme (rororo 61010)
Der Fatburner – das Programm mit Garantie (rororo 61014)

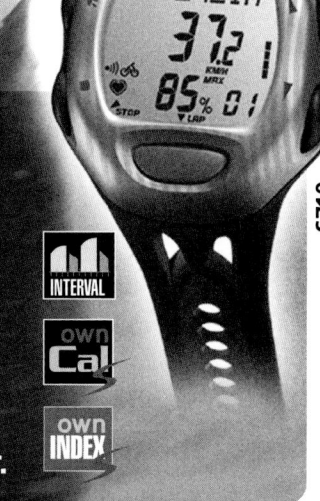

Ole Petersen
Marathon
Das 4-Stunden-Programm
(19486)

Ein Buch für alle Freizeit-, Hobby- und Ausdauersportler, die
schon einmal mit dem Gedanken gespielt haben, einen
Halbmarathon oder Marathon zu bewältigen. Das ist leichter
als gedacht, denn Ole Petersen, Rekordhalter auf der Double-
Ironman-Distanz, steht dafür, dass es möglich ist, mit einem
Trainingsaufwand von nicht mehr als durchschnittlich vier
Stunden pro Woche dieses Ziel zu realisieren.
Vor allem wendet sich dieses Buch an die so genannten
«Finisher», deren Hauptinteresse es ist, die langen Strecken
zu bewältigen und nicht unbedingt im Spitzenfeld abzuschlie-
ßen. Doch auch Leistungssportler können dieser sanften
Methode vieles abgewinnen.

Ausdauertrainer Laufen
Training mit System
von Kuno Hottenrott und
Martin Zülch
(sport 19454)

Besser laufen *Das 30-Tage-*
Programm
von Jack Heggie
(sport 18664)

Laufen *Handbuch für Sport*
und Fitness
von Herbert Jost
(sport 18655)

Marathon *Ein Laufbuch in*
42,195 Kapiteln
von Harald Krämer und
Klaus Zobel
(sport 19437)
Das «Laufbuch in 42,195
Kapiteln» fängt in Reporta-
gen, Porträts und Glossen
den Reiz des Massen-
phänomens Marathon ein.

**Marathon – Das 4-Stunden-
Programm** *Vom Anfang bis*
zum Finish
von Ole Petersen
(sport 19486)

So einfach ist laufen *Das*
Programm für den leichten
Einstieg
von Winni Mühlbauer
(sport 19457)

Runner's World. Das Laufbuch
von Thomas Steffens und
Martin Grüning
(sport 19465)

Ironman *Vom Anfang bis*
zum Finish
von Ole Petersen
(sport 19471)

Leichtathletik
Die offiziellen Lehrbücher
des Weltleichtathletik-
Verbandes IAAF
von Ulrich Jonath, Rolf
Krempel, Eduard Haag und
Harald Müller
Band 1 Laufen
(sport 18660)
Band 2 Springen
(sport 18661)
Band 3 Werfen und Mehrkampf
(sport 18662)

Ausdauertrainer Triathlon
Training mit System
von Kuno Hottenrott und
Martin Zülich
(sport 19466)
Der Band enthält Programme
und Wochenpläne zur leicht
nachvollziehbaren Umset-
zung für verschiedene
Leistungsstufen.

Weitere Informationen in der
Rowohlt Revue, kostenlos im
Buchhandel, **im Internet:**
www.rororo.de